Olivia C. Díaz Pérez / Florian Gräfe /
Friedhelm Schmidt-Welle (eds.)

La Revolución mexicana en la literatura y el cine

Cátedra Guillermo y Alejandro de Humboldt

DAAD

BONILLA ARTIGAS EDITORES

BIBLIOTHECA IBERO-AMERICANA

Publicaciones del Instituto Ibero-Americano
Fundación Patrimonio Cultural Prusiano
Vol. 128

Olivia C. Díaz Pérez / Florian Gräfe /
Friedhelm Schmidt-Welle (eds.)

La Revolución mexicana en la literatura y el cine

Iberoamericana – Vervuert – Bonilla Artigas
DAAD – Cátedra Humboldt
2010

La publicación del presente volumen se realizó gracias al generoso apoyo del Servicio Alemán de Intercambio Académico (DAAD) y de la Cátedra Extraordinaria Guillermo y Alejandro de Humboldt (El Colegio de México / Universidad Nacional Autónoma de México).

c/Amor de Dios, 1
E-28014 Madrid

Elisabethenstr. 3-9
D-60594 Frankfurt am Main

Iberoamericana Vervuert Publishing Corp.
9040 Bay Hill Blvd.
Orlando, FL 32819

Cerro Tres Marías # 354
Col. Campestre Churubusco , C.P. 04200
México D.F.

info@iberoamericanalibros.com
www.ibero-americana.net

ISSN 0067-8015
ISBN 978-84-8489-496-4 (Iberoamericana)
ISBN 978-3-86527-518-9 (Vervuert)
ISBN 978-607-7588-32-0 (Bonilla Artigas)

Depósito legal: SE-6904-2010

Composición: Anneliese Seibt, Instituto Ibero-Americano Berlín
Diseño de la cubierta: Michael Ackermann
Fotografía de la cubierta: “Monumento a la Revolución, México, D.F.”

Este libro está impreso íntegramente en papel ecológico blanqueado sin cloro
Impreso en España por Publidisa

Índice

Olivia C. Díaz Pérez/Florian Gräfe/Friedhelm Schmidt-Welle

Introducción

El presente libro es el fruto de un congreso internacional organizado por la Universidad de Guadalajara, la Cátedra Extraordinaria Guillermo y Alejandro de Humboldt de El Colegio de México y la Universidad Nacional Autónoma de México, patrocinado por el Servicio Alemán de Intercambio Académico (DAAD). El congreso se llevó a cabo en la Universidad de Guadalajara entre el 26 y el 28 de noviembre de 2008 y tuvo como tema "La Revolución mexicana en la literatura y el cine". El principal objetivo del evento fue realizar, poco antes del centenario de la Revolución mexicana, un balance de los estudios sobre las representaciones tanto literarias como cinematográficas de este suceso histórico, así como atender la inquietud de tratar estas representaciones de la Revolución con un enfoque diferente a los que se han utilizado hasta ahora.

Tradicionalmente las imágenes de la Revolución mexicana en la literatura y el cine han sido tratadas, sobre todo, a partir de los análisis de sus representaciones en espacios nacionales. Existe una cantidad considerable de trabajos que interpretan la percepción y recepción de la Revolución mexicana en la literatura alemana, la inglesa, la francesa, el cine mexicano, el cine de Hollywood, etc. También se han llevado a cabo análisis de las imágenes mexicanas de la Revolución, pero en general, éstas no se han relacionado con los estudios sobre sus imágenes en el extranjero y las repercusiones de los unos en los otros.

Casi todas las interpretaciones mencionadas datan de la época del régimen del Partido Revolucionario Institucional y se han realizado tanto en el contexto de la historia de la literatura mexicana como en el de la imagología. Algunos trabajos sobre la imagen de la Revolución mexicana en las literaturas extranjeras ya se habían publicado a mediados de la década de 1950, entre ellos un artículo de George Woodcock, "Mexico and the English Novelist", trabajo que influyó en las investigaciones posteriores. Pero la mayoría se realizó a partir de la década de 1970, basándose en los enfoques de la imagología y en los debates sobre la alteridad y el orientalismo. Dos libros fueron cruciales para el avance de las investigaciones al respecto: *Orientalism*, de Edward Said, y *La conquête de l'Amérique. La question de l'autre*, de Tzvetan Todorov.

Para la realización del congreso partimos, por consiguiente, de considerar como necesarios estudios que relacionaran de alguna manera las imágenes de la Revolución mexicana en la literatura y el cine mexicanos con las de otros países, es decir, de la falta de trabajos que confrontaran de alguna manera las imágenes del Otro con las auto-imágenes de la Revolución en México.

El congreso aquí mencionado y cuyas ponencias publicamos en el presente volumen, tuvieron, por consiguiente, un afán doble: por un lado, se trató de actualizar el debate académico sobre las representaciones de la Revolución mexicana a partir de una renovada historiografía de la misma y a partir de los trabajos de la imagología y la representación del Otro. Por otro lado, se compararon las imágenes de la Revolución en textos y películas mexicanos con las de otros países para contrarrestar la tendencia de la imagología y del debate sobre la alteridad a percibir las representaciones del Otro como un proceso unilateral y ahistórico que no tiene repercusiones sobre la cultura representada.

En este sentido, los artículos que aquí reunimos analizan no solamente las semejanzas y las diferencias entre las representaciones de la Revolución mexicana en distintas literaturas y cinematografías nacionales, sino también las conexiones entre las imágenes del Otro y las auto-imágenes, entre la exotización y la auto-exotización cultural, entre la mitificación y la auto-mitificación ideológica de la Revolución mexicana.

Quisiéramos expresar nuestro más profundo agradecimiento a todos los que hicieron posible tanto la realización del congreso en noviembre de 2008 como la presente publicación, especialmente al Servicio Alemán de Intercambio Académico (DAAD) y a los autores de los trabajos aquí presentados. Dedicamos un sincero agradecimiento al Dr. Arnold Spitta, Director Regional del Servicio Alemán de Intercambio Académico (DAAD) hasta mediados de 2009, así como también a las autoridades del Centro Universitario de Ciencias Sociales y Humanidades de la Universidad de Guadalajara y a la Cátedra Extraordinaria Guillermo y Alejandro de Humboldt, que brindaron su apoyo para la realización del congreso y la del presente libro.

Carlos Monsiváis

La Revolufia al borde del centenario

Propongo una definición provisional: cultura popular es la suma de prácticas religiosas, arquitectura de los pueblos, creaciones, personajes, actitudes, instituciones de la informalidad, modas obligadamente marginales, gustos que aprueban las comunidades, refranes y vocablos que son depósitos de la oralidad, rasgos que primero se juzgan anómalos, luego típicos y después idiosincráticos, corrientes musicales, rituales gastronómicos: en síntesis, la suma de todo lo que las elites, así lo aprovechen, declaran carente de prestigio, pero que el así llamado "vulgo" auspicia, fortalece, modifica y consagra como el conjunto de estímulos cotidianos.

En su segunda gran etapa, la de consolidación interna y externa y de movilización de masas (tendencias y movimientos situados aproximadamente entre 1920 y 1940), la Revolución mexicana mezcla lo rural y lo urbano, lo tradicional y lo obligadamente moderno, lo nostálgico y lo visionario, las tradiciones de los pueblos y las aportaciones de los ejércitos en campaña. En principio, interviene el rechazo de la violencia y el reconocimiento a sus efectos positivos; también se asimilan los reacomodos de la tradición, entre aceptaciones del nacionalismo cultural y del aporte de la industria del espectáculo.

1. La Revolución como estallido de lo popular

Si, gracias a la Revolución, México establece sus rasgos de singularidad, a las creaciones que el pueblo elogia y hace suyas (provengan de donde provengan), se las considera "cultura de la Revolución", así no se use el término. Ya para la década de 1960 se habla de "cultura popular". Entre sus productos pueden citarse el corrido, el teatro de género chico, la fotografía (el material de los más de trescientos fotógrafos reunidos en el Archivo Casasola), la canción popular, las renovaciones de la gastronomía, el auge de las artes populares y de las artesanías, los cambios en la vestimenta de los pobres y las libertades del habla. Ya en 1921, la Escuela Mexicana de Pintura, y para 1932, el cine de tema revolucionario.

Alan Knight, con precisión, señala la imposibilidad de la alta política sin la presencia numerosa de los movimientos populares. "La revolución es un movimiento popular genuino, y es por lo mismo un ejemplo de los episodios relativamente infrecuentes en la historia, donde las masas influyen de modo profundo en los acontecimientos". Friedrich Katz puntualiza: "México es el único país de América Latina donde cada una de las grandes transformaciones, ha estado vinculada en forma inextricable a las rebeliones rurales". Y gracias a esta fuerza de lo popular, se producen transformaciones que acompañan a la lucha armada, manifestaciones de los dones creativos de las comunidades que apenas son tomadas en cuenta en la primera etapa. Esta "revolución cultural" beneficia a la gleba o a la grey astrosa (la expresión de Ramón López Velarde), o al infelizaje, o al populacho, o a las masas que pardean en el horizonte o a los habitantes de la jodedumbre. Al principio, estas expresiones denigrantes pertenecen inequívocamente a la mentalidad racista; luego, algunas de ellas son adoptadas por los aludidos.

Las primeras grandes expresiones de la cultura popular en la Revolución mexicana son, en una lista insuficiente, la geografía nacional recorrida de improviso por millones de seres, la interiorización colectiva de algunos significados de la historia, la metamorfosis del atuendo de los campesinos, que deviene símbolo ético y estético de la nacionalidad, los corridos o las canciones, que son resúmenes de lo acontecido o versiones inaugurales de otra historia. Al identificarse lo campesino con lo popular y lo nacional, se destruyen y reconstruyen artísticamente las imágenes entrañables de la tradición conocidas hasta 1910. Esta es otra consecuencia indetenible. Al recambio de las tradiciones lo hace posible la intermediación de las migraciones.

El recuerdo aciago de la burguesía de la dictadura se vuelve la ampliación de los horizontes mentales de los revolucionarios. Así, por ejemplo, a partir de la evocación de Fernando Benítez, una escena de 1914 se ha vuelto clásica. En la ciudad de México un grupo de alzados villistas o zapatistas se adueña de la calle, entre la algarada de la diversión. De pronto, se topan con espejos inmensos extraídos de una mansión, se ríen al verse de cuerpo entero y se engalanan con los sombreros de las señoras y los señores, con las boas de plumas, con los vestidos de noche y las capas. Su carcajada es un carnaval instantáneo, es el regocijo de quienes por fin se juzgan a sí mismos de otra manera, al variar por ejemplo la imagen de sí mismos al lograr contemplarse de cuerpo entero.

Tan se radicaliza la vida mexicana en el período 1910-1920 que el reacomodo más efectivo de las tradiciones se da a través de la estética. Todo sigue allí: el universo provinciano ordenado por liturgias, procesiones, birretes, bendiciones de la mesa y las casas y los objetos, horas del Ángelus, desfiles del Ayuntamiento, ferias, días del santo del pueblo, visitas del Señor Gobernador o el Señor Obispo... Pero desaparece la convicción que organizaba objetos, seres y situaciones en un solo paisaje del sometimiento; aparece una nueva mirada que reagrupa los fragmentos de la visión del mundo.

2. Novedad de la Patria

La nueva mirada, nacional, comunitaria, individual, se desprende del inventario de costumbres y creaciones. Por eso, al lado de los corridos, son cultura popular el muralismo de Orozco, Rivera y Siqueiros, y lo proclamado por López Velarde en su poema definitivo *Suave Patria* y en su texto "Novedad de la Patria" de 1920:

> [...] Han sido precisos los años del sufrimiento para concebir una Patria menos externa, más modesta y probablemente más preciosa [...] nuestro concepto de la Patria es hoy hacia adentro. Las rectificaciones de la experiencia [...] nos han revelado una Patria, no histórica ni política, sino íntima.
>
> La hemos descubierto a través de sensaciones y reflexiones diarias, sin tregua, como la oración continua inventada por Sal Silvino [...] Hijos pródigos de una Patria que ni siquiera sabemos definir, empezamos a observarla.

López Velarde alude genialmente a esa recuperación que es amor a primera vista, reencuentro con lo deshecho y rehecho por la Revolución. A su "Te amo no cual mito/ sino por tu verdad de pan bendito", se oponen o, mejor, se ofrece complementariamente las canciones y los corridos de los años de la Bola, de la Revolufia, del tumulto inesperado que asimila por igual la creación de cementerios instantáneos y la emergencia visual de los campesinos. Canta el dueto de ciegos en el zócalo pueblerino:

> Hagamos de cuenta que fuimos basura,
> vino el remolino y nos alevantó,
> y cuando estábamos allá en las alturas
> un golpe de viento nos desapartó (De "La cantela").

Una parte importante de la cultura popular atribuible a la Revolución mexicana depende de la reconversión estética, lo que fructifica en las artes populares con la cerámica y el juguete que ya notifican la conciencia de las evocaciones. Esta cultura popular ya considera que su pasado es en sí mismo histórico, y desemboca en las artes plásticas con la recreación de lo popular a cargo de María Izquierdo, Frida Kahlo (el exvoto como recinto pictórico del sufrimiento), Chucho Reyes Ferreira y Antonio Ruiz el Corcito. Desde luego, lo más sobresaliente en esta revisión de las potencias populares es el muralismo, gran arte y, como se ha probado reiteradamente, cultura popular desde los primeros días, por la resistencia que invoca, su capacidad de impregnación de imágenes en ámbitos nacionales e internacionales. Los símbolos se la diseminan, vueltos archivo ideal de la memoria histórica.

En el tránsito de lo rural a lo urbano, tan significativo en el proceso de la cultura popular de la Revolución, el muralismo esencializa una visión mítica sin dejar, al mismo tiempo, de representar el añadido simbólico de las clases populares en la nación.

3. El mexicano más famoso del siglo

La extraordinaria biografía de Friedrich Katz, *Pancho Villa*, estimula, necesariamente, una reconsideración de la cultura popular de la Revolución mexicana. Allí el papel de Villa es central, y entre las razones de tal irrefrenable éxito póstumo, se halla el simple recuento de hechos, la creación del mayor ejército revolucionario, los fracasos y las victorias fuera de proporción, el pintoresquismo atribuido y real, las muy escasas distancias entre la idea colectiva del personaje y su representación literaria y fílmica, que entrevera irracionalidad y heroísmo. No cualquiera puede ser interpretado en el cine por Pedro Armendáriz, Domingo Soler, José Elías Moreno, Wallace Beery, Telly Savalas y Yul Brynner (este último además con bisoñé para dar la idea de fuerza, lo que complementa bailando flamenco (en *Villa Rides*). Y otro motivo de consolidación: desde el comienzo, Villa obtiene la comprensión de las masas. No lo perjudica nunca el estar fuera de la ley porque la mayoría identifica a la ley con la injusticia y al bandolero social con la expropiación, y si su violencia y crueldad promueven la leyenda negra que no acaba de extinguirse, su generosidad y su compromiso con los pobres atenúan los cargos. En última instancia, priva en la imaginación popular, en lo tocante a su insensibilidad frente a la muerte ajena el consuelo irrefutable: "De algo se tenían que morir".

A propósito de su sitio en el pensamiento popular, Katz explica:

> En el pensamiento popular, Villa se adecuaba a una serie de tradiciones e imágenes profundamente arraigadas, algunas de ellas características de todo el país, otras propias de sus clases bajas. Era la encarnación de la imagen tradicional mexicana del macho: tenía todas las cualidades combativas que el machismo exigía, era valiente, era un luchador de primera, su puntería con la pistola era proverbial y su habilidad como jinete era tan grande que los bardos escribían corridos sobre sus caballos. Su interés por las peleas de gallos y su reputación de mujeriego eran elementos esenciales de esa imagen. También lo era su crueldad, asimismo adecuada al modelo del macho.
>
> Encajaba por igual en otra imagen: la del vengador de los pobres, el hombre de clase baja que la había hecho en grande pero que no olvidaba sus orígenes y volvía para castigar a los culpables de sus sufrimientos. Esta tradición estaba íntimamente ligada a la imagen que ofrecía de bandido social tipo Robin Hood –sobre todo como resultado de sus actividades a principios de 1913–, la de un hombre que les quitaba a los ricos y les daba a los pobres. Estas dos tradiciones no siempre eran idénticas, ya que algunos bandidos sociales procedían de las clases altas. Pero en el caso de Villa coincidían. También correspondía a las tradiciones e imágenes específicas de la frontera norte (Katz 1998, I: 277).

Villa también se ajusta a la versión del Ave Fénix. Destruido varias veces, renace de continuo, o está a punto de hacerlo en Parral, Chihuahua, cuando se le asesina "por razones de Estado". Y la celebración de ese don del casi eterno retorno se vincula a su perdurabilidad mítica: nada de lo real o lo falso que se le atribuye daña su imagen, porque ni su fama ni su imagen descansan en la pureza sino en la conversión de virtudes y defectos extremos en la coraza de lo popular. La biografía de Katz aclara el porqué: casi desde el principio, no importan demasiado las versiones en pro o en contra de Villa. Si el reconocimiento histórico le es negado por tanto tiempo, la cultura popular lo encumbra de inmediato y no ve lo más significativo del personaje en su violencia sino en su capacidad épica.

3.1 "Oye tú, Francisco Villa, ¿qué dice tu corazón?"

Es conveniente reconocer el papel esencial de Villa en la producción de cultura popular durante la Revolución o la Revolufia o la Bola. Es el protagonista de la mayoría de los corridos y el héroe de los escritos que se les transmiten a las generaciones siguientes. Siete Leguas es el caballo que Villa más estimaba, la Adelita y la Valentina son mujeres del villismo, y "La Cucaracha" es el choteo villista de Victoriano Huerta y Venustiano Carranza. De Villa escriben desde muy diversos ángulos Mariano Azuela (*Los de abajo* –Azuela era un médico villista–), Martín Luis Guzmán (la portentosa *El águila y la serpiente*), Nellie Campobello (*Cartucho*), Rafael F. Muñoz (*¡Vámonos con Pancho Villa!, Oro caballo y hombre*). Y si las versiones son opuestas, la admiración pese a todo es el punto de unión.

No se pueden cambiar tantas vidas sin modificar el país. Y ese poderío genésico describe la permanencia de un general analfabeto en el imaginario colectivo. Allí Villa es la revolución que felizmente no desemboca en instituciones, es la crueldad que refleja la de los hacendados, es el triunfo fulgurante y la caída abismal, es el banquete de manteles todavía olorosos a pólvora. A ojos de la visión fílmica de la historia, Villa se escapa del destino de las estatuas por su movilidad (su foto a caballo es el desbordamiento de la Revolufia antes de que la petrifique la sombra del caudillo), y es la intuición militar y es el carisma y es el vertedero de anécdotas como el otro ejército a su disposición.

Durante medio siglo, ¿qué familia mexicana no dispone, como parte de su legado, de anécdotas horribles, jocosas o sorprendentes de Villa? De entre las situaciones únicas, comprobadas o atribuidas, que Katz cita, menciono tres:

- Villa permite a sus soldados saquear durante tres minutos; agotado ese plazo, cualquiera que sea descubierto robando será fusilado;
- Villa es contratado en Hollywood por la "Mutual Film Company" para "escenificar *thrillers* cinematográficos en la forma que convenga a sus planes para deponer a Huerta y sacarlo de México". El director de cine Raoul Walsh va a México como el actor estrella en la primera parte del film *The Life of General Villa*. En la segunda parte de la película Villa se interpreta a sí mismo, y acepta

renunciar a su poco fotogénica vestimenta (el suéter, para empezar) y ponerse un uniforme de la productora;

- Villa le entrega un comunicado a Felipe Ángeles para ser leído en la Convención revolucionaria de Aguascalientes. Allí se declara dispuesto a renunciar al mando de tropas, y sugiere una forma un tanto insólita de destitución: que la Convención los mande fusilar a Carranza y a él mismo (Vvvítores de los convencionistas, villistas incluidos).

Con esta materia prima, no extraña la profundísima huella de Villa en el imaginario colectivo, y el florecimiento del personaje en el cine de la Revolución, donde el Centauro del Norte es protagonista central (a eso lo ayuda la censura, que no permite retratos fílmicos de Carranza, Obregón, Calles y Zapata). En canciones, películas, obras de teatro, corridos, grabados, Villa es la conciencia popular vuelta violencia y redención, y si ochenta años después permanece, es porque a Villa todo se le perdona, mientras que en materia de cultura popular a sus enemigos mortales los envuelve el olvido.

4. La épica a todo volumen: canciones y corridos

¿Qué significa la revolución para los que la viven como el hecho cotidiano, inescapable, para los rotos y catrines amedrentados por su propia apariencia, para los campesinos que adquieren súbitamente otra psicología con la mera posesión de las armas, para las mujeres que sexualizan a fondo y por la fuerza su experiencia, para los niños que ya portan fusiles o huyen aterrados con sus familias, para los pobres urbanos que festejan a cada uno de los ejércitos porque el "¡Viva Villa!" o el "¡Viva Zapata!" o el "¡Viva Carranza!" son estrategias de sobrevivencia?

Tras las muertes trágicas de Aquiles Serdán y su grupo el 20 de noviembre de 1910, lo que sigue es la explosión irrefrenable de facciones y vuelcos sociales. De golpe, se derrumba la pretensión de una sociedad de respetos y ceremonias cuyo punto de partida es la invisibilización de la mayoría. Como sea, lo fundamental de la cultura popular de este período es su capacidad para (por unos años) volver inocultables a los campesinos, a caballo o colgados en los postes o fusilados o a punto de invadir las ciudades. Son también inocultables las campesinas, intrépidas y voluntariosas, los pobres urbanos, los hacinados y desesperados.

Un método extraordinario de visibilización es la creencia en los poderes genésicos del pueblo, esto es, el reconocimiento de las cualidades épicas de la Revolución. En este punto, por una vez se equivoca López Velarde en "Los soldados", un texto excelente de agosto de 1912:

> En la tarde brumosa y por la avenida que barre el viento, pasan los soldados de caras cetrinas [...] un prestigio de leyenda envuelve a los adalides plebeyos que, con un aire de hosca indiferencia, marchan lentamente al breñal remoto o a la montaña empapada en sangre, para ser engullidos, en una desgracia vulgar, por el hocico insociable de la revuelta.
>
> No; estos guerreros que se confunden entre la pluralidad de la tropa no van a morir gloriosamente en un duelo que después será celebrado en los octosílabos heroicos del romance. No, éstos no van a perecer a manos de Aquiles en un trance de muerte y de inmortalidad; ni a manos de Camilo, ni de Ricardo Corazón de León, ni del Cid. No; éstos sucumbirán sin que resuene en sus oídos, como un homenaje, el aplauso de una multitud; sin que la agonía de sus ojos se ilumine con la visión del laurel de la epopeya; sin conocer siquiera al enemigo, cuya garra, criminal e invisible, los acogota en la emboscada.
>
> Ellos lo saben, y caminan lentamente [...].

Para acompañar a los combatientes que emergen se multiplica el corrido, el recuerdo de que se puede morir gloriosamente, celebrados por "los octosílabos heroicos del romance". En reemplazo de Aquiles y Héctor y Áyax están Villa y Zapata y –las menos de las veces– Obregón, y las celebraciones se centuplican en cada plaza tomada o en cada vivencia donde se evoquen las proezas:

> Carabinas Treinta-treinta
> que los rebeldes portaban,
> y creían los carrancistas
> que con ellos no mataban.
> Con mi Treinta-treinta
> me voy a marchar
> a engrosar las filas de la rebelión.
> Si mi sangre piden,
> mi sangre les doy
> por los habitantes de nuestra nación.

Al principio, la cultura popular es plenamente rural y se expresa a través del corrido, el módico cantar de gesta que las comunidades exaltan para sentirse exaltadas. Relato de los orígenes del nuevo pueblo, conversión de las batallas en memoria hazañosa, recompensa cantada del heroísmo, descripción de vida, entrega al vértigo, poesía de la desolación, la canción revolucionaria suele ser melancólica y fatalista:

> Despedida no les doy
> porque no la traigo aquí,
> se la dejé al Santo Niño
> y al Señor de Mapimí.
> Se la dejé al Santo Niño
> y al Señor de Mapimí.
>
> (De "El corrido de Cananea").

Gracias al corrido y las canciones revolucionarias, se fija el carácter de la evocación, tan central en la cultura popular. Épica fundamentalmente descriptiva, ocasionalmente gozosa o deprimente, es el fracaso de los personajes arquetípicos: la Adelita, el militar que da su vida por la causa, Marieta la coqueta, los héroes involuntarios. Las figuras más entrañables son las mujeres que atraviesan la Revolución como sombras que no tienen adónde ir, repegadas en bailes hasta el amanecer. Estos personajes son la Revolución captada con sorna ante las ineficacias del machismo o de la esclavitud femenina.

> En lo alto de una abrupta serranía,
> acampado se encontraba un regimiento,
> y una moza que valiente los seguía,
> locamente enamorada del sargento.
> Popular entre la tropa era Adelita,
> la mujer que el sargento idolatraba,
> que además de ser valiente era bonita,
> y hasta el mismo coronel la respetaba.

Ninguna de las canciones de la Revolución alcanza la difusión de "La Adelita", que le otorga nombre genérico a las soldaderas, y se identifica con el impulso romántico del movimiento:

> Y si acaso yo muero en campaña,
> y mi cadáver lo van a sepultar,
> Adelita, por Dios te lo ruego
> que con tus ojos me vayas a llorar.

"La Adelita" es el himno en torno a una casi abstracción que, sin embargo, posee la virtud de lo inmediato visualizable. Y la flexibilidad súbita de las actitudes indica el relativismo moral, pero también da noticia de la movilidad física que es signo de las nuevas concepciones del amor en colectividades hasta hace poco arraigadas fatalistamente en sus pueblos:

Y si Adelita se fuera con otro,
la seguiría por tierra y por mar.
Si por mar en un buque de guerra,
si por tierra en un tren militar.

La otra canción identificada a fondo con la Revolución es "La Valentina", con su línea autodestructiva: "si me han de matar mañana,/ que me maten de una vez", y su recuento de la atmósfera báquica que le hacía falta a quienes, literalmente, se juegan a diario la vida:

Si porque tomo tequila,
mañana tomo jerez,
si porque me ves borracho,
mañana ya no me ves.

La materia prima de las divulgaciones son los tiempos muertos o inmensamente vivos de la guerra. Allí, la urgencia de asimilar la sucesión de hechos violentos conduce al temperamento lírico. El corrido, heredero del romance, es noticiero de héroes y combates, y es la poesía de las multitudes, a la vez irónica y desgarrada, tierna y conmovida ante la existencia de su ternura. Se insolenta el cantor:

La cucaracha, la cucaracha,
ya no puede caminar,
porque no tiene, porque le falta
mariguana que fumar.

Lo prohibido o lo forzosamente inaudible hacen acto de presencia en la cultura popular, o mejor dicho, se filtran inesperadamente en este gran vuelco de la sensibilidad donde por vez primera o casi por vez primera, el pueblo toma conciencia de sí en cuanto productor y suscitador de creaciones artísticas y formas de conducta. El proceso, desde luego, no se percibe del modo en que lo enuncio, y esto se debe en gran medida al énfasis del lenguaje oficial de la Revolución, prosopopéyico, de esdrújulas con resonancia de bóvedas, de joyeles mitológicos, de las noches en los campamentos donde Emiliano Zapata oye poemas neoclásicos a propósito de los Gracos o la Revolución francesa. En cambio, los corridos celebran por igual a bandoleros sociales y revolucionarios (Ignacio Parra, Valentín Mancera, Macario Romero, Jesús Leal, Benjamín Argumedo, Felipe Ángeles), a las grandes batallas (la toma de Torreón, la toma de Zacatecas, la derrota de Celaya), a las figuras locales (Refugio Solano, Saturnino Zedillo, Inés Chávez

García); a la Cristiada; al movimiento agrarista; a los mártires de la izquierda agraria:

> Primo Tapia murió asesinado
> en Camino del Palmar, ay, ay, ay, ay,
> por ser agrarista, por ser comunista
> que supo luchar.
> Campesinos, me hiere la pena
> que en el pecho llevo
> mirando hacia allá,
> los caídos del lema agrarista
> y del comunista de la humanidad.
>
> Corrido de 1924 con la música de "Cuatromilpas".

A esto se opone el "Madre mía de Guadalupe,/ por tu religión me van a matar".

5. La literatura: el almacén de tipos populares

Para localizar el habla popular hay que ir al corrido, al ex-voto ("Te doy las gracias, Santo Señor de Chalma, porque las heridas que recibí no son mortales, y la prueba de que así fue es que vengo a darte las gracias"), a la caricatura, a las canciones, a la transformación de la vestimenta habitual en declaración de guerra, a la conversión de las festividades en orgías sensoriales.

Asúmase lo evidente: los creadores de la cultura popular no son estrictamente gente del pueblo, aunque esto ocurre, sino sobre todo profesionistas, "destripados", como se designa entonces a los que no terminan la carrera profesional, autodidactas enfebrecidos. Un ejemplo: en 1915 un médico de provincia, Mariano Azuela, escribe una obra capital de la literatura y de la cultura popular, *Los de abajo*. La novela es imprescindible en la idea nacional de la Revolución, es de hecho la versión más concentrada del proceso emotivo y político de los revolucionarios de la primera etapa: "¿Pos cuál causa defendemos nosotros?", se pregunta uno de los revolucionarios, casi con el mismo énfasis que el Indio Bedoya en *El tesoro de la Sierra Madre*, cuando, antes de matar a Bogart, exclama: "es que somos muy chacales". Si en su teoría Mariano Azuela ve en la causa de los rebeldes sólo el matar o morir, en su práctica narrativa destaca la manera de señalar lo obvio: el mero hecho de incorporarse a la Revolución le imprime otro sentido a las vidas de los alzados, les concede el impulso y la finalidad de que habían carecido. La interpretación se anula y el relato permanece, vívido, fulgurante, como sucede más tarde con *El llano en llamas* y *Pedro Páramo*, de Juan Rulfo, dos libros excepcionales que debido a su uso escolar desde la educación secundaria, se convierten en cultura popular de la segunda mitad del siglo XX en el más alto nivel prosístico.

Los de abajo es guía para el entendimiento de la explosión militar, política y social, y acervo de personajes arquetípicos: Demetrio Macías, el Güero Margarito, Solís, La Pintada, son la oportunidad de convertir la lucha armada en un casi mural o en casi película, el paisaje de la crueldad, la valentía, la entrega de grupos y personas, la tragedia que se percibe como estadística mientras renueva al país entero.

6. La cultura popular urbana

6.1 Del oportunismo como estrategia de entendimiento; del placer de las multitudes como regocijo privado

La Revolución mexicana cambia radicalmente la vida pública y la cotidiana, moviliza grandes contingentes de un lado a otro del país, liquida inercias, puebla y despuebla la ciudad de México. Al cabo de una década de estreno o reestreno, la institucionalidad que surge es también un proyecto de ciudad y de cultura-para-los-que-no-la-tienen, de ofertas accesibles para una minoría, y de aprovechamiento distinto de lo que sucede en las calles, en las festividades, en los salones cinematográficos, en el teatro.

En el teatro del género chico, entre cómicos y cantantes y magos y equilibristas, el público acepta, con amor rijoso, que la imagen de sí que el cine le ofrece, no sólo se le parece, es la única concebible. Los cómicos crean estereotipos cuyo mayor mérito es la utilización protagónica de los espectadores; los cantantes divulgan la moda y le dan a su trabajo un alcance nacional.

La Revolución no inventa al país, pero su vigor le da, por vez primera, características legendarias a las masas. Hace su debut el revolucionario de cananas y voz gruesa, de mirada homicida e ignorancia criminal que mal ocultan un alma candorosa. El asombro es la señal del descubrimiento a la mitad del foro, y la epopeya popular se desdobla en formas del habla, sucesión de tipos, fidelidad imaginativa de los vestuarios (María y Campos 1956). Los arquetipos ya estaban allí, y desde los cronistas del siglo XIX se impulsa la pintura verbal de los gremios. La novedad es el paso del costumbrismo-que-pide-perdón-por-existir al orgullo desafiante de la "nueva especie".

6.2 La gleba capitalina en la Revolución

Las escenas invocadas por cronistas e historiadores hablan de multitudes agolpadas en jacalones o teatros "revestidos de pueblo", de cantantes aficionados a la entrada de los espectáculos:

> Ahora hay unos catrincitos
> de esos que comían gallinas,
> ahora los vemos hambrientos
> espulgándose en la esquina.
>
> Se admiran las cucarachas
> que en esta triste nación,
> tanta plata de las minas
> se volvió ya de cartón.
>
> Dan cinco chiles por medio,
> diez jitomates, tostón,
> y toditos se cobijan
> con esta revolución.

En el teatro de género chico o teatro frívolo y en las carpas, esos teatros casi al aire libre donde todo se improvisa, la cultura popular alcanza su nivel más belicoso y relajiento de creatividad y ampliación de territorios. De la temática de enfrentamientos mortales se transita al desfile de libertades posibles, corporales y verbales, de la ropa escasa y las escasas palabras muy ofensivas; del corrido se pasa a las canciones de doble sentido; de la política como tragedia se va a la política como choteo. Nada, para usar un término preciso, seculariza más a la Revolución que el teatro de género chico y la carpa con sus cómicos enharinados, sus gachupines tabernarios, sus peladitos, sus lagartijos, sus cómicos que interpretan borrachitas de pulquería, sus indios de Xochimilco, sus gendarmes de bigotes aguamieleros, sus payos atónitos ante la posibilidad de comprar la catedral, sus beatas que se persignan ante la inminencia del coito que las excluye, sus revolucionarios sorprendidos ante ese olor desconocido, el de la pólvora.

En la sociedad popular que la revolución descubre y convoca, el subsuelo se vuelve la superficie divertida y entrona de domingos, días feriados y ocasiones de contento. Allí, en el teatro de género chico los espectadores se descubren y se reconocen gracias a sus contrapartes escénicas y aplauden la novedad: el ir de paisaje distante (en el mejor de los casos) a personajes, circunstanciales si se quiere pero ya con nombre y apellido. La cultura popular de la Revolución los fija en el escenario, y ese dejarse ver les parece a los excluidos y los invisibilizados otra revolución.

6.3 Vuelco cuantitativo

A fines del XIX, las tandas son espectáculo "repelente" de seres primitivos que se anudan y desanudan para mayor contento del auditorio; a partir de 1911, un pueblo se asoma entre carcajadas a la reducción humorística de su existencia. En las butacas los asistentes se contemplan con mirada inaugural, y encuentran la solidaridad en el reconocimiento de los tipos escénicos. Desde abajo, los léperos y pelados (los tipos populares: lépero es aquel que ha contraído la lepra de la pobreza, y pelado es aquel despojado de todo) la pasan muy bien porque si uno se regocija todos se alegran. Aseadores de calzado, choferes de camión, sirvientes, cargadores, pequeños burgueses con pretensiones y burgueses se reconocen mejor en el desarrollo de sus nombres intransferibles: boleros, chafiretes, gatas, mecapaleros, rotos, catrines. Como en el virreinato, aquí también cultura popular es concentración de multitudes. Y el teatro frívolo confirma lo indicado por la moral de la calle.

La visión tradicional se concreta en las grandes novelas del siglo XIX, *Astucia*, o *Los bandidos de Río Frío*, y se sintetiza en la noción del "México mestizo" de reminiscencias criollas y combinaciones regionales, de guadalupanismo y ánimo orgiástico. Esta visión desaparece y se recompone míticamente por depender en lo substancial de formas desvencijadas, agónicas. Sin que nadie lo advierta de modo explícito, en el gusto popular se vierten las metamorfosis del autoritarismo, que señalan el equilibrio entre represión y autodestrucción. Lo que desde fuera parecen tácticas de sobrevivencia de la gleba, desde dentro conforma los requisitos fundadores de una cultura: improvisación que imita costumbres y aficiones de la clase dominante, sentimentalismo sin disfraces, confusión entre costumbrismo y realidad, repetición interminable de los hallazgos.

A los ofrecimientos regionales y locales los disminuye el influjo creciente de los productos capitalinos, ayudados a partir de la década del veinte por la tecnología. A la sociedad nacional la integran instituciones políticas, tradiciones en crisis, andamiajes económicos, el monopolio interpretativo de la historia a cargo del Estado... y la seguridad de que en un país de analfabetos, lo popular es, por antonomasia, lo marcado por las distancias con los "centros de civilización". A ello, la elite opone un lenguaje que –desde la pretensión culterana– la prestigia íntimamente y expresa el ánimo de salvar una tradición y el desánimo irritado ante la irrupción del populacho. Para quienes mandan, lo popular no sólo no existe, también degrada. Oye bien, Pueblo, la ignorancia es el principio y el fin de tu inmovilidad social. ¿Cómo si no? Aceptar a las masas méritos de cualquier índole es disminuir el peso de la intimidación. Patéticas en su afán de acercarse a las metrópolis, despóticas en su respuesta a lo popular, las elites sociales transitan del desprecio a la indiferencia, al recelo, a la agresión, a la sospecha apocalíptica a la confusión agraviada y el desconcierto actuales.

6.4 "Oiga mi sargento, ¿a qué horas nos enseña a reconocer un fusil?"

La cultura popular urbana es creación de masas que recién paladean su vocación de *collage*, anhelosas de visibilidad, deseosas de agrandar un espacio entre riñas y tumultos. Esta empresa cultural (en el sentido antropológico) le da al vulgo, palabra que quiere construir una elite marcando las distancias, lo que sólo su indiferencia ante fusilamientos y batallas confirió a los ejércitos campesinos: voz y figura. El temperamento se reconoce y ajusta sobre los escenarios, y el *sketch*, al fijar actitudes a través del habla, las legaliza socialmente. Si la sociedad se restringe a los ires y venires de una elite, el *sketch* del teatro amplía o, mejor, postula condiciones de la ampliación, de la conversión de esa muchedumbre en elemento nacional. Según José Clemente Orozco, en su extraordinaria *Autobiografía*, el arte proletario surge en estos teatros:

> Antes que los pintores pintarrajearan paredes y se holgaran con reparticiones de ejidos y matracas zapatistas, héroes, y tropa ya formada, ya Beristáin y la famosa Amparo Pérez, la Rivas Cacho y tantas más "servían" a las masas, auténticas obras proletarias de un sabor y una originalidad inigualables, ya se habían creado. *El pato cenizo, El país de la metralla, Entre las ondas, Los efectos de la onda y millares más*, en donde lo que menos importaba era el libreto y la música, pues lo esencial era la inter-

> pretación. La improvisación, la compenetración de los autores con el público [...].

Prostitutas y obreros, ministros e "intelectuales" en galería se añaden a la furia relajienta, atestiguan los debutes de personajes que cifran tendencias sociales y fenómenos migratorios. El personaje del "payo", por ejemplo, el sujeto siempre deslumbrante, campesino atolondrado desde la facha, representa por décadas el desprecio hacia los recién llegados a la capital. Un lépero (un marginal) que se siente representado sobre el escenario acrecienta su valor ante sí mismo, porque la invisibilidad social ha sido la primera estrategia de dominio. Quizá por eso dura tanto la aceptación del racismo de parte de los propios ofendidos. Los campesinos indígenas que ríen con los estereotipos del "indito", los parias urbanos que se divierten con la burla que de ellos hacen los cómicos, las empleadas domésticas que festejan las parodias crueles del cine, consideran tan invencible la marginación que les basta ser "tomados en cuenta".

Continúa Orozco:

> Uno de los lugares más concurridos durante el huertismo fue el teatro "María Guerrero", conocido también por "María Tepache", en las calles de Peralvillo. Eran los mejores días de Beristáin y Acevedo, que crearon ese género chico. El público era de lo más híbrido: lo más soez del "peladaje" se mezclaba con intelectuales y artistas, con oficiales del ejército y de la burocracia, personajes políticos y hasta secretarios de Estado.
>
> La concurrencia se portaba peor que en los toros: tomaba parte en la representación y se ponía al tú por tú con los actores y actrices, insultándose mutuamente y alternando los diálogos de tal forma que no había dos representaciones iguales a fuerza de improvisaciones. Desde la galería, caían sobre el público de la luneta toda clase de proyectiles, incluyendo escupitajos, pulque o líquidos peores, y a veces, los borrachos mismos iban a dar con sus huesos sobre los concurrentes de abajo. Puede fácilmente imaginarse qué clase de obras se representaban entre actores y público. Las leperadas estallaban en el ámbito denso y nauseabundo, y las escenas eran frecuentemente de lo más alarmante. Sin embargo, había mucho ingenio y caracterizaciones estupendas de Beristáin y Acevedo, quienes creaban tipos de mariguanos, de presidiarios o gendarmes maravillosamente. Las actrices eran todas antiquísimas y deformes.

A la idea que el pueblo tiene de sí mismo (por lo común, denigrante, estorbosa, tímida, según lo que se desprende de testimonios disponibles) la condiciona el nacionalismo: así somos y hablamos y actuamos, nuestra conducta deriva, y muy centralmente, de la nacionalidad. Es muy explicable la confusión entre psicología social e individual, y su fuente nutricia es la presentación de tipos populares con los cuales identificarse y a los cuales imitar irónica y sinceramente.

Por eso, el teatro es fundamental. Es la escuela de maneras y decires para todas las clases sociales. En el teatro burgués, el melodrama es el molde del descubrimiento escandalizado de los sentimientos; en las tandas del teatro frívolo, la gleba se apasiona con el espectáculo de la gleba. Eso muestran las crónicas: lo más entretenido es la multitud que, cargando con sus limitaciones sociales a cuestas, se divierte. Esto –muy notable en el público de toros– se evidencia en el espacio reducido del género chico, en donde, advierte Luis G. Urbina en 1896, los espectadores piden "no piedras preciosas, sino joyas falsas, *gophires*, vidrios, y en seguida fragmentos de loza y basura del arroyo. Tenemos sed de pornografía y de picardía". El "refugio del gusto rufián y de la curiosidad extranjera" será durante un siglo prueba de vitalidad, de la afición por el cancán (la cancanomanía) a la procacidad del *sketch* en la década del diez.

A la caída de Porfirio Díaz, el teatro se cuela en la historia como apéndice de la agresividad reaccionaria: desde el escenario se increpa al demócrata Francisco I. Madero y se elogia al dictador Victoriano Huerta. No importa: las difamaciones derechistas son anécdotas en la búsqueda de la libertad de expresión, y lo aparentemente prescindible, el desfile de tipos pintorescos, desata la energía antes sólo consagrada a las fiestas.

6.5 La chingada como elemento de liberación

Del caos, brota la cultura popular urbana en tiempos de la revolución. ¿Pero qué es "el caos"? La alianza del festejo de lo grotesco, la ferocidad verbal, la admiración ante cualquier virtuosismo, la teatralización del habla citadina, el entusiasmo ante los dones de la grosería. Las "malas palabras" son gramática esencial de clase, y la descripción del hombre en el cosmos teatral corre a cargo de una pobreza idiomática que se intuye instrumento ofensivo y defensivo. Al eliminarse durante unos cuantos años la censura, el albur se instala enardecido y las "obscenidades" le permiten al público moldear su sentido del humor a través de su ironía sexual. El mensaje político vivifica, pero de un modo quizá más intenso el vulgo desprende de la revolución el apetito por una rebeldía que va de la burla de los ricos a la confesión de hambre carnal. El teatro frívolo o de género chico y el teatro de carpas son el carnaval perenne que localiza los cimientos profundos del regocijo en el sexo y en la mención de los genitales (su insinuación belicosa, su alusión deleitada, la vulgaridad como la elegancia disponible). Al orden del Porfiriato, a su pudor y su hipocresía sexual, lo popular opone, para existir, lo "soez".

Del virreinato al porfirismo, al cuerpo sólo le han entregado lo sórdido y lo clandestino, la tradición del ocultamiento... En la década del diez, en la breve cesación *de facto* de la moral tradicional, el cuerpo se hace culturalmente visible y se opone a un espíritu fariseicamente idolatrado que confina en la disipación carnal de los prostíbulos todas las autenticidades, incluso la de conversar. Con el ánimo fornicador y pantagruélico que Mijail Bajtin halló en la Edad Media y el Renacimiento, irrumpe –verbaliza– la "mitad inferior" del cuerpo, el "abajo" humano aparece. Pronto se le somete de nuevo y se le relega a las zonas prohibidas del lenguaje, pero en los años de su proclamación agresiva, el "abajo" resulta avalancha de una comicidad popular sustentada en lo elemental (el culo, los testículos, la vagina, el vientre, los excrementos, los pedos, etcétera), y de un espectáculo donde el desnudo femenino es el arte al servicio de los alaridos del onanismo. En el teatro, el sexo es alusión vindicativa, relato de hazañas transcurridas o inminentes, las glorias del "abajo" que la galería aplaude y festeja como la épica genuina de lo popular.

Al mismo tiempo, y sin contradicción alguna (cada medio masivo expresa el tiempo histórico y cultural que le permiten la censura política y la social), el cine mudo celebra la espiritualidad de la mujer, la transformación visual del melodrama cuyo público se amplía y cuyas claves se van modificando. Es el reino de las divas, de las mujeres cuya belleza es prueba de la eficacia de la técnica y de los ajustes en la moral del patriarcado. En todo caso, lo que llama la atención en el caso del cine mudo es la escasa presencia, fuera del espacio de los documentales, de la Revolución mexicana como hecho estético y temático. La década de 1920 atestigua el esfuerzo de los hacedores de la industria cultural por "adecentar" a la sociedad, por proveerla –en canciones, películas, obras teatrales– de una moral ajena a la barbarie campesina, que sea inefable como las canciones de la trova yucateca o los gestos de las divas. A lo largo de una gigantesca operación ideológica y comercial, se consigue aislar a la Revolución, impedir que se incorpore orgánicamente a lo popular, excepto bajo la forma de pintoresquismo anecdótico o de mitología cinematográfica.

6.6 La Revolución mexicana como tradición

En 1910 las Fiestas del Centenario de la Independencia le descubren a la ciudad de México sus vetas de lujo y cosmopolitismo, o por lo menos eso cree la elite que asiste a la inauguración de los monumentos, se pasea con solemnidad, asiste a los banquetes, y ni siquiera se da por enterada del descontento creciente en el país. ¿Para qué? Mejor conviene admirar la Columna de la Independencia, el Hemiciclo a Juárez, las estatuas de héroes y descubridores. El Desfile del Centenario convierte a la historia de México (en su ordenación clásica: Vida Prehispánica, Conquista, Virreinato, Independencia y régimen de Porfirio Díaz) en revista musical de la que se exceptúa la Reforma liberal.

Del 15 al 17 de abril tiene lugar en la ciudad de México la Convención antirreeleccionista, que nombra candidatos a la Presidencia y la Vicepresidencia a Francisco I. Madero y Francisco Vázquez Gómez, respectivamente. Se esparce el rechazo a la dictadura. El 7 de junio, Madero es detenido en Monterrey, y el 22 de julio liberado bajo fianza. El 22 de septiembre se inaugura la Universidad Nacional. El 27 de septiembre, la Cámara de Diputados declara a Porfirio Díaz y Ramón Corral Presidente y Vicepresidente de la República. El 6 de octubre Madero se va a Estados Unidos. El 25 de octubre, en el Plan de San Luis, Madero convoca al pueblo a derrocar con las armas a la dictadura y señala: el 20 de noviembre deberá iniciarse la revolución. Ese día, en Puebla, Aquiles Serdán, su hermana Carmen y un grupo pequeño resisten a la policía y mueren en el combate. El primero de diciembre Díaz y Corral reocupan sus cargos, Díaz por octava ocasión.

Lo que sigue es convulso y sangriento. En febrero de 1911 Madero regresa a México. Se militariza la frontera norteamericana. Díaz, en vano, ofrece reformas. Cae Ciudad Juárez en poder de los revolucionarios. El 25 de mayo la Cámara de Diputados acepta las renuncias de Díaz y Corral. En casi todo el país renuncian los gobernadores. El primero de junio Díaz y su familia se van a Francia en el buque "Ipiranga". El primero de octubre hay elecciones y ganan Madero y Pino Suárez. Acto seguido, la tormenta.

Será mejor no regresar al pueblo,
al Edén subvertido
que se calla en
la fascinación de la metralla.
Ramón López Velarde.

Si, para señalar su etapa más creativa, se sitúa a la Revolución mexicana, aproximadamente, entre 1920 y 1940, se localiza el surgimiento de una tradición que por lo común toma la forma de la cultura popular que mezcla lo rural y lo urbano, lo antiguo y lo necesariamente moderno, lo nostálgico y lo visionario. En principio, esta cultura popular que es tradición en acto se engendra en el reconocimiento a los efectos positivos de la violencia, que dan origen al nacionalismo cultural. Si gracias a la revolución, la nación establece su perfil singular, las creaciones que el pueblo elogia y hace suyas (provengan de donde provengan), se implantan como tradición. Esta tradición incluye corrientes y géneros literarios o musicales, entre otros, el corrido, el teatro de género chico, la fotografía, la canción popular urbana, las renovaciones de la gastronomía, el auge de las artesanías, el género fílmico de la revolución, las modificaciones en la vestimenta de los pobres, las libertades del habla, la introducción del cinismo como el lenguaje de las nuevas aptitudes y la convivencia.

Estoy convencido de un hecho: las tradiciones vivas de la Revolución tienen que ver con lo popular, que extrae de la lucha armada una revolución cultural, iniciada como resistencia del pueblo o la *grey* astrosa (expresión de Ramón López Velarde) o el infelizaje o el populacho o las masas que pardean en el horizonte (el tiempo convierte estas expresiones denigrantes en descripciones ácidas de la mentalidad racista). Como sea, la primera gran tradición de la Revolución mexicana es el carácter ideal de la pobreza, que de pronto, resulta estética a su modo, reorganiza las costumbres, ordena con las migraciones de masas otra idea de la nación, interioriza algunos significados de la historia, le da al campesino la calidad de símbolo estético de la nacionalidad (fundación de la república) y reconstruye las imágenes entrañables de la tradición conocidas hasta 1910.

Nadie acata con reverencia dos veces la misma tradición. El recuerdo de la vida semifeudal del porfirismo amplía los horizontes mentales de los revolucionarios. A partir de la evocación de Fernando Benítez, se ha vuelto clásica la escena de 1914 en una calle de la ciudad de México: entre las pirámides del saqueo, festivos, asombrados ante su descubrimiento de las otras posibilidades de la diversión, un grupo de alzados se contempla en los grandes espejos extraídos de una mansión. Se ríen al verse de cuerpo entero y se engalanan con los sombreros de las señoras y los señores, con las boas de plumas, con las capas. Su carcajada es un carnaval instantáneo, es el regocijo de quien por fin se contempla de otra manera y de cuerpo entero.

Al radicalizarse la vida mexicana en el período 1910-1920, la única manera de volver a centrarnos en la tradición, de reacomodar las tradiciones, es la transformación estética. Todo sigue allí: el universo provinciano ordenado por liturgias, procesiones, birretes, bendiciones de la mesa y las casas y los objetos, horas del Ángelus, desfiles del Ayuntamiento, ferias, días del santo del pueblo, visitas del Señor Gobernador o el Señor Obispo; todo persiste, pero desaparece la convicción que organizaba objetos, seres y situaciones en un solo paisaje del sometimiento eterno, y si se quieren reagrupar los fragmentos de la visión del mundo debe acudirse a los designios de la estética, es decir, a la creación de otra perspectiva ennoblecedora. Las culturas populares que emergen de la Revolución son la nueva mirada, nacional y comunitaria, individual y de clase, sobre el inventario de costumbres y creaciones. Se valúan y revalúan los hallazgos y las creaciones, en un fluir donde, al lado de los corridos, se sitúa el muralismo de Orozco, Rivera y Siqueiros.

6.7 La tradición en las fotos: del pasado como heredero de la moda cultural

Todavía en la década de 1960 el trabajo de numerosos fotógrafos, compilado por uno de ellos, Agustín V. Casasola, en el tumulto de hallazgo que ilustra libros y artículos y desencadena teorías, la foto de los zapatistas en *Sanborn's*, una de las imágenes esenciales del siglo XX mexicano, se describe como la primera expropiación simbólica de la capital en el siglo XX (sólo hay testimonios escritos de otra llegada campesina de gran carga emocional: los desharrapados del ejército de don Juan Álvarez a la ciudad de México). Esta marginalidad que desbarata en 1914 un escenario ideal de la oligarquía es la referencia visual de varias generaciones de mexicanos ya no requeridos de interpretación, al pertenecer la foto a su álbum familiar.

Menciono otras imágenes del Archivo Casasola: el hombre que aguarda con fastidio su fusilamiento, la soldadera inquieta a punto de bajar del tren, los niños revolucionarios con sus armas (la inocencia protegida por sí misma). En este panorama la foto de los campesinos que comen en el restaurante de lujo sin deponer su recelo y sus cananas corresponde al patrimonio icónico donde circulan las circunstancias históricas, las personas y los momentos del azar. Sí, los sombrerudos transgreden la armonía del lugar emblemático; sí, la mayoría de los testigos actuales de esta foto son descendientes de aquellos que la cámara sorprendió en *Sanborn's*, y por eso, sí, casi sin saberlo le adjudican el rol de "árbol genealógico", de allí vienen, de allí venimos; sí, el Archivo Casasola es primero en testimonio horrorizado o jactancioso, y después un recinto personal y/o familiar, un gran documento del tiempo histórico de una nación. "No me reconozco en los personajes; me reconozco en la emoción que me causa contemplarlos".

Nadie mete dos veces la mano en el mismo río, dijo el filósofo griego. Nadie, incluso de un día a otro, contempla igual la misma foto. En el caso del Archivo Casasola lo decorativo se desvanece, así todavía adorne en profusión fondos, restaurantes de lujo y departamentos de clases medias, lo típico se vuelve lo clásico, y el horizonte del pintoresquismo viene a menos.

6.8 Con qué sentido de las proporciones pasó de estatua a poster

En el imaginario colectivo de México a la Revolución la representan los testimonios personales (borrosos o muy modificados de tanto repetirse, anulados por el olvido de tanto moverse los testigos presenciales), el muralismo (en especial Orozco), la narrativa (muy poderosa, en especial Mariano Azuela, Martín Luis Guzmán y Rafael F. Muñoz), el cine de la Revolución (de *Vámonos con Pancho Villa* de Fernando de Fuentes a *La Cucaracha* de Ismael Rodríguez) y, con ímpetu creciente, la fotografía. Lo que fue el apoyo testimonial de la tradición se convierte gradualmente en la síntesis de la lectura colectiva de una etapa, sobre todo al adueñarse el consumo cultural de las imágenes. Ya no se trata del "ver para creer" sino del "creer para ver". Primero el orgullo por el pasado y luego su examen general. Ahora, cada foto seleccionada por la memoria individual y/o la memoria social es un refrendo del entendimiento histórico.

6.9 Adoptemos al ayer, aunque luego resulte un desagradecido

Todavía en 1970 el paternalismo domina la lectura de las fotos, y a la sociedad (a los interesados en el tema) la protege la reflexión no dicha pero muy compartida "vamos a hacer los trámites de adopción de una época", y que lo fotografiado no desaparezca antes de la valoración de sus bellezas, sus hazañas, sus encantos ya desconocidos por los descendientes. Esto se desvanece al imponerse la idea del pasado como lo que nunca termina de irse. "El pasado es otro país, allí las cosas suceden de modo distinto", se dice en *The Go-Between*, y tal convicción exige el respeto a los términos que en cada época se usan para explicar el desarrollo social. Esto elimina el pintoresquismo, la sorna, la ironía y el júbilo triunfalista del hoy sobre el ayer. Los habitantes del pasado dialogan con los prejuicios y la capacidad de entendimiento del presente.

El pasado también se modifica al desaparecer o modificarse radicalmente las tradiciones todavía disponibles a principios de la década de 1960 o, para el caso, de 1980. Ahora, los seres comunes y corrientes (todos) suelen acercarse a la historia a través de las fotografías, las revistas y los programas especiales de televisión, que conjuntan informaciones irrefutables, lazos sentimentales y aportes simbólicos. Revísense las fotos de célebres: una multitud cobriza se esparce sobre el tren inmóvil como celebrando la muerte de una bestia prehistórica; la muchedumbre en la ciudad de México lanza vivas a Madero, y con ese sólo hecho sepulta la ciudad de la dictadura; un grupo de soldados se aísla en la somnolencia. El conjunto registra la épica popular y el nacimiento del país de masas de visibilidad y dignidad que se asoman al primer plano.

Bibliografía

Katz, Friedrich (1998): *Pancho Villa*. Tomo I. México, D.F.: Era.

María y Campos, Armando de (1956): *El teatro de género chico en la Revolución mexicana*. México, D.F.: Instituto Nacional de Estudios Históricos de la Revolución Mexicana.

Night, Alan (1987): *The Mexican Revolution*. Cambridge: Cambridge University Press.

Aurelio González

La Revolución en los corridos: los corridos de la Revolución

Para Vicente T. Mendoza, estudioso pionero del corrido mexicano, es sólo "cuando se cantan las hazañas de algunos rebeldes al gobierno porfirista" –en el último cuarto del siglo XIX–, que aparece verdaderamente el género que definimos como corrido. Mendoza propone que en ese momento "es propiamente el principio de la épica en que se subraya y se hace énfasis en la valentía de los protagonistas y su desprecio a la vida" (Mendoza 1954: XV), con lo cual define al corrido en una dimensión épica, descartando de hecho toda la vertiente novelesca que desde nuestro punto de vista también es parte esencial de la temática del corrido (González 1999: 83-98).

Comúnmente se aceptan varias etapas en el desarrollo del corrido, relacionándolo con el acontecer histórico: una primera que abarcaría desde sus orígenes en el siglo XIX hasta los últimos años del gobierno de Porfirio Díaz, la segunda que abarcaría el período revolucionario hasta 1924, una tercera que culmina con el gobierno cardenista, y una última mucho más amplia que corresponde a la época contemporánea, donde en realidad desaparece el sentido épico (Mendoza 1954: XV-XVI; Pérez Martínez 1935; Aubague 1976-1977: 32-41). En forma parecida Antonio Avitia divide su amplia compilación de corridos históricos en cinco volúmenes: 1810-1910; 1910-1916; 1916-1924; 1924-1936 y 1936-1985 (Avitia 1997-1998). La vertiente épica del género, muy presente o dominante en el periodo revolucionario, obviamente implica la existencia de héroes literarios (tomados desde luego de la realidad histórica) que representan valores nacionales o que son aceptados en general por la comunidad; pero la caracterización de este tipo de personajes heroicos tiene diversas perspectivas que en muchas ocasiones tienen que ver con el momento de su composición. La desaparición de este tono y temática épicas llevó a muchos autores, creo que erróneamente, a plantear la muerte misma del género, pues definían y concebían el corrido como una manifestación simplemente épica, siendo que –como expresión baladística que es– tiene una forma y un contenido épico-líricos.

Es indudable que para la trayectoria del corrido como expresión literaria popular, la segunda etapa a la que nos referíamos antes (la de la revolución) es de gran importancia, pues en ese momento el género literario está estrechamente entreverado con los avatares políticos y el acontecer histórico en general, pues es un momento en que la función noticiera del género aún está muy viva, así como los textos corridísticos son el cauce preferido para la expresión de valores con un sentido épico que se deriva de la crisis sociopolítica del momento. No hay que olvidar que hacia fines de 1910, todavía durante el régimen del general Porfirio Díaz, la crisis del sistema, y, con él, de su modelo de valores, el gran número de conflictos políticos, y las acciones armadas derivadas del enfrentamiento político (y la violencia que de él se derivó) crearon un auténtico clima de cambio que generó un gran número de textos literarios con sentido épico, valor informativo y función propagandística, con la exaltación de personajes que eran protagonistas de los hechos políticos o bélicos de aquellos momentos, a los que la voz popular o sus imitadores cultos y semicultos convirtieron en héroes en la literatura.

A partir de ese primer momento a fines de 1910 es que se puede hablar de la existencia dentro del género del corrido de una expresión bien definida: el corrido revolucionario, cuya temática preferida son las hazañas de los generales y caudillos revolucionarios, la toma de ciudades y, en muchos casos, la muerte en batalla, ante el pelotón de fusilamiento o a traición de estos personajes.

Lógicamente los principales personajes de la política y caudillos nacionales, aunque también muchos locales, fueron los que alcanzaron una definición heroica en el corrido revolucionario; entre ellos sin duda destacan Francisco I. Madero, Emiliano Zapata, Francisco Villa, Venustiano Carranza y Álvaro Obregón y, en otra dimensión, con rasgos más novelescos, personajes como Felipe Ángeles, Benjamín Argumedo e Inés Chávez García, este último convertido al final de su vida en bandolero muy lejos de la lucha social.

Probablemente la función noticiera del corrido hizo que en el corpus de textos corridísticos formado con el paso de los años se pueda seguir la historia y los aconteceres del movimiento revolucionario mexicano. Diversos trabajos así lo han entendido. Recordemos algunos:

Celestino Herrera Frimont es el autor en 1934 de una de las primeras recopilaciones de corridos revolucionarios. En su trabajo señala para algunos corridos la fuente o autor (Eduardo Guerrero, Samuel Lozano, Carlos M. Martínez, Juan Ortega, Jorge Peña), y en su prólogo trata el origen, las características, la temática y la estructura del corrido mexicano, y ofrece un somero bosquejo histórico de la revolución mexicana en relación con los corridos.

Algunos años después, en 1941, Jesús Romero Flores elabora una antología de corridos (92 textos), y en ella casi todos están referidos a la revolución iniciada en 1910, aunque incluye algunos anteriores (época porfiriana: 1879) y otros posteriores (hasta el período cardenista: 1938). En el prólogo narra brevemente la historia de varios personajes de corridos: Demetrio Jáuregui, Valentín Mancera y Macario Romero entre otros.

Más tarde, Vicente T. Mendoza (1956), en un trabajo surgido inicialmente como un curso en seis lecciones dictado en la Facultad de Filosofía y Letras de la Universidad Nacional Autónoma de México, proporciona una relación detallada de los principales hechos, personajes y etapas revolucionarios, así como de los corridos alusivos a ellos. El estudio abarca el período comprendido entre el Porfiriato y la expropiación petrolera (1938), y toca los movimientos fundamentales de la Revolución mexicana (Maderismo, Huertismo, Carrancismo, Obregonismo, Villismo, Callismo). Mendoza destaca la importancia del papel del corrido en la gesta revolucionaria como vocero de los marginados, detractor de la clase explotadora y los gobiernos injustos, y exaltador de triunfos y héroes, para lo cual se apoya en 107 corridos.

Merle E. Simmons, en una obra ya clásica publicada en 1957, explícitamente se propone interpretar algunos aspectos importantes del México moderno por medio de los corridos y canciones narrativas que se cantaban en México desde 1870. Los textos que utiliza (228 corridos) provienen de los cancioneros y hojas volantes de las casas Guerrero y Vanegas Arroyo, de información recogida de la tradición oral, y de los trabajos de Rubén M. Campos, Vázquez Santana, Herrera Frimont, Jesús Romero y Vicente T. Mendoza. Simmons divide su estudio en cuatro partes: en la primera, se refiere al origen del corrido y su función como documento histórico popular. La segunda parte la dedica a los distintos personajes de la Revolución desde Porfirio Díaz hasta Miguel Alemán. En la tercera, explica las distintas ideologías y reformas que surgieron durante y después de la Revolución. La última parte se refiere a la relación de México con Estados Unidos durante esa época. Obviamente Simmons considera que, si bien los corridos no dan una versión completa de la historia, sí proporcionan la visión del pueblo y expresan cómo éste vio, sintió y entendió la Revolución, a veces en consonancia con la historia oficial, pero en otros casos de forma antitética o contradictoria.

Todos estos trabajos dan cuenta de los acontecimientos y muestran a los caudillos revolucionarios convertidos en héroes de un movimiento aparentemente unitario; sin embargo, ya desde el primer momento después de la caída de Porfirio Díaz (lo que de alguna manera señalaría el triunfo de la revolución propugnada por el Plan de San Luis del Partido Antirreeleccionista, redactado en octubre de 1910), las pugnas y luchas entre los que hoy se engloban como caudillos o héroes revolucionarios serán una constante.

Otro elemento importante de la visión corridística es el trato que en ocasiones se da a los líderes, y la presencia de figuras que en la historiografía oficial son menores o no tienen un lugar destacado o reconocido por haber cambiado de bando o haber seguido intereses más personales que sociales. Veamos lo que sucede con algunos personajes que llegaron a los corridos en los primeros años de la Revolución.

Después de los Tratados de Ciudad Juárez (21 de mayo de 1911), que implicaban la renuncia de Porfirio Díaz, lo que seguirá serán los alzamientos anarquistas impulsados por el Partido Liberal Mexicano de los magonistas; el no acatamiento de los acuerdos y, con ellos, de la figura de Madero por parte de Emiliano Zapata y sus seguidores, que a partir de entonces fueron perseguidos por el ejército y considerados delincuentes comunes, por lo que el 25 de noviembre de 1911 lanzan el Plan de Ayala; la rebelión en Oaxaca de José F. Gómez; la de José Inés Salazar con el Plan de Santa Rosa, a quien se unió Pascual Orozco con el Pacto de la Empacadora del 25 de marzo de 1912, todo lo cual culminó con el Pacto de la Ciudadela o de la Embajada de los seguidores de Bernardo Reyes y Félix Díaz de enero de 1913 y la llamada Decena Trágica, con la muerte de Madero el 14 de febrero de

1913 y los alzamientos de Francisco Villa y su División del Norte y del Ejército Constitucionalista de Venustiano Carranza.

Después Orozco apoyaría a Huerta y dejaría de ser "revolucionario", al grado que Zapata dice que su lucha es contra Huerta y Orozco. El 20 de agosto de 1914 Álvaro Obregón y su ejército del Noroeste ocupaban la ciudad de México y Huerta dejaba la presidencia. Este año señala los conflictos entre Villa y Carranza. El Acto de Xochimilco en diciembre de 1914 sella la unión de villistas y zapatistas contra carrancistas, pero en junio de 1915 Pablo González, constitucionalista, toma la ciudad de México. En 1916 triunfa Carranza y entra en la ciudad de México cerrando la primera parte del proceso revolucionario.

En general el corrido, no sólo de este periodo, ofrece, a pesar del distinto tratamiento de los muchos tipos de personajes, una serie de constantes en la caracterización del héroe. Estos elementos también son bastante comunes en la definición de buena parte de los personajes de tipo novelesco de romances e historias populares del siglo XIX. Algunos de estos elementos constantes que definen al héroe, incluso del corrido "histórico", desde una perspectiva novelesca son los siguientes: "la religiosidad, la valentía, la lealtad, la presunción, la relación con el padre o la madre, la generosidad, lo enamoradizo, el machismo, la afición al alcohol, la venganza, la crueldad, el orgullo, etc." (González 1999: 85). También podemos hablar de que existe:

> [...] una línea conductora en la caracterización de los personajes corridísticos que parte desde Macario Romero y otros textos anteriores, sigue por el corrido revolucionario con Villa y otras figuras de caudillos y jefes, pasando por figuras de bandoleros como Simón Blanco, para desembocar en estas figuras de nuestros días al margen de la ley. En todas estas figuras sobresale la caracterización tópica con elementos de comparación como el gallo, los comportamientos osados, la generosidad, el valor y la traición estableciendo un nexo entre el corrido de ayer y el de hoy (González 2003: 148).

Sin embargo, la historia de la Revolución, contada por los corridos se va a alejar del modelo que después volvería dominante la lectura oficial y, así, personajes que solamente son reconocidos hoy en día por la generalidad de las personas en cuanto que son el nombre de una calle o una plaza dedicada en algún momento, y no por sus acciones en el movimiento iniciado en 1910, tienen su lugar en el corrido y un tratamiento particular en cuanto protagonistas. El corrido también asume las acciones de jefes que después fueron colocados en el lugar de los enemigos y, por tanto, marginados de la heroicidad que en ocasiones el corrido les otorga.

Como es de esperarse, el primer personaje que tiene una función protagónica en los corridos de la Revolución indudablemente es Francisco I. Madero, el abanderado del movimiento antireeleccionista y autor del mencionado Plan de San Luis, que de hecho da lugar a lo que después se identificará como la Revolución mexicana. A diferencia de otros héroes, a Madero se le define en los corridos, además de por la hombría habitual del héroe en los textos populares, por una serie de valores morales:

¡Ay! ¡Qué Madero tan hombre,
bonitas son sus *aiciones*!
[...]
Por fin seré feliz en la revuelta
al lado de Madero, hombre de honor
"Madero" (Mendoza 1944: 30-31).

En el caso de Madero su definición como héroe en el corrido resalta su figura magnánima y de dignidad ante el destino, y la simpatía y afecto que despertaba entre sus seguidores, como se puede observar en esta versión de "El cuartelazo felicista" publicada en una hoja suelta por la imprenta de Eduardo Guerrero:

Luego que llegó a Palacio
por el pueblo fue aplaudido,
porque de veras ese hombre
de todos se hizo querido.
Con su estandarte glorioso
que en la mano lo traía,
recorrió todas las calles,
pues temor no conocía.
Madero, estando en Palacio,
dijo: –¡Qué ingrata es mi suerte!
doy mi vida por el pueblo,
yo no le temo a la muerte.

Pero tal vez esto es posible porque se trata de un héroe cuya condición, más política que guerrera, así lo permite, lo cual no pasa con otros caudillos revolucionarios. Así sucede en este otro corrido, donde el tono del corridista en ocasiones rompe la distancia que comúnmente genera el tono épico y se vuelve de confianza y trato familiar:

Don Panchito Madero, magnánimo y patriota,
a nadie quiso que hicieran ya morir,
y tuvo que obligarles a Villa y a Orozco
a que ningún vencido lo hicieran sucumbir

"Toma de Ciudad Juárez" (Herrera Frimont 1934: 25-27).

La Revolución como tal fue generada por el movimiento de Madero y, por tanto, él es el personaje protagónico, pero es muy claro que fueron muchos cabecillas locales (lo cual recogen los corridos) con perspectiva regional los que se enfrentaron a las tropas porfiristas, levantándose en armas el fracasado 20 de noviembre de 1910. Uno de estos personajes fue Melesio García de León Arguijo, quien tuvo corta vida pues murió en la batalla por Matamoros de la Laguna (Coahuila) en febrero de 1911. El corrido de Melesio García se inicia afirmando su pertenencia al movimiento maderista:

Decía Melesio García:
"!Viva Dios, es lo primero!
¡Vivan los hombres valientes
de don Francisco I. Madero!"

Pero el corridista, después de mencionar los nombres de los que se integraron a las fuerzas de García, mantiene el tono épico y triunfante, y su muerte no es una derrota ante el avance de las tropas porfiristas que hacen retroceder a las de Sixto Ugalde, a cuyas tropas se había incorporado. El corrido así lo cuenta:

Jesús Guajardo e Ismael Ramos
diez mil pesos ofrecían,
tan solo porque mataran
a don Melesio García.
En la plaza de Matamoros
mataron a don Melesio,
los mismos lo traicionaron,
por amor a diez mil pesos
ya con esta me despido
acordarme más no quiero,
éstos fueron los principios
de la guerra de Madero.

"Corrido de Melesio García" (Avitia 1997-1998: 10-11).

El personaje no adquiere dimensión heroica, pero su muerte a traición por la recompensa ofrecida por el mayor del ejército federal Ismael Ramos le da un sentido trágico a la lucha contra el gobierno porfirista.

Otra figura "menor" de ese sustento del movimiento maderista que fueron los alzados locales es Luis Moya, de Zacatecas, quien fue invitado al Plan de San Luis por Abraham González. En abril de 1911 Moya al frente de 400 hombres atacó Zacatecas. El planteamiento del corrido subraya el valor desde una perspectiva individual casi machista con una apuesta de por medio:

En mil novecientos once
se hicieron unas apuestas
a ver cual era el más hombre
y entraba a Zacatecas.
Ávila, Moya y Caloca,
como se entendían sus muecas,
apostaron dos mil pesos
al que entrara a Zacatecas.
Moya como era el más hombre,
luego los mandó llamar,
y les dijo que sesenta
lo tenían que acompañar.

Las fuerzas de Moya no lograron tomar Zacatecas, aunque sí entraron a la ciudad y el punto de vista maderista es el del corrido y, obviamente, la apuesta la gana Luis Moya, y, así, el corrido hacia el final dice:

Moya siguió su camino
sin mirar ya la ladera;
iba con muy pocos gallos,
pero de los de primera.
Vuela, gorrión pico de oro,
párate en aquella uva:
los maderistas entraron
por la calle de Tacuba.

"Corrido de Luis Moya" (Esparza Sánchez 1976: 54-55).

La caracterización del jefe revolucionario se hace a partir de tópicos de la literatura tradicional y del corrido no épico y, así, en el corrido que narra la muerte de Moya en Sombrerete, Zacatecas, se le caracteriza como torero valiente, jugando con el nombre del teniente Toro:

Domingo siete de mayo
y del año once al contar,
como a las tres de la tarde,
fue el ataque al comenzar.
Un jinete maderista,
desde el cerro de La Cueva,
gritaba a pulmón abierto:
"¡Ese Toro échenme fuera!"
Un soldado contestó:
"Moya no sabe torear,
tú échale bien el capote
porque te puede cornar"

"Corrido de la muerte de Moya" (Esparza Sánchez 1976: 56-58).

La muerte tiene lugar el lunes, día présago negativo de toda la tradición folclórica, y se expresa con absoluta síntesis con otra referencia también tópica: Troya.

El lunes oscureciendo,
pues esta guerra fue Troya,
pues una bala certera
mató al coronel Moya.

Es claro que en aquellos años la inestabilidad del país, los malos usos y la política prepotente de gobernadores y caciques favorecían los alzamientos. Estas figuras políticas de origen porfirista ahora estaban del lado del gobierno establecido de Madero, pero la situación de mal gobierno no cambiaba, así lo cuenta el corrido sobre José F. *Che* Gómez, quien se alza contra el gobernador Benito Juárez Maza y el jefe político de Juchitán, Oaxaca, Enrique León, quien desplazó a Gómez del poder político. Poco después *Che* Gómez recibe un salvoconducto firmado por Madero para que se traslade a México para una entrevista, pero es asesinado con ocho de sus seguidores en Rincón Antonio (hoy Matías Romero). Su lugarteniente Felipe López "El Teco" continúa la rebelión y varios meses más tarde, en mayo de 1912, llega a un arreglo político. La caracterización del personaje literario de *Che* Gómez sigue las pautas del modelo "hombre de valor", tópico de los corridos:

En mil novecientos once
los tecos se pronunciaron
todos querían a *Che* Gómez
porque era buen licenciado.
Sin embargo, *Che* Gómez
que era buena reata
y preparó su trinchera
y luego armó toda su gente
con palos cuchillos y escopetas.
Pobres de los federales
ya se caían con desmayo
no encontraban qué comer
más que carne de mula y caballo.

"Corrido de Che Gómez" (Cruz 1983: 11-12).

En algunos casos el corrido revolucionario cuenta las acciones de personajes alejados del canon historiográfico de la Revolución mexicana. Ejemplo de esto puede ser el corrido "Tragedia de Teodoro Barajas". Posiblemente Barajas se levantó contra el gobierno maderista local en San Pedro Piedra Gorda, Guanajuato, en 1912, integrándose al alzamiento de Pascual Orozco, aunque no logró entrar en contacto con los enviados de éste pues fue derrotado y muerto en un combate que tuvo lugar en el rancho de la Mora, cerca de El Sauce, en León, Guanajuato. Un corrido, recogido en una hoja suelta sin pie de imprenta, recoge la imagen heroica y valiente hasta la muerte de Barajas:

Hubo queja en Guanajuato,
en esos cerros del Sáuz,
Teodoro y Ramón Soto
ya los tenían azorados.
Entre las ocho y las nueve
tocó Teodoro el clarín:
"Muchachos, yo no les corro,
aquí prefiero morir".
Estaba Teodoro Barajas
en el rancho de la Mora
nomás lo estaban cazando
con una ametralladora.
El veinticuatro de agosto
hicieron un simulacro
y mataron a Teodoro
cerquita de Guanajuato.
El Rayado se cortó,
le dio vergüenza correr:
"Yo le contesto a Barajas,
¡Hasta morir o vencer!"

"Tragedia de Teodoro Barajas" (Avitia 1997-1998: 68).

Una figura primero relacionada con Madero y después perseguida por el gobierno maderista es Benito Canales. El corrido sobre este personaje alcanzó una gran permanencia en la memoria popular, aunque el peso específico del personaje en la realidad histórica no haya sido muy destacada. Canales, originario de Guanajuato, huyó a Estados Unidos después de matar a un acreedor, ahí se afilió al Partido Liberal Mexicano y después se adhirió en Guanajuato al movimiento antirreeleccionista, aunque algunos historiadores lo sitúan en el grupo de Pascual Orozco y el Plan de la Empacadora (Avitia 1997-1998: 72). Cuando Canales se alinea con los Zapatistas empieza a ser perseguido por el gobierno maderista, que acaba con él el 15 de octubre de 1912 en Surumuato, Michoacán. El corrido relata la causa de su muerte con tópicos por demás novelescos como es el ir a ver a su amada:

El día catorce de octubre
que fecha tan desteñida:
murió Benito Canales,
la causa fue su querida.
Estaban en Villachuato,
se salieron pa' la orilla:
"¡Ay!" les decía a sus amigos:
"voy a ver a mi querida".
Decía don Jesús Ibarra:
"Váyase usted sin cuidado,
mañana a las diez nos vemos
en l'ojo de agua mentado".
Cuando llegó a las Maritas,
a la Hacienda de la Orilla,
"¡Ay!" les decía a sus amigos:
"¿dónde estará mi querida?"
(Razo Oliva 1983: 45-48).

Una figura importante en todo este periodo es Pascual Orozco. Simpatizante de Francisco Madero, se unió al movimiento antirreeleccionista y en 1910 sostuvo la primera de una larga serie de batallas que finalmente le valieron el título de Comandante de la Fuerzas Rurales del Estado de Chihuahua en 1911. Posteriormente se negó a combatir las tropas de Emiliano Zapata en el sur del país y convocó a una rebelión contra Madero, acusándolo de incumplimiento del Plan de San Luis. Madero ordenó a Victoriano Huerta combatir la rebelión. Las tropas de Huerta vencieron a los Orozquistas en Conejos, Rellano y Bachimba, y consiguieron tomar Ciudad Juárez. Orozco y Huerta, antes acérrimos enemigos, unieron sus fuerzas el 27 de febrero de 1913. El gobierno golpista de Huerta lo mandaría a luchar contra Francisco Villa en el norte, quien lo derrotó en la batalla de Ojinaga; tras el triunfo del Ejército Constitucionalista, Orozco siguió a Huerta al exilio en los Estados Unidos. Esta oposición a Villa la recoge el famoso "Corrido de Durango" de Graciela Olmos:

> En Durango comenzó
> su carrera de bandido
> en cada golpe que daba
> se hacía el desaparecido.
> Al llegar a La Laguna
> tomó estación de Horizontes
> desde entonces lo seguían
> por los pueblos y los montes.
> Pero un día allá en el noroeste,
> entre Tirso y La Boquilla,
> se encontraban acampadas
> las fuerzas de Pancho Villa.
> Gritaba Francisco Villa:
> –Yo el miedo no lo conozco.
> ¡Que viva Pancho I. Madero!
> ¡Que muera Pascual Orozco!
> Gritaba Francisco Villa
> en su caballo tordillo
> –En las bolsas traigo pesos
> y en la cintura casquillos.–

Esta figura, originalmente en el movimiento revolucionario maderista, tuvo una clara importancia para el desenlace final, pues:

> Sin el hábil freno que Orozco puso a los dorados de Villa en Chihuahua, el movimiento constitucionalista no habría tenido tres cabezas. Si las fuerzas irregulares de Orozco no hubieran impedido el paso al bien equipado ejército de Villa, dando tiempo a Obregón y a Carranza para obtener una serie de triunfos, el caudillo-bandido sin duda alguna hubiera llegado a la capital varios meses antes que sus compañeros del este y el oeste y la Revolución habría asumido un tono muy diferente (Meyer 1984: 127).

Otra figura del entorno orozquista fue Benjamín Argumedo. En los enfrentamientos previos al ataque de los alzados durangueños y laguneros a Torreón, el cabecilla *Cheché* Campos fue capturado y tras pedir, en una actitud totalmente novelesca, que le tocaran *El Pagaré* y *Se llevaron el cañón para Bachimba*, himnos extraoficiales del orozquismo, fue fusilado. A partir de ese momento, Benjamín Argumedo quedó como jefe de los Colorados de Durango y La Laguna. Argumedo, nacido muy probablemente en Matamoros, Coahuila, primero fue maderista, después orozquista, más tarde huertista y finalmente convencionista. Después de la derrota de las tropas de la Convención en La Gruñidora, Zacatecas, fue traicionado por su secretario y capturado en febrero de 1916 en Durango, donde fue fusilado. Las "Mañanas de Benjamín Argumedo" es uno de los corridos más populares, y en él se narra la persecución, captura, herida, despedida y muerte del general. Hacia el final el corrido de Inocencio Parra, asistente de Argumedo, toma un tono reflexivo sobre la muerte, lo que da una dimensión humana al héroe revolucionario:

> Pues era un martes por cierto,
> presente tengo ese día,
> cuando lo sacó el reguardo
> de la penitenciaría.
> "Tanto *peliar* y *peliar*,
> con el máuser en la mano,
> para morir fusilado
> en el *pantión* de Durango".
> Amigo no te señales,
> por riqueza ni estatura,
> pues todos somos iguales
> materia de *sepoltura.*
>
> Esparza Sánchez (1976: 78-82).

El corrido de la Revolución trató, además de los personajes que luego forman el canon de los héroes revolucionarios (Zapata, Villa, Carranza, etc.), a otros personajes que en su momento tenían gran actualidad o eran trascendentes en la perspectiva local. Los retrató con los recursos propios de la tradición baladística, y en ocasiones les dio incluso una dimensión épica o trascendente. Corresponde a un momento en que el género del corrido tiene una función narrativa noticiera, pero también son expresión de la creatividad popular, que en muchos casos se tradicionaliza, y la colectividad se apropia de ellas y comienza un proceso de variación que se distancia de las versiones monolíticas estáticas que genera la etapa oficial de la tradición revolucionaria de los años sesenta. Son personajes menores, incluso antagónicos a los héroes, pero forman parte del conjunto literario que reflejó la Revolución.

Bibliografía

Aubague, Laurent (1976-1977): "El corrido de los años 40: naturaleza y significación de una crisis". En: *Controversia* (Centro Regional de Investigaciones Socioeconómicas, Guadalajara, Jalisco), 1, 1, pp. 32-41.

Avitia, Antonio (1997-1998): *Corrido histórico mexicano. Voy a cantarles la historia.* 5 vols. México, D.F.: Porrúa.

Cruz, Víctor de la (1983): *Corridos del Istmo.* 2ª ed. aumentada. Juchitán: Ayuntamiento Popular de Juchitán.

Esparza Sánchez, Cuauhtémoc (1976): *El corrido zacatecano.* México, D.F.: Instituto Nacional de Antropología e Historia/Universidad Autónoma de Zacatecas.

González, Aurelio (1999): "Caracterización de los héroes en los corridos mexicanos". En: *Caravelle*, 72, pp. 83-98.

— (2003): "Elementos tradicionales en la caracterización de personajes en el corrido actual". En: Pérez Martínez, Herón/González, Raúl Eduardo (eds.): *El folclor literario en México.* Zamora: El Colegio de Michoacán/Universidad Autónoma de Aguascalientes, pp. 135-148.

Herrera Frimont, Celestino (1934): *Corridos de la Revolución.* Pachuca: Instituto Científico y Literario.

Mendoza, Vicente T. (1944): *Cincuenta corridos mexicanos.* México, D.F.: Secretaría de Educación Pública.

— (1954): *El corrido mexicano.* México, D.F.: Fondo de Cultura Económica.

— (1956): *El corrido de la Revolución Mexicana.* Prólogo de Jesús Romero Flores. México, D.F.: Instituto Nacional de Estudios Históricos de la Revolución Mexicana.

Meyer, Michael C. (1984): *El rebelde del norte. Pascual Orozco y la Revolución.* México, D.F.: Domés.

Pérez Martínez, Héctor (1935): *Trayectoria del corrido.* México, D.F.: s.e.

Razo Oliva, Juan Diego (1983): *Rebeldes populares del Bajío (Hazañas, tragedias y corridos 1910-1920).* México, D.F.: Katún.

Romero Flores, Jesús (1941): *Anales históricos de la Revolución Mexicana: sus corridos.* Con ilustraciones de Duhart, Leopoldo Méndez, José Guadalupe Posada, Pruneda y otros. México, D.F.: El Nacional.

Simmons, Merle E. (1957): *The Mexican Corrido as a Source for Interpretative Study of Modern Mexico (1870-1950).* Bloomington: Indiana University Press.

Katharina Niemeyer

"...palabra que agita apenas la": la poesía mexicana frente a la Revolución

La Revolución mexicana dio origen a toda una serie de corrientes literarias y artísticas, definidas, según la opinión común, justamente por la referencia a este hecho histórico y la voluntad de posicionarse frente a él. Es así como surgieron la novela de la Revolución, la pintura de la Revolución, el cine de la Revolución, la poesía de la Revolución... ¿La poesía de la Revolución? En el artículo "La influencia de la Revolución en nuestra literatura", que un tal José Corral Rigán publicó en noviembre de 1924 en *El Universal Ilustrado*, al menos se insinúa la existencia de una poesía de la Revolución, declarando a Manuel Maples Arce su máximo –y hasta el momento único– representante. Como bien se sabe, este artículo configuró el inicio de la famosa polémica de 1925. En ella se redescubrió a *Los de abajo*, de Mariano Azuela, se acuñó el término "novela de la Revolución" y, en el fondo nunca abiertamente revelado, se planteó todo un proyecto político cultural para el México posrevolucionario (Díaz Arciniega 1989), que se caracteriza no en último lugar por la alianza entre nacionalismo y homofobia. El tema de una 'verdadera' poesía de la Revolución no desapareció del debate, gracias entre otras a las intervenciones de Carlos Gutiérrez Cruz, autoproclamado poeta socialista y "viril[...] revolucionario",[1] y de José Gorostiza y Salvador Novo, ambos del "contrario bando" de los futuros Contemporáneos. Pero la discusión quedó relegada a segundo lugar. El término no llegó a consolidarse como "marbete" paralelo al de "novela de la Revolución", posiblemente porque, como arguye Rosa García Gutiérrez,

> las únicas obras poéticas generadas en los veinte que lograron sobresalir [...] fueron las de los Contemporáneos, es decir, las que hasta los sesenta la cultura oficial del Estado mexicano no admitió como representativas de la Revolución (García Gutiérrez 2002: 30).

---

1 Así se expresa en el artículo "Arte y artificio", publicado en *El Demócrata*, 12 de junio de 1925.

Efectivamente, pasando revista a la literatura mexicana de los años veinte y treinta del siglo pasado, llama la atención que en la poesía culta apenas se tematiza este proceso histórico "cuya repercusión en la narrativa fue *extremamente* intensa" (Saínz de Medrano 2008: 484, la cursiva es mía). Y por más que resulte arriesgado especular sobre lo que no se dio o no se hizo, vale la pena intentar aclarar las posibles razones, también para saber entender y ubicar mejor los pocos poemas que sí se escribieron, como no sólo *Vrbe. Superpoema en 5 cantos* (1924) del ya mencionado poeta estridentista Maples Arce, sino asimismo el menos conocido poema "Revolución" de los *Poemas interdictos* (1927) del mismo autor y, todavía más ignorados, los *Poemas proletarios* (1934) de Salvador Novo, en particular el poema "Del pasado remoto". Los textos presentan modalidades muy distintas de la apropiación poética del tema, modalidades que, cómo no, se diferencian no sólo debido a las posiciones poetológicas subyacentes, sino también porque responden a momentos distintos de la historia mexicana, en particular de la configuración de lo que puede llamarse el discurso de la Revolución, y las posibilidades que para tal respuesta ofrecía la poesía mexicana. En atención a este trasfondo, las reflexiones siguientes se proponen dilucidar el significado de los poemas mencionados, entendidos como ejemplos de una "poesía de la Revolución" que desde el principio resultó ser casi imposible.[2]

La falta casi completa de una poesía de la Revolución –que en analogía al concepto de novela de la Revolución y en atención a la conocida distinción establecida por Bernardo Ortiz de Montellano (1930), no debe confundirse con una poesía (estéticamente) revolucionaria– ha de verse en relación, primero, con la historia de la literatura en México. Es así como demuestra, un tanto paradójicamente, la diferenciación y autonomización crecientes de los géneros literarios que la literatura en toda Latinoamérica estaba experimentando desde hacía tiempo atrás, si bien con desfases nacionales a veces considerables. Este proceso promovió tanto el auge de la novela y su apreciación en tanto género literario a la altura de los otros, como por otra

---

2 La antología de Cato/Orduña/Ponce (2008), que reune 99 "poemas revolucionarios", ofrece una muestra desgraciadamente poco sistemática que abarca desde corridos anónimos del momento hasta textos del Subcomandante Marcos. Entre los poemas seleccionados, muchos no se refieren ni remotamente a la Revolución, sino pertenecen a "otras rebeldías".

parte el autodinamismo del desarrollo de los géneros, que a partir del modernismo se veían cada vez más independientes los unos de los otros. Sobre todo la poesía resultó beneficiada de este desarrollo. Para la mayoría de autores, lectores y críticos, la renovación modernista había empezado con la poesía, y no en último lugar porque ésta – también en respuesta a la posición supuestamente marginada que ocupaba en la sociedad burguesa– había rechazado seguir cumpliendo las exigencias de compromiso extraestético, sea éste de índole moral, didáctico, religioso o cívico-social.

En México, cabe recordar, existía una larga tradición de poesía patriótica, como vertiente particular del subgénero de la llamada poesía civil o cívica, que durante todo el siglo XIX y principios del siglo XX se cultivaba en todo el ámbito hispánico y que, por lo menos al principio, hubiera configurado el género idóneo para tratar el tema de la Revolución. En los últimos decenios de la centuria, aparte de las obras ejemplares del pasado –de Andrés Bello, Esteban Echeverría y José María Heredia, para sólo nombrar a algunos–, ejerció también cierto valor modélico la poesía del español Gaspar Núñez de Arce, muy apreciado, entre otros, por el mismo Rubén Darío. La poesía patriótica mexicana de aquel tiempo, representada por ejemplo por Juan de Dios Peza, casi por definición prefería temas del pasado y/o de los héroes históricos, desde los príncipes aztecas hasta Miguel Hidalgo, los niños héroes y Benito Juárez,[3] evitando la referencia a la actualidad típica para la poesía civil en otras latitudes. Con el auge del modernismo esta poesía patriótica, imprescindible para la celebración de todo tipo de fiesta cívica durante el Porfiriato (Plasencia de la Parra 1995; Moya Gutiérrez 2001), perdió importancia literaria. Se redujo a un género de poesía de ocasión, pero que, en cuanto tal, hasta los poetas más emblemáticos del movimiento –como Amado Nervo–[4] no dejaron de escribir. En cambio, cuando el modernismo hispanoamericano entró en su segunda fase, representada por los *Cantos de vida y esperanza*

3 Andrade Castro (2000) reune una muestra de estos poemas, insistiendo en que su rasgo característico es la celebración de acontecimientos, figuras y fechas de la historia de México y en que recién a partir de 1968 se cambia la noción de patria subyacente.

4 Piénsese en sus poemas “La raza de bronce” (1902), en honor de Benito Juárez, y “Los niños mártires de Chapultepec” (1903), que todavía se sigue declamando en las conmemoraciones del 13 de septiembre.

(1905) de Rubén Darío, y se volvió a cultivar la "poesía civil" antes desdeñada, en el sentido de una poesía de temática política actual, comprometida con las "grandes" cuestiones nacionales y/o latinoamericanas
–piénsese sólo en "A Roosevelt"–, los modernistas mexicanos no siguieron este camino sino muy tarde y en muy contadas ocasiones. Con *Los senderos ocultos* (1911) de Enrique González Martínez, el modernismo mexicano apostó, como orientación dominante, por el viraje hacia lo íntimo y metafísico, en combinación con una escritura depurada. Y ésta se avenía poco con la grandilocuencia obligatoria tanto para la poesía civil de cuño dariano como para la poesía patriótica al uso hasta entonces. Rafael López, poeta modernista menor, fue de los muy pocos que mostraron cierta inclinación por la poesía civil de tema actual. En 1906 publicó una "Oda a Juárez", todavía de factura patriótico-histórica convencional, pero en 1912 presentó con "La bestia de oro" un texto cercano a la poesía civil en el sentido propio del término. El poema tematiza el creciente dominio estadounidense sobre México, sin embargo evita cuidadosamente cualquier alusión a la actualidad del problema, ofreciendo más bien un *pastiche* del poema modélico de Darío.

Indudablemente, la situación particular de los intelectuales bajo el Porfiriato –la abstinencia política les garantizaba paz y un margen bastante amplio de libertad para la rebelión literaria (Kurz 2003; 2005)– explica bastante bien el desarrollo esbozado. Y no puede sorprender, por tanto, que después de la caída del régimen los modernistas tampoco cambiasen de actitud, aunque varios de ellos vivieron hasta el final de la contienda bélica y hubieran podido escribir poemas sobre el futuro del México posrevolucionario en la línea del *Canto a la Argentina* (1910) de Darío, o las *Odas seculares* (1910) del argentino Leopoldo Lugones. Pero, ¿para cuál ocasión y en representación de quién(es) escribir poemas sobre cuáles hechos actuales y visiones del futuro en el México trastornado por la Bola, en el que las alianzas podían cambiarse de la noche a la mañana? La novela, como demuestran los ejemplos de *Andrés Pérez, maderista* (1911), *Los caciques* (1914) y *Las moscas* (1918), de Mariano Azuela, podía presentar estos oportunismos y confusiones, con sus mezquindades y sinsentidos, como un tema característico de la actualidad; la poesía civil, en cambio, necesitaba por sus mismas normas genéricas (tradicionales) una temática reconocidamente digna y la representatividad ideológica. Sin embargo, durante la contienda y en los años inmediatamente posteriores apenas existía consenso sobre cómo definir estos aspectos en cuanto a la historia nacional actual.

El enorme éxito de "La suave patria" (1921) de Ramón López Velarde se aclara sobre este trasfondo. El poema no sólo permitía pasar por alto su tono irónico –tan patente desde sus primeros versos y de manera constante en las rimas–, sino combina de manera genial la buscada sencillez de la escritura modernista tardía con ciertos tópicos de la poesía patriótica, ante todo la referencia al pasado azteca, resemantizado en la larga apóstrofe a Cuauhtémoc. Comienza el poema con una declaración metapoética del yo lírico, quien explica su conversión hacia la poesía civil como mandato de la hora:

> Yo que sólo canté de la exquisita
> partitura del íntimo decoro,
> alzo hoy la voz a la mitad del foro
> a la manera del tenor que imita
> la gutural modulación del bajo
> para cortar a la epopeya un gajo.
>
> Navegaré por las olas civiles
> con remos que no pesan, porque van
> como los brazos del correo chuan
> que remaba la Mancha con fusiles.
>
> López Velarde (1990: 260).

Las pocas alusiones a la historia actual aparecen envueltas en el encomio –a menudo demasiado hiperbólico como para no volverse irremediablemente ambiguo– de la cotidianidad intrahistórica, de la naturaleza, la provincia y las señas de identidad mexicanas, desde el Palacio Nacional hasta el rompope. De este modo, el poema realiza y a la vez des-cubre en su transcurso el 'suavizamiento' de la experiencia de violencia y miseria por medio de la evocación de recuerdos e imágenes familiares, entre materiales y costumbrista-idílicas. Éstos se sobreponen a la visión del "territorio mutilado" y se sustraen, a la vez, a la instrumentalización por cualquiera de las facciones de la guerra civil recientemente superada. Con ello quedan también subvertidas las convenciones de la poesía civil, que el propio López Velarde ya en 1916 había criticado duramente: "El asunto civil ya hiede. Ya hedía en los puntos de la pluma beatífica de aquellos señores que compusieron odas para Don Agustín de Iturbide" (López Velarde 1990: 457). No obstante, la sustitución de la temática 'alta' y del *pathos* retórico correspondiente por la "épica sordina", que desemboca en el consejo a la patria de seguir fiel a su "espejo diario", resulta otra vez ambiguo. Bien puede entenderse este consejo como conjuro de la intrahistoria en cuanto 'remedio' –¿o hasta estrategia de evasión?– contra la vivencia histórica, presente, sin embargo, como el subtexto intrínseco traumático sobre cuyo folio la "suave patria" se revela como memoria en proceso de construcción, como proyección del deseo más que como correspondencia a una realidad extraliteraria.

Con razón se ha visto en el poema de López Velarde "un último ejemplo de la poesía civil cultivada en el entorno del Modernismo" (Meyer-Minnemann 1995: 224). No obstante, la tradición de la poesía civil de resonancias modernistas, con orientación hacia el presente y/o el futuro, no dejó de cultivarse entre los autores más jóvenes, como demuestra el ejemplo de Carlos Pellicer, quien a principios de los años 20 fue militante en la Federación de Estudiantes y colaborador íntimo de José Vansconcelos. Desde sus comienzos escribió poesía civil o "heroica" (Reverte 1987), que correlaciona lo histórico con una proyección panamericana, así al enaltecer a Bolívar, figura de constante presencia en su obra. Su libro *Piedra de sacrificios. Poema iberoamericano* (1924), dedicado a Vasconcelos y marcado profundamente por el nacionalismo/americanismo mesiánico de éste, actualiza el modelo de Darío y de Rafael López. Combina la exaltación de la naturaleza a través de imágenes marcadamente visuales con temas históricos tópicos de la poesía patriótica mexicana, que sirven de anclaje para la visión entusiasta del futuro latinoamericano basado, precisamente, en las culturas precolombinas. Salvo a través de las condenas del imperialismo de los EE.UU., la historia mexicana reciente no aparece en su obra.[5]

Así pues, a principios de los años 20 la Revolución configuraba un tema en cierto sentido intratable para la poesía culta. Ni las tradiciones poéticas existentes, ni el contexto sociopolítico propiciaron su apropiación literaria, por lo demás tampoco en la novela, pues no hay que olvidar que hasta 1925 casi nadie sabía de la obra de Mariano Azuela

5 El conocido poema "20 de noviembre" de Pellicer, que en concordancia con el título celebra la Revolución como tarea permanente –"¿La Revolución?/ No se detiene nunca, siempre tiene que hacer"– data recién de 1973.

ni de los otros pocos textos narrativos ficcionales o semificcionales sobre los sucesos revolucionarios aparecidos hasta entonces. Al principio, tampoco los estridentistas, que a finales de 1921 se lanzaron a la aventura de revolucionar la escena literaria mexicana, se interesaron por la materia. Ello se debe, a todas luces, a la coincidencia entre la falta de una tradición mexicana –contra la cual hubieran podido rebelarse, arrebatándole el tema– y las orientaciones específicas de su programa de "vanguardia actualista". Éstas abarcan, entre otras, la insistencia en la actualidad inmediata, así como la reivindicación de un arte cosmopolita. Implican, así pues, que tanto la vuelta hacia el pasado, por reciente que sea, como la referencia a lo nacional o local se proscriben del programa, salvo si y cuando se trata de 'descubrir' su modernidad a la (supuesta) altura de la hora del mundo (occidental). De ahí que tanto en los primeros manifiestos como en los poemarios y demás obras del grupo escaseen las alusiones a la realidad mexicana extraliteraria. Y si aparecen, como el famoso "Muera el cura Hidalgo" en *Actual no. 1*, el primer manifiesto estridentista, redactado por Maples Arce y publicado a finales de 1921, o en la dedicatoria del poemario *Esquina* (1923) de Germán List Arzubide –"A ella/ que está siempre a XV minutos del Zócalo"–, ya persiguen el *épater le bourgeois*, ya funcionan como índices para ubicar o, mejor dicho, proyectar la visión de la modernidad en el contexto nacional. Recién más tarde, a finales de 1922, Maples Arce empezó a intentar establecer una conexión más intrínseca entre la propia obra y la Revolución. Es así como reconoce el "estímulo" que las inquietudes sociopolíticas postrevolucionarias significaron para los "deseos iconoclastas" del estridentismo, que implícitamente proclama ser el único arte equivalente a la "revolución social de México":

> Los pocos intelectuales que fueron a la revolución estaban podridos. La tiranía intelectual siguió subsistiendo y la revolución perdió toda su significación y todo su interés [...] En Rusia, los poetas y pintores del suprematismo afirmaron dolorosamente la inquietud del movimiento bolchevique. Lo mismo hizo el grupo de noviembre en Alemania. Pero los intelectuales mexicanos permanecieron impasibles.[6]

6 Todas las citas proceden del artículo "El movimiento estridentista en 1922", publicado en *El Universal Ilustrado*, 28 de diciembre de 1922, citado según Mora (1999: 116-117).

Cabe recordar que desde sus mismos comienzos, la ideología oficial de la Revolución efectivamente se caracterizaba por una notoria vaguedad, debida no sólo a la falta de intelectuales, constatada como rasgo característico también por Tannenbaum (1966: 115-116), sino también a su orientación particular hacia las circunstancias dadas. En palabras de Alan Knight (1997):

> The result was a Revolution which followed a pragmatic course and did not adhere to any strict blueprint. [...] This ideological particularism was both a strength and a weakness. It served as a deterrent to dogmatism, but also enabled a host of competing interests to claim the mantle of the Revolution.

En este contexto, la polémica de 1925 evidencia tanto las necesidades como las posibilidades de que el arte y la literatura concretaran los vacíos del discurso oficial, sobre todo en cuanto a la configuración de la "memoria cultural" de la Revolución y sus símbolos, lugares y ritos correspondientes.[7] Por cierto, entre 1920 y 1924 el oficialismo se apropió de los "héroes" de la Revolución Francisco I. Madero y Emiliano Zapata, como parte de su estrategia legitimadora (Mayer 1995), y la política cultural de José Vasconcelos, emprendida desde octubre de 1921, apuntaba hacia un nuevo proyecto de nación y programaba una profunda reorientación de la cultura y la educación como consecuencia de la Revolución. Pero de esta referencia a la Revolución como la gran crisis de la historia nacional, a la consolidación de un sentido histórico determinado y un imaginario propios de ella todavía distaba mucho. Recién a finales de 1923 Diego Rivera empezó a tematizar la contienda en los murales de la Escuela Nacional Preparatoria, de modo que *Vrbe, superpoema bolchevique en 5 cantos*, publicado en junio de 1924 con cinco grabados de Jean Charlot, sí pudo entenderse como uno de los primeros intentos de dar "un sentido estético a la Revolución mexicana", al decir de Arqueles Vela (en Bolaño 1976: 55), como la actualización *–more* estridentista– del subgénero de la poesía civil que ahora debía convertirse en poesía de la Revolución.

7 Importa retener aquí los rasgos que según Assmann (1988: 13-15) definen la memoria cultural en diferencia a la "memoria comunicativa": concreción de identidad (de un grupo social), construcción retrospectiva, fijación en objetivaciones externas, organización (institucionalización y especialización), carácter obligatorio (para el grupo) y reflexividad.

El largo poema de Maples Arce, entretanto ya varias veces estudiado,[8] no enfoca la Revolución en cuanto tal, sino sus consecuencias sociopolíticas actuales. Al presentarse como "poema/ brutal/ y multánime/ a la nueva ciudad" (Canto I, en Schneider 1985: 191), entreteje la modernidad urbanístico-técnica, la movilización de las masas obreras, la historia amorosa del yo lírico y la amenaza del progreso social por la contrarrevolución 'burguesa', en este caso la rebelión dirigida por el general Adolfo de la Huerta (1923/1924).[9] Desde el Canto I, el yo lírico hace uso de fórmulas patéticas dedicadas a celebrar la nueva ciudad con sus trenes, cables, fábricas y su "ola romántica de las multitudes", pero también a avisar "el viento de Rusia,/ de las grandes tragedias" y marcar su propia posición como la versión actualizada y secularizada del *poeta vates*, comprometido con el destino futuro de la urbe, pero ajeno a la propaganda ideológica. A las marcas iniciales de una ciudad de "carácter sintético y futurista" (Meyer-Minnemann 1991: 107; Rovira 1995) se sobrepone así la imagen de la ciudad de México que va a anegarse en "oleadas de sangre y nubarrones de odio.// Desolación" (Canto V), o sea, de una ciudad sometida otra vez a los avatares crueles de la historia, como ya la antigua Tenochtitlan.[10]

8 Para una interpretación del poema en conjunto remito a Escalante (2002: 47-62); observaciones sobre la visión de la ciudad ofrecen Meyer-Minnemann (1991) y Rovira (1995). La importancia del poema en la historia del estridentismo se estudia en Niemeyer (1999), la configuración particular de las imágenes en Niemeyer (2008).

9 En su autobiografía, Maples Arce explica la génesis del texto en mayo de 1924, como comenta Escalante (2002: 52-53); en el texto la alusión a la rebelión huertista se esconde en la mención de "Ocotlán/ allá lejos" (canto V), el lugar donde las tropas rebeldes sufrieron su gran derrota. Otras presuntas referencias –diputados, burgueses ladrones, etc.– no necesariamente remiten a este contexto específico, sino corresponden a cierta retórica revolucionaria internacional.

10 No hay ni motivo ni indicios para suponer que Maples Arce conociera los *Cantares Mexicanos* y el *Manuscrito Anónimo de Tlatelolco*, entonces todavía no editados y traducidos en México, pero llama la atención cierta cercanía semántica entre los pasajes de *Vrbe* dedicados a prever la catástrofe y los poemas en náhuatl que lloran la caída de Tenochtitlan. Algunas informaciones sobre los códices y, en general, el mundo azteca podrían haberle llegado a través de Jean Charlot, cuyo tío abuelo donó la Colección Boturini-Aubin-Goupil –que abarca también el mencionado manuscrito anónimo de 1528– a la Biblioteca Nacional de Francia, donde el joven Charlot estudió la colección detenidamente. En el invierno de 1922/1923, Charlot pintó el mural "Masacre en el Templo Mayor" en la Escuela Nacional Preparatoria, que Maples Arce por supuesto conocía. Por todo ello, la reminiscencia a Tenochtitlan resulta nada inverosímil.

En esta línea, la cita casi literal –y nada irónica– al final del Canto V de una de las coplas más famosas de Jorge Manrique –"Las calles/ sonoras y desiertas,/ son ríos de sombra/ que van a dar al mar"– subraya no sólo la amenaza de la muerte que pesa sobre la ciudad (Escalante 2002: 61), sino también la imagen del tiempo como un fluir continuo frente a lo perecedero de los empeños humanos. No obstante su ostentación de una temática y una escritura marcadamente vanguardistas, *Vrbe* se re-inscribe así en tradiciones poéticas seculares, presentes desde el principio del texto, como medio para reforzar el *pathos* de la expresión poética en adecuación a la altura trágica del asunto.

Estas breves observaciones ya hacen entrever que *Vrbe* puede entenderse como poema de la Revolución sólo en un sentido muy general del término. Y cabe suponer que en ello sigue en cierta manera el camino abierto por *La suave patria*, buscando un nuevo equilibrio entre la temática y el gesto de la poesía civil, orientada hacia la actualidad, por un lado, y la poeticidad, por el otro. No obstante las diferencias en tantos otros aspectos, es así como también el poema de Maples Arce reduce al mínimo las referencias denotativas a la realidad extraliteraria y evita la proclama ideológica, centrándose en la construcción de imágenes altamente plásticas y emotivas. Aunque *Vrbe* está dedicado a "los obreros de México" y deja traslucir una fuerte simpatía por las masas y el obregonismo, no se pone al servicio de la revolución social, sino insiste en su posición autónoma, que en cuanto avanzada estética resulta análoga a la Revolución. Con el poema de López Velarde el de Maples Arce comparte además parentescos estructurales –los dos son poemas largos, repartidos en secciones de las cuales la primera sirve de proemio metapoético–, así como ciertos núcleos semánticos y estilísticos, entre ellos el tema del tiempo y la copresencia de modernidad y tradición. Y si se acepta para *Vrbe* la evocación, por cierto muy vaga, de Tenochtitlan, entonces los dos poemas coinciden también en la actualización –resemantización– del pasado azteca, componente obligatorio de la poesía patriótica anterior.

No puede sorprender, por tanto, que *Vrbe* lograse cierta acogida positiva también fuera de los círculos vanguardistas (Schneider 1970: 100-101), muy a diferencia de lo que sucedió con *Sangre roja. Versos libertarios* (1924) de Carlos Gutiérrez Cruz. Esta obra apareció poco tiempo después de *Vrbe* y se presenta como obra de un poeta comprometido, en contenidos y expresión, con las reivindicaciones revolucionarias: "Tal es la sangre roja que corre en las arterias/ de mis canciones bárbaras de tanta rebeldía,/ sangre impetuosa y bravía/ que se derrama para reivindicar miserias" (Gutiérrez Cruz, en Schneider 2000: 47). Echando mano de una retórica supuestamente proletaria, una mezcla curiosa de fórmulas de la literatura agitadora anticapitalista, de las tradiciones del corrido mexicano y, algunas veces, de ciertas reminiscencias estridentistas –las "canciones bárbaras" recuerdan desde lejos el "poema brutal y unánime" de *Vrbe*–, los poemas propagan el agrarismo, cuyo discurso el oficialismo justamente acababa de 'expropiar' al movimiento zapatista (Mayer 1995: 370-371). El poema "El sol", conocido por haber servido de texto para el corrido del mismo nombre de Carlos Chávez (1934),[11] está puesto en boca del mismo campesino que lamenta su situación:

> Sol redondo y colorado
> como una rueda de cobre,
> de diario me estás mirando
> y diario me miras pobre.
>
> Gutiérrez Cruz, en Schneider (2000: 52).

En el poema "El Treinta treinta", otra vez habla un yo que forma parte del campesinado y que llama a cambiar su situación mísera por vía revolucionaria: "nomás nos queda un camino/ agarrar el Treinta treinta", mensaje que en otros textos adquiere matices políticos más ortodoxos por las referencias a Lenin y/o al comunismo. También *Plebe (Poemas de rebeldía)*, que el estridentista Germán List Arzubide publicó en 1925, o sea, poco después de la querella por la literatura revolucionaria, se plantea como ejemplo para la poesía de la Revolución tal como la concebían los autodeclarados representantes de la cultura "revolucionaria", poesía orientada hacia el realismo social, hacia el didactismo útil para la colectividad –más concretamente, la sociedad política emergente– y hacia la cancelación de los cambios vanguardistas (Díaz Arciniega 1989: 96-99). Pero tampoco obtuvo resonancia.

---

11 Un análisis detallado de este corrido, que Chávez compuso para conmemorar la muerte de Obregón, y sus distintas versiones es presentado por Waseen (2005). Éste y el poema "El Treinta treinta", al que Óscar Chávez puso música y presentó como "corrido zapatista", son los únicos de Gutiérrez Cruz que entretanto gozan de cierta difusión. Además, se recuerdan los versos dirigidos al minero que Diego Rivera copió en el mural sobre este tema en la Secretaría de Educación Pública y que a pesar de las protestas tuvo que reemplazar por versos menos agitadores.

Dejando de lado la cuestión de la calidad estética, comunmente negada a los dos poemarios,[12] una parte de las razones para este hecho radica indudablemente en la política cultural oficial de los años en cuestión. Ésta fomentaba el muralismo y la novela de la Revolución, pero no se preocupaba por la poesía, dejando un marco de libertad para las actividades y publicaciones de los Contemporáneos. En la polémica de 1924/1925 el llamado "grupo sin grupo" ya empezó a ser el blanco de los ataques de quienes se consideraban representantes de la cultura nacional "revolucionaria", de modo que ya en esta ocasión no dejó de afirmar en público el derecho a una poesía distinta. Es así como uno de los muy pocos comentarios sobre el libro de Gutiérrez Cruz procede, justamente, de la pluma de Salvador Novo, quien despiadadamente se burla del "poetota potatoe" y le avisa que se necesitan otras cualidades para ser reconocido como buen poeta por "el pueblo", que sabe mucho mejor cuándo y cómo hacer las cosas a las que exhortan los poemas, y entiende más de poesía que el supuesto poeta socialista.[13] Y José Gorostiza rechaza rotundamente el

> regreso al realismo tosco y a la burguesía intelectual; al realismo que reproduce innecesariamente los dolores primarios, la miseria, la enfermedad y la muerte; y al sentimiento de conmiseración orgullosa que gusta de propagar la burguesía.[14]

La disolución del estridentismo en 1927, debida en parte al agotamiento de sus posiciones estéticas, en parte a la privación del apoyo institucional por la caída del general Heriberto Jara,[15] hizo otro tanto

---

12 Tanto García Gutiérrez (2002: 27) como Mora (1999: 117-118) argumentan en este sentido. Curiosamente, desde hace algunos años la obra de Gutiérrez Cruz empieza a reevaluarse en círculos lectores defensores de una "nueva" poesía comprometida.

13 Novo, Salvador: "Algunas verdades acerca de la literatura mexicana actual". En: *El Universal Ilustrado*, 19 de febrero de 1925, citado según Novo (2004: 11-114).

14 Este pasaje se encuentra en su reseña "Clásicos para niños" (*Excelsior*, 22 de marzo de 1925) de un libro de Edmundo de Amicis, citado según Díaz Arciniega (1989: 92).

15 El gobernador de Veracruz en 1925 había llamado a los estridentistas a colaborar con él en la implementación de una cultura y educación masivas acordes con el nacionalismo revolucionario de izquierda. Maples Arce y otros estridentistas se instalaron en Xalapa, donde desplegaron actividades culturales, políticas y administrativas de todo tipo. Para la información detallada sobre esta etapa remito a Schneider (1970). En Niemeyer (1999) emprendo un análisis más ceñido a lo que significó para la posición del estridentismo en el campo literario y la reformula-

para impedir que cundiera una tradición de poesía revolucionaria de la Revolución. El poema "Revolución" de Maples Arce, incluido en sus *Poemas interdictos* (1927), representa en rigor el único –y último– intento de seguir la línea de *Vrbe* y de apropiarse del tema en su aspecto histórico desde la perspectiva y la escritura vanguardistas. Después de las primeras estrofas, bastante cercanas todavía a la grandilocuencia futurista con la que *Vrbe* exalta la modernidad técnica y social, que aquí aparece vinculada ya al momento de la partida hacia el frente, los temas y el lenguaje se vuelven más cotidianos, íntimos y ambiguos, y también más nacionales. A partir del apóstrofe a la "tierna geografía/ de nuestro México" (Schneider 1985: 309), los versos evocan no sólo la contienda bélica con su carga de muerte, angustia, sinsentido y pérdida irrecuperable, sino también cierto eco de poemas como "El retorno maléfico" de López Velarde:

> Noche adentro
> los soldados
> se arrancaron
> del pecho
> las canciones populares.
> [...]
> Trenes militares
> que van hacia los cuatro puntos cardinales,
>
> al bautizo de sangre
> donde todo es confusión,
> y los hombres borrachos
> juegan a los naipes
> y a los sacrificios humanos;
> trenes sonoros y marciales
> donde hicimos cantando la Revolución.
> [...]

---

ción y, finalmente, el abandono de su programa estético. Sánchez-Prado (2006: 52) ofrece una explicación distinta, atribuyendo el "fracaso" de su proyecto al desencuentro entre la ideología defendida dentro del campo literario y las posiciones que ocupaba de hecho en la literatura y el poder: "Si bien en el imaginario logró articular la versión más progresista y radical de las "naciones intelectuales, en la práctica fue incapaz de construir una posición política autónoma, lo cual los sentención [sic], en el caso de Maples Arce, a convertirse en un intelectual orgánico al poder". Indudablemente, el deseo de poder fue una de las razones de la agitación de Maples Arce contra los Contemporáneos, pero a la disolución de los movimientos de vanguardia contribuyeron factores múltiples, entre ellos varios relacionados con la autodinámica estética de sus planteamientos, así como con procesos culturales supranacionales, como he intentado demostrar en Niemeyer (2004: 238-245).

Allá lejos,
mujeres preñadas
se han quedado rogando
por nosotros
a los Cristos de Piedra.

En Schneider (1985: 310).

Recién hacia finales de la década, con la formación del Grupo Agorista (1929-1930) y del Bloque de Obreros Intelectuales con su revista *Crisol* (1929-1938), se empezó a dar relieve a una poesía de la Revolución o "revolucionaria" en este mismo sentido político-social. Se entiende como poesía en consonancia, por un lado, con el ideario político del recién fundado Partido Nacional Revolucionario (1929), que a su vez justificaba sus reivindicaciones de poder por su (presunta) condición de heredero y guardia de la Revolución. Y por el otro lado pretende seguir la teoría del arte comprometido de la Tercera Internacional Comunista o Comintern, entonces ya completamente estalinizada. Frente a la novela de la Revolución, que seguía construyendo la memoria de la Revolución a través de la narración de los sucesos históricos, sus condiciones y sus consecuencias, esta poesía por lo general no retoma el tema en cuanto tal, sino se dedica a tratar "los problemas peculiares de las mayorías trabajadoras" y a "hermanar la producción artística con la acción social",[16] en la línea de *Sangre roja* y *Plebe*, a veces también con cierta referencia a *Vrbe*. Un ejemplo significativo del rumbo extremo que podía tomar esta poesía social o "impura", como también se autodenominaba en oposición a la poesía pura defendida por la vanguardia estética,[17] lo ofrece el largo poema *Revolución* (1934) de Miguel Bustos Cerecedo. El autor militó desde su

16 Cito por García Gutiérrez (2008: 6-7), quien ofrece una detallada historia del Agorismo y las circunstancias políticas de su existencia breve: primero el apoyo del presidente Portes Gil como medida para contrarrestar un tanto la influencia del CROM y de Calles, después la ruptura del gobierno mexicano con la URSS como reacción al distanciamiento del PCM frente al gobierno mexicano impuesto por la Tercera Internacional, y la consiguiente retirada del respaldo oficial al Agorismo.

17 Para el concepto que en México se divulgaba de la poesía pura y la discusión polémica en torno a éste, que había iniciado a mediados de los años 20, sigue siendo imprescindible el capítulo correspondiente en Schneider (1970); la oposición entre poesía social y poesía pura, como producto de la "deshumanización del arte" que debía "apartar a los intelectuales de la lucha revolucionaria" es esclarecida, entre otros muchos textos, en el prólogo de Torrent Rozas al libro de Bustos Cerecedo (1934: 7-8).

fundación a finales de 1932 en el Grupo Noviembre y más tarde en la Liga de Escritores y Artistas Revolucionarios (LEAR, 1933-1938), ambos de orientación internacionalista y, en todo caso, pro-soviética. Ésta se refleja también claramente en el poema, que sólo se refiere veladamente a México –otra vez la apelación a los campesinos mexicanos– para criticar el incumplimiento de los objetivos revolucionarios. Es así también, como en el prólogo Lorenzo Torrent Rozas, destaca que frente a Maples Arce, quien "nos habla de una Revolución que se hizo, Bustos Cerecedo [habla] de una Revolución que no se ha hecho, que se hará" (Bustos Cerecedo 1934: 9). Valgan de ejemplo, también para el estilo pretendidamente proletario, los versos siguientes:

> revolución –la humanidad misma que no elude
> las catástrofes que asuelan los
> rumbos infinitos–, tú nos has equilibrado la
> conciencia en esta hora de las
> desigualdades. mañana pasearemos contigo del
> brazo por las plazuelas rojas.
>
> Bustos Cerecedo (1934: 40).

Como bien se sabe, en los años 30 se hizo realmente abrumadora la influencia del discurso cultural nacionalista, que seguía muy de cerca la orientación creciente del PNR hacia el socialismo, lo que dio lugar a la integración de escritores y artistas de la izquierda comunista, que poco antes todavía habían sido marginados y hasta perseguidos.[18] El discurso cultural nacionalista, cada vez más de izquierda, acudía a la retórica de la Revolución como mito fundador no sólo para legitimar la propia producción y su carácter y valor nacionales, sino también para fomentar la alianza con el poder, necesitado a su vez de las contribuciones sobre todo artísticas para el buscado consenso ideológico. A un primer apogeo llegó la presión en la polémica de 1932,[19] que enfrentó a los vanguardistas, que entretanto se habían perfilado como los autores/intelectuales jóvenes más brillantes –los Contemporáneos, cuya presentación en la *Antología de la poesía mexicana moderna*

18 Éste fue precisamente el caso de varios integrantes del Grupo Noviembre y de la LEAR, que empezó con el lema "Ni con Calles, ni con Cárdenas" y que terminó afirmando la política de Cárdenas a la vez apoyada por el régimen.

19 La polémica está ampliamente documentada y estudiada en Sheridan (2001); desde la teoría del campo literario es analizada por Sánchez-Prado (2006: 88-112).

(1928) de Jorge Cuesta había provocado gran resonancia–, y los nacionalistas de izquierda, que estaban ganando terreno en todos los ámbitos políticos y culturales. Arreciando argumentos ya conocidos de la querella de 1925, otra vez se trataba de imponer criterios nacionalistas. Estos se correlacionaron ahora con la orientación socialista *more* mexicano que iba a concretarse en el cardenismo, y con todo ello se intentaba descalificar a los intelectuales autónomos (Miller 1999: 55) que no claudicaron ante las reivindicaciones de la autoridad externa que las instituciones se arrogaban con respecto al campo literario y artístico. Jorge Cuesta, principal atacado, aprovechó la ocasión forzada para exponer su visión del intelectual crítico, de una cultura mexicana no nacionalista –condenó el nacionalismo como idea europea y, por tanto, sentimiento antipatriótico– y, *last but not least*, de la poesía moderna, pero no logró impedir la condena de su revista *Examen* ni la despedida de varios Contemporáneos de sus puestos en la Secretaría de Educación Pública.

Fueron estas experiencias y otras parecidas las que Salvador Novo sin duda tenía todavía muy presentes al lanzar en 1934, o sea, en vísperas de la presidencia de Lázaro Cárdenas, la edición privada de sus *Poemas proletarios*, que pertenecen a los poemas menos conocidos y estudiados del autor.[20] Si llega a tal, se las menciona como otro ejemplo para su veta satírica, pasando por alto que se trata de "textos magistrales" (Monsiváis 2009: 7), de gran envergadura tanto poética como crítica. El libro consta de cinco poemas, el primero sin título, los siguientes se presentan como viñetas de distintos tipos masculinos, sobre todo militares: "Cruz, el gañán", "Gaspar, el cadete", "Roberto, el subteniente" y "Bernardo, el soldado". El poema inicial, de 222 versos libres repartidos en 20 estrofas de desigual extensión, desman-

20 Entre los dos o tres trabajos que dedican más de unas cuantas líneas a estos poemas hay que mencionar a Hernández-Rodríguez (2002), a Murgia (2008) y, claro está, a Monsiváis (2004: 127-131), quien llega a la siguiente opinión sobre el poemario: "El mensaje subyacente no ofrece dudas: el cristianismo tiene razón y nada cambia porque la naturaleza humana, inmodificable, es mezquina y es cruel. Novo [...] ve en la Revolución el desorden que no amerita el sacrificio" (130). Como intento demostrar en lo siguiente, *Poemas proletarios* ofrece una lectura más diferenciada, en todo caso nada esencialista. Casi sobra insistir en que la doctrina cristiana se apoya precisamente en la noción del cambio (teleológico) tanto histórico –el nacimiento de Cristo es el comienzo de lo nuevo–, como individual (del *homo vetus* al *homo novus*).

tela la retórica del discurso oficialista sobre la Revolución y su inadecuación para con la realidad, cínicamente aceptado por quienes lo sustentan, entre ellos estridentistas, agoristas y muralistas, sobre todo Diego Rivera.[21] A ello se opone, a modo de marco que abre y cierra la composición, el paso inexorable del tiempo, fuerza demoledora desde las épocas prehistóricas:

Del pasado remoto
sobre las grandes pirámides de Teotihuacán,
sobre los teocalis y los volcanes,
sobre los huesos y las cruces de los conquistadores áureos
crece el tiempo en silencio.

Hojas de hierba
en el polvo, en las tumbas frías;
Whitman amaba su perfume inocente y salvaje
[...]

Nuestros héroes
han sido vestidos como marionetas
y machacados en las hojas de los libros
para veneración y recuerdo de la niñez estudiosa,
y el Padre Hidalgo,
Morelos y la Corregidora de Querétaro
[...]

Revolución, Revolución
siguen los héroes vestidos de marionetas,
vestidos con palabras signaléticas
[...]

La literatura de la revolución,
la poesía revolucionaria
alrededor de tres o cuatro anécdotas de Villa
y el florecimiento de los maussers,
las rúbricas del lazo, la soldadera,
las cartucheras y las mazorcas,
la hoz y el Sol, hermano pintor proletario,
los corridos y las canciones del campesino
y el overol azul del cielo,
la sirena estrangulada de la fábrica
y el ritmo nuevo de los martillos
de los hermanos obreros

21 Contra Rivera Novo ya había lanzado en 1926 su serie de sonetos satíricos "La diegada", que circulaba en copias mecanografiadas hasta que en 1955 se publicó en *Sátira*, otra edición de autor.

y los parches verdes de los ejidos
de que los hermanos campesinos
han echado al espantapájaros del cura.

Los folletos de propaganda revolucionaria,
el Gobierno al servicio del proletariado,
los intelectuales proletarios al servicio del Gobierno
los radios al servicio de los intelectuales proletarios
al servicio del Gobierno de la Revolución
para repetir incesantemente sus postulados
hasta que se graben en las mentes de los proletarios
–de los proletarios que tengan radio y los escuchen.

Crece el tiempo en silencio,
hojas de hierba, polvo de las tumbas
que agita apenas la palabra.

Novo (2004: 121-124).

Lo largo de la cita se justifica porque sólo así se percibe en toda su perfección la estrategia de Novo, que consiste en un tipo de *montage* de fragmentos típicos del discurso de la Revolución en sus distintas vertientes, desde la pintura y la poesía –muy posiblemente los versos en torno a la "sirena estrangulada de la fábrica" remiten a *Vrbe*– hasta las fórmulas oficiales, un montaje de voces ajenas, abrumadoras en su omnipresencia y su repetitividad retórica machacona. En las estrofas finales del poema, también el discurso desde fuera, "del hijo pródigo yanqui" que ya aconseja la industrialización al ejemplo de los Estados Unidos, ya exalta al México rural donde "los indios, a la puerta de sus chozas/ están más confortables, descalzos/ que Anatole France en zapatillas" (Novo 2004: 127) y se somete al mismo procedimiento. A todo este discurso ajeno, el yo lírico sólo de vez en cuando puede agregar una breve glosa, aparentemente nada más que una explicación adicional a tono con las frases citadas, y un momento de evocación del silencio. En cuanto tal, el procedimiento no es nada nuevo en Novo, ya lo ha ensayado en sus primeros textos de prosa ficcional –*El joven* (1928)– y lo va a seguir, de manera mucho más sofisticada y reveladora de procesos subconscientes, en *Never ever* (1935), pero es en "Del pasado remoto" donde adquiere una fuerza crítica inmediata. Ella se debe al hecho de que precisamente a través de la acumulación de las frases y fórmulas tópicas del discurso revolucionario, acumulación que sólo sigue la *amplificatio* característica de éste, se revela el vació semántico de la "palabra signalética" Revolución, reducido en el discurso correspondiente a un tipo de *epitheton ornans* que, sin embargo, garantiza el poder de quienes se lo adjudican. Los pocos comentarios del yo lírico revelan que todo este 'chorro de palabras' –e imágenes– ni siquiera llega a sus destinatarios: el campesino no tiene radio, y si viene a la ciudad no contempla "los muros de las oficinas", sino busca vender cosas en el mercado y, si le quedan fuerzas, "encenderle una vela a la virgen/ porque en su atraso y su ignorancia/ no sabe que ya no hay Dios, ni santos" (Novo 2004: 126).

"Crece el tiempo en silencio:/ hojas de hierba, polvo de las tumbas". Frente a la presunta univocidad del discurso revolucionario o, mejor dicho, su doblez evidente, pues donde dice "Revolución" quiere decir poder autocrático, esta estrofa de tres versos, tres veces repetida casi idénticamente en distintos momentos del poema, resulta de una densidad semántica y una plasticidad particulares. A primera vista remite al *vanitas vanitatum*, con la tópica correspondiente de la hoja de hierba y del polvo (de las tumbas), línea subrayada también por la imagen inicial de monumentos y hombres de la historia de México por los que ha pasado el tiempo. Pero la mención de Walt Whitman –aducido también al comienzo de *Vrbe*– agrega otras connotaciones, teniendo en cuenta la resemantización de las *leaves of grass* en el poemario del mismo nombre (1855-1892), en particular el poema de la sección 6, "A child said, *What is the grass?*", en el que la hierba se identifica, finalmente, con la continuidad sempiterna de la existencia toda, sin diferencia de color, sexo o edad: "All goes onward and outward–nothing collapses;/ And to die is different from what any one supposed, and luckier" (Whitman 2005: 133).[22] Frente al discurso de la Revolución, con su insistencia en el cambio histórico y sus promesas de progreso, se alega, por ende, no sólo su vanidad, sino también la persistencia –otra vez intrahistórica, en consonancia con el "silencio"– de aquello que este discurso autoconsagratorio dice estar cambiando: la vida, el curso de la historia. El yo lírico no enjuicia este hecho, solamente lo constata, insinuando, sin embargo, una decepción sincera frente al incumplimiento de las reivindicaciones revolucionarias originales, pues las breves descripciones de la vida de los campesinos no presentan sino miserias. El último verso, "que agita apenas la

22 El título *Leaves of Grass* también puede leerse como juego de palabras: "pages of a work of minor value", como explica Loving (1999: 179); pero en atención al verso "Whitman amaba su perfume inocente y salvaje" parece improbable que Novo intentara aludir a ello.

palabra", de doble lectura sintáctico-semántica,[23] subraya la plurivocidad, dejando fuera de duda, sin embargo, la connotación negativa de "la palabra" (el discurso revolucionario) como ineficaz e insensible y, de todos modos, insignificante para el crecimiento del tiempo, la historia auténtica.

Los cuatro poemas siguientes, "sketches de vidas convencionales o desvencijadas" a lo *Spoon River* (1915) de Edgar Lee Masters (Monsiváis 2009: 7), ejemplifican, en cierto sentido, lo que intencionadamente queda excluido en y por el discurso de los autodeclarados intelectuales proletarios. Evitando toda la retórica al uso, se limitan a registrar, a menudo en un tipo de discurso indirecto libre, la perspectiva de los personajes sobre sus circunstancias laborales y vitales inmediatas, circunstancias objetivamente injustas y a todas luces inmunes a los cambios revolucionarios pregonados. Los personajes ni siquiera se los plantean:

> El sábado le darán su raya
> porque gana setenta y cinco centavos diarios.
> Todas las mañanas, desde que se acuerda,
> y los domingos, le queda más tiempo
> para tomar tragos de alcohol teñido
> y hablar, hablar, en voz muy baja, para sí mismo.
> "Cruz, el gañán" en Novo (2004: 129).

En su conjunto, *Poemas proletarios* se presentan como el toque de gracia a toda poesía de la Revolución que pretenda hablar en nombre de otros. Haciendo desenmascararse la pura retoricidad formulística del discurso revolucionario y sus funciones meramente autolegitimadoras, cuestiona la misma condición de posibilidad de una poesía/literatura que se apoye en éste, aceptando de antemano la instrumentalización de la estética por una "causa" ajena a ella lo mismo que a aquellos en cuyo nombre se exige esta orientación "proletaria". Desde

23 Tal como reza la estrofa, puede ser tanto el "polvo que apenas agita" como, al revés, entendiendo el último verso como leve hipérbaton, el polvo que la palabra apenas agita [el polvo que es agitado por la palabra]. Desde el punto de vista semántico la segunda lectura resulta más normal, ya que permite mantener los significados literales de polvo y agitar en consonancia también con el significado denotativo de hojas de hierba; la primera, tampoco descabellada en atención al tema de la retórica y el discurso, supone entender "agitar" en el sentido de "inquietar", mientras que en ambos casos "palabra" funciona como metonimia obvia de "habla" y, finalmente, "discurso".

la perspectiva de Novo es una doble falacia y una doble traición, facilitada, eso sí, por la tradición de una poesía civil y patriótica que salvo muy contadas excepciones –López Velarde– nunca se había preguntado por sus propias premisas. Con razón, Domínguez Michael ha destacado que el libro "es bastante excepcional entre la literatura de los años treinta, donde difícilmente un poeta estaba en condiciones de criticar el obrerismo revolucionario en boga sin recurrir a la ideología" (Dominguez Michael 2004: 12-13). De manera ideal, los *Poemas proletarios* resultan ser, de este modo, el correlato poético de las críticas con las que Gorostiza y Cuesta, en 1925 y 1932, respectivamente, alegaron contra todo tipo de literatura que confundiera la crítica (social) con retórica y que sacrificara, por ingenuidad, inercia o cálculo, la indagación autocrítica del sujeto en aras de un supuesto nosotros autoritario y autorizante, llámese proletariado, nación o revolucionarios viriles. No deja de ser una paradoja que un poemario que comprueba la imposibilidad estética y ética de la poesía de la Revolución tal como se practicaba en aquel entonces, resulte ser justamente por ello el único poema de la Revolución a la altura de las posibilidades históricas de la poesía mexicana de la época: agita la palabra.

Bibliografía

Andrade Castro, Manuel (ed.) (2000): *De la patria y sus héroes. Antología de la poesía cívica de México*. México, D.F.: Planeta.

Assmann, Jan (1988): "Kollektives Gedächtnis und Identität". En: Assmann, Jan/ Hölscher, Tonio (eds.): *Kultur und Gedächtnis*. Frankfurt am Main: Suhrkamp, pp. 9-19.

Bolaño, Roberto (1976): "Tres estridentistas en 1976". En: *Plural*, 62, pp. 49-60.

Bustos Cerecedo, Miguel (1934): *Revolución (Poema)*. Xalapa: Integrales.

Cato, Susana/Orduña, Fernando/Ponce, Armando (eds.) (2008): *100 poemas mexicanos en papel Revolución*. México, D.F.: Gobierno del Distrito Federal.

Díaz Arciniega, Víctor (1989): *Querella por la cultura "revolucionaria" (1925)*. México, D.F.: Fondo de Cultura Económica.

Domínguez Michael, Christopher (2004): "Cliente de su ingenio: Salvador Novo (1904-1974)". En: *Letras Libres* (Agosto), pp. 12-14.

Escalante, Evodio (2002): *Elevación y caída del estridentismo*. México, D.F.: Conaculta/Ediciones Sin Nombre.

García Gutiérrez, Rosa (2002): "¿Hubo una Poesía de la Revolución Mexicana? El caso de Carlos Gutiérrez Cruz". En: Vanden Berghe, Kristine/Van Delden, Maarten (eds.): *El laberinto de la solidaridad: cultura y política en México (1910-2000)*. Amsterdam: Rodopi, pp. 27-42.

— (2008): "Brevísima historia de la destrucción (y construcción) del Agorismo: 1929-1930". Manuscrito presentado en el congreso organizado por Anthony Stanton "Modernidad, Vanguardia y Revolución en la Poesía Mexicana 1919-1930", The University of Chicago, 25.-26.04.2008.

Hernández-Rodríguez, Rafael (2002): "Whose Sweaty Men Are They? Avant-Garde and Revolution in Mexico". En: *Ciberletras: Revista de crítica literaria y de cultura*, 8. (<http://www.lehman.cuny.edu/ciberletras/v08/ hernandez.html>; 01.10.2009).

Knight, Alan (1997): "The Ideology of the Mexican Revolution, 1910-40". En: *Estudios Interdisciplinarios de América Latina y el Caribe*, 8, 1. (<http://www.tau.ac.il/ eial/index.php?option=com_wrapper&Itemid=134>; 01.10.2009).

Kurz, Andreas (2003): "Las humanidades entre la impotencia y la lambisconería". En: *Razón y palabra*, 32. (<http://www.razonypalabra.org.mx/anteriores/n32/ akurz.html>; 01.10.2009).

— (2005): *Die Entstehung modernistischer Ästhetik und ihre Umsetzung in die Prosa in Mexiko. Die Verarbeitung der französischen Literatur des fin de siècle*. Amsterdam: Rodopi.

López Velarde, Ramón (1990): *Obras*. México, D.F.: Fondo de Cultura Económica.

Loving, Jerome (1999): *Walt Whitman: The Song of Himself*. Berkeley: University of California Press.

Mayer, Leticia (1995): "El proceso de recuperación simbólica de cuatro héroes de la Revolución Mexicana de 1910 a través de la prensa nacional". En: *Historia Mexicana*, 45, 2, pp. 353-381.

Meyer-Minnemann, Klaus (1991): "La urbe de los estridentistas". En: *Neue Romania. Veröffentlichungsreihe des Studienbereiches Neue Romania des Instituts für Romanische Philologie der Freien Universität Berlin*, 10, pp. 103-113.

— (1995): "Der hispanoamerikanische Modernismo". En: Rössner, Michael (ed.): *Lateinamerikanische Literaturgeschichte*. Stuttgart: J. B. Metzler, pp. 205-225.

Miller, Nicola (1999): *In the Shadow of the State. Intellectuals and the Quest for National Identity in Twentieth Century Spanish America*. London: Verso.

Monsiváis, Carlos (2004): *Salvador Novo. Lo marginal en el centro*. México, D.F.: Era.

— (ed.) (2009): *Salvador Novo. Material de lectura. Selección y nota de Carlos Monsiváis*. México D.F.: UNAM.

Mora, Francisco Javier (1999): *El ruido de las nueces. List Arzubide y el estridentismo mexicano*. Alicante: Universidad de Alicante.

Moya Gutiérrez, Arnaldo (2001): "Los festejos cívicos setembrinos durante el Porfiriato, 1877-1910". En: Agostini, Claudia/Speckmann, Elisa (eds.): *Modernidad, tradición y alteridad. La ciudad de México en el cambio de siglo (XIX-XX)*. México, D.F.: UNAM, Instituto de Investigaciones Históricas, pp. 50-75.

Murgia, Mario (2008): "La extemporánea contemporaneidad de Salvador Novo". En: *Iberoamerica Global*, 1, 3, pp. 246-253. (<http://www.iberoamericaglobal.huji.ac.il/Num3pdf/Microsoft%20Word%20-%2014-Murgia.pdf>.

Niemeyer, Katharina (1999): "Arte – vida: ¿ida y vuelta? El caso del estridentismo". En: Wentzlaff-Eggebert, Harald (ed.): *Naciendo el hombre nuevo. Fundir literatura, artes y vida como práctica de las vanguardias en el Mundo Ibérico*. Madrid: Iberoamericano/Frankfurt am Main: Vervuert, pp. 187-212.

— (2004): *Subway de los sueños, alucinamiento, libro abierto: La novela vanguardista hispanoamericana*. Madrid: Iberoamericana/Frankfurt am Main: Vervuert.

— (2008): "'Esta canción no está en los fonógrafos': sobre la modernidad estridentista y sus presupuestos silenciosos". Manuscrito presentado en el Congreso organizado por Anthony Stanton "Modernidad, Vanguardia y Revolución en la Poesía Mexicana 1919-1930", The University of Chicago, 25.-26.04.2008.

Novo, Salvador (2004): *Poesía*. México, D.F.: Fondo de Cultura Económica.

Ortiz de Montellano, Bernardo (1930): "Literatura de la Revolución y literatura revolucionaria". En: *Contemporáneos*, 23, pp. 77-81.

Plasencia de la Parra, Enrique (1995): "Conmemoración de la hazaña épica de los niños héroes: su origen, desarrollo y simbolismos". En: *Historia Mexicana*, 45, 2, pp. 241-279.

Reverte, Concepción (1987): "La poesía heroica de Carlos Pellicer". En: *Anales de literatura hispanoamericana*, 16, pp. 67-79.

Rovira, José Carlos (1995): "Naufragios en andamios esquemáticos. Los estridentistas mexicanos en la ciudad futurista". En: Jiménez, Enrique et al. (eds.): *Relaciones culturales entre Italia y España*. Alicante: Universidad de Alicante, pp. 149-161.

Saínz de Medrano, Luis (2008): "La poesía en el siglo XX: del posmodernismo a las vanguardias". En: Barrera, Trinidad (ed.): *Historia de la literatura hispanoamericana*. Tomo III: *Siglo XX*. Madrid: Gredos, pp. 483-498.

Sánchez-Prado, Ignacio M. (2006): *Naciones intelectuales: La modernidad literaria mexicana de la Constitución a la frontera (1917-2000)*. Tesis doctoral. University of Pittsburgh. (<http://etd.library.pitt.edu/ETD/available/etd-05032006-151829/unrestricted/Sanchez_Prado_ETD_2006.pdf>).

Schneider, Luis Mario (1970): *El estridentismo o una literatura de la estrategia*. México, D.F.: Instituto Nacional de Bellas Artes.

— (ed.) (1985): *El estridentismo. México 1921-1927*. México, D.F.: UNAM.

— (2000): *Gutiérrez Cruz, Carlos, 1897-1930. Poesía, prosa*. Guadalajara: Secretaría de Cultura.

Sheridan, Guillermo (2001): *México en 1932. La polémica nacionalista*. México, D.F.: Fondo de Cultura Económica.

Tannenbaum, Frank ([1933] 1966): *Peace by Revolution*. New York: Columbia University Press.

Waseen, Amber (2005): *Carlos Chavez and the Corrido*. Thesis for the Master of Music. Graduate College of Bowling Green State University.

Whitman, Walt (2005): *Song of Myself. A Sourcebook and Critical Edition*. Ed. Ezra Greenspann. New York: Routledge.

Dieter Rall

La Revolución mexicana en *Tierra* (1932) y *¡Mi General!* (1934), de Gregorio López y Fuentes, y en *La rebelión de los colgados* (1936) y *El General. Tierra y Libertad* (1940), de B. Traven

1. Introducción

En las reflexiones sobre dos autores, uno mexicano y el otro mexicano naturalizado, de origen alemán, que han tratado, de manera representativa, el tema de la Revolución mexicana seguiré la pauta de comparar las imágenes de la Revolución en textos mexicanos con las de otros países para contrarrestar la tendencia de la imagología y del debate sobre la alteridad de percibir las representaciones del Otro como un proceso unilateral y ahistórico que no tiene repercusiones sobre la cultura representada.

En la literatura comparada, por definición, se comparan imágenes y textos producidos en dos o más lenguas y provenientes de tradiciones literarias y culturales diferentes. Con esta primera definición sencilla, ya nos encontramos en un dilema: no hay duda de que Gregorio López y Fuentes es un autor intrínsicamente mexicano, pero: ¿B. Traven?

En un trabajo publicado años atrás (Rall 1995) traté de contestar a la pregunta de si B. Traven, [era] un autor mexicano; y llegué a la conclusión de que sí y no. Cuando se investigan las opiniones que han expresado críticos y autores mexicanos sobre B. Traven poco después de su muerte, ocurrida en 1969, la mayoría de los colegas de B. Traven lo juzgaron severamente y más bien tendieron a negarle la entrada al parnaso de la literatura mexicana. Resulta interesante que Rosario Castellanos subrayara que las novelas de B. Traven siempre contenían el punto de vista de un extranjero. Salvador Novo sintió la presencia de un 'exotismo no mexicano'. Emmanuel Carballo consideraba que las obras de B. Traven eran muy humanas, pero desde el punto de vista actual, también insípidas y aburridas. Para Sergio Fernández,

B. Traven era un 'extraño personaje', sin influencia alguna sobre la literatura mexicana o latinoamericana. Andrés Iduarte pensaba que era un 'hijo de la Revolución mexicana'. Y Tomás Mojarro valoraba el carácter documental de sus obras, su estilo y su importancia como precursor de la novela indigenista.

> Mauricio Magdalena también subrayó el tosco estilo de Traven, mediante el cual expresaba la verdad de manera tan directa, pero para él, sin duda, Traven "figura, por derecho indiscutible, entre nuestros más eminentes novelistas, al lado de Mariano Azuela" (Sanciprián 1991: 12).

Con esta discusión, nos encontramos frente a varios temas y criterios que tendremos que tomar en cuenta en un estudio comparatista: la recepción del autor en México; las reacciones de los lectores de las novelas y de los cuentos, y de un público más amplio, cuando pensamos en el éxito que han tenido películas como *El tesoro de la Sierra Madre, Macario* y *La rebelión de los colgados* (Rall 2003).

Además, tendremos que hablar del estilo, tanto en las novelas de B. Traven como en las de Gregorio López y Fuentes. En el estilo y en las posiciones que toman los autores ante la Revolución mexicana, se reflejan sus ideologías.

Difícil de contestar es la pregunta de si Gregorio López y Fuentes u otros autores mexicanos de la novela de la Revolución han ejercido alguna influencia sobre B. Traven. En la hasta la fecha probablemente mejor biografía sobre el autor, *B. Traven: biografía de un misterio*, de Karl S. Guthke, no se menciona nada concreto al respecto. Pero constata Guthke: "[...] hallé libros sobre la arqueología y la historia de Mesoamérica, así como acerca de los indígenas mexicanos, su arte, mitología e idiomas" (Guthke 2001: 597). Y apunta:

> La mayoría de los amigos de Traven tuvieron vínculos con el cine y las artes creativas, no con el mundo literario. [...] Aparte de Luis Suárez, el destacado periodista y editor de las *Obras escogidas*, uno de los miembros más importantes del círculo de Traven relacionados con la literatura fue el dramaturgo y crítico Rodolfo Usigli (Guthke 2001: 604).

Otro aspecto a tratar serán las imágenes que se pintan de la Revolución, tanto de los revolucionarios como de los conservadores. Ahí surgirá la pregunta de si López y Fuentes ha escrito, supuestamente, "desde adentro" y B. Traven "desde afuera". Respecto a esta clasificación, he tratado, en un trabajo anterior (Rall 1996), de distinguir tres posiciones ante el 'Otro' que se pueden observar tanto en autores mexicanos como extranjeros. Porque no todos los autores mexicanos escriben necesariamente "desde adentro", cuando pensamos, por ejemplo, en la imagen que dan de los grupos indígenas que aparecen en novelas con la temática que aquí nos interesa. Que B. Traven escriba siempre "desde el punto de vista de un extranjero", como decía Rosario Castellanos, y que sus novelas estén plagadas de "exotismo no mexicano", según Salvador Novo, no las descalifica de antemano.

El autor francés Jean-Marie Le Clézio, Premio Nobel de Literatura 2008, también trató temas mexicanos. Y justamente este hecho fue una de las razones por las cuales la Academia Sueca determinó concederle el galardón, al considerar que es "el escritor de la ruptura, de la aventura poética y de la sensualidad extasiada", además de ser "un investigador de una humanidad fuera y debajo de la civilización reinante" (Montaño Garfias 2008: 2A).

Vamos a examinar si las imágenes que pinta el autor de origen alemán de la Revolución mexicana y de "los Otros", pueden ser consideradas "unilaterales y ahistóricas", por el solo hecho de ser escritas "desde afuera" o –según mi definición– "con una 'perspectiva interna desde el exterior'" (Rall 1996: 26). Y, finalmente, compararé cómo aparecen y son tratados los temas de "Tierra y Libertad" y de los protagonistas de la Revolución, Zapata, los generales, los soldados, los indígenas y los políticos, en las novelas, y cuáles motivos son recurrentes en las páginas de los dos autores.

2. Escribir novelas históricas: entre historia y ficción

Como premisa de mis reflexiones sobre las cuatro novelas de Gregorio López y Fuentes y de B. Traven, me gustaría afirmar que con estos ejemplos literarios nos movemos dentro de la novela histórica.

Con Hugo Aust quisiera asentar una primera definición, cuando dice que "[...] entrar en la 'narración histórica' significa narrar historias que se basan en hechos históricos reconocibles"[1] (Aust en Grimm 2008: 63). Es decir, se le proporcionan al lector ciertas informaciones relacionadas con su conocimiento histórico previo y que identifican la novela histórica. Las novelas de B. Traven y de López y Fuentes se relacionan con la Revolución mexicana ya a partir de sus títulos, como

1 Todas las traducciones de citas en alemán son mías.

Tierra. La revolución agraria en México, pero también por el contenido. Así se cuentan, al final de la novela de López y Fuentes, los pormenores del asesinato del "general Zapata". *El General*, de B. Traven, empieza con un programa histórico: "'Tierra y libertad'. Con este grito de guerra en los labios, un grupo de indios abandonó las monterías del sur de la República para derrocar la dictadura y conquistar tierra y libertad" (Traven 1971, II: 893).

En nuestro contexto literario, se trata de hechos históricos fácilmente "reconocibles". Sigamos con la caracterización de la novela histórica ofrecida por Hugo Aust:

> Normalmente, estas novelas emiten señales históricas; se trata de fechas, nombres (de personajes, lugares, eventos, épocas), detalles de la historia cultural y social, documentos oficiales. Todas esas señales expresan una diferencia y distancia históricas, aunque no nos transponen en el pasado, sino en la ficción (Aust en Grimm 2008: 63).

El mismo Florian Grimm afirma:

> Quien quiere investigar narraciones históricas, tiene que definir lo que entiende bajo el concepto de "historia" y tiene que analizar su papel dentro de la literatura con contenidos históricos. Al mismo tiempo hay que preguntarse cuáles estrategias utiliza la narración y cuál efecto quiere lograr en el lector. ¿Cómo se narra la historia y con cuál reivindicación de "verdad" se presenta lo narrado y con cuál concepto de "libertad artística"? (Grimm 2008: 57).

Quien se ocupa de la novela histórica, tendrá que deslindar la historiografía de las narraciones históricas ficticias, pero también tiene que admitir que no se pueden presentar hechos históricos sin su interpretación. En cada presentación de sucesos históricos, existe una relación entre los valores ideológicos del intérprete y la selección del modo de representación (Grimm 2008: 47). En las descripciones historiográficas –como en las interpretaciones literarias– se reflejan las ideologías y la cosmovisión *(Weltanschauung)* del historiador. Se trata de narraciones que ayudan a aprehender los sucesos históricos.

> Se vuelven más evidentes esas tesis cuando nos damos cuenta del hecho de que cualquier suceso histórico puede narrarse de múltiples maneras, dependiendo esas interpretaciones de la época y de la región y la tradición histórica en la cual se mueve el historiador, así como de su mentalidad, de sus valores y otros aspectos de su personalidad (Grimm 2008: 47).

Ante esta situación epistemológica del historiador, la posición de la novela histórica se presenta de manera diferente. La relación entre la representación fiel de los hechos y la estética de la narración se invierte. El conocimiento de hechos históricos confirmados y su presentación 'objetiva' se consideran como secundarios desde la perspectiva literaria, mientras que la calidad artística de la narración aparece como central. Según Alfred Döblin, citado por Grimm (2008: 58-59), la novela histórica pertenece al dominio de la literatura y no se tiene que someter a las categorías y las metodologías de la historiografía. Como obra de arte, forma parte de la ficción y de lo posible y no de la 'realidad'. La novela histórica aprovecha hechos históricos como fuente de inspiración y proveedor de materia prima. Para el escritor, en el centro de su atención está la preocupación por el ensamblaje del material, la caracterización de los protagonistas y del momento histórico, y por la adaptación de los personajes y de los sucesos al proceso literario de narración. En ese proceso de creación, no se disuelve la relación con los sucesos históricos "objetivables", pero se "afloja", para decirlo de alguna manera. Esto es tanto más visible en el caso de la novela histórica posmoderna.

3. Las novelas de Gregorio López y Fuentes

Entre las novelas con contenido histórico, revolucionario y social de Gregorio López y Fuentes (1897-1966) escogí *Tierra* y *¡Mi general!* No menos conocido es *Campamento* (1931), una visión de la Revolución

> durante un descanso nocturno de las tropas rebeldes en vísperas de un combate. [...] Cada capítulo es una visión de cada uno de los grupos dispersos en el campamento. Se escuchan conversaciones, confidencias, relatos de combates, anécdotas, aventuras, sucedidos chuscos (Castro Leal 1969, II: 176).

A mí me recuerda, como concepción literaria y no en su forma, la obra dramática *Wallensteins Lager* ("El campamento de Wallenstein"), de Friedrich Schiller.

Otras novelas programáticas de López y Fuentes son *El indio* (1935; Premio Nacional de Literatura de 1935), su libro más conocido, que contiene una fuerte crítica de la Revolución porque no cumplió con sus promesas para los indígenas, y *Arrieros* (1937) y *Los peregri-*

nos inmóviles (1944). Estas dos novelas también están dedicadas a temas indígenas y del campo mexicano, y recuerdan varias obras y temáticas de B. Traven, por ejemplo *La carreta* o *Gobierno* (ambas se publicaron en 1931). La comparación de obras de los dos autores no se da por casualidad. Lo que llama la atención es el hecho de que la crítica mexicana haga hincapié, frecuentemente, en los escuetos recursos estilísticos de los dos autores. El nombre de López y Fuentes probablemente hoy día no se enumere, automáticamente, entre los autores más importantes de la novela de la Revolución mexicana. Así, lo omitió Max Aub en su *Guía de narradores de la Revolución mexicana* (1969) y sólo lo menciona en una breve nota biobibliográfica. Pero agrega un juicio sobre López y Fuentes que se ha repetido mucho: "Fue escritor sobrio, poco amigo de dar explicaciones" (Aub 1969: 21). Emmanuel Carballo tampoco le dedicó un capítulo propio entre sus *19 protagonistas de la literatura mexicana del siglo XX* (1965). Pero Rafael F. Muñoz, en la entrevista, le dice a Carballo:

> Los escritores de mi generación: López y Fuentes, Magdaleno, Ferretis y yo nos propusimos escribir en forma comprensible, tanto para los lectores de México como para los lectores de los demás países de lengua española (Carballo 1965: 272).

En el *Diccionario de escritores mexicanos*, Aurora M. Ocampo dice de López y Fuentes: "Poseedor de un estilo dinámico y espontáneo, enfocado principalmente en la noticia, sus novelas son más bien crónicas noveladas que el escritor vivió en carne propia (Ocampo et al. 1988-2007, IV: 462).

Las dos novelas escogidas de Gregorio López y Fuentes se ubican bajo el complejo tema de la Revolución mexicana. En las dos obras que inician en un ambiente de cambio, de optimismo, de primeros éxitos de los campesinos levantados en armas, se registran, a lo largo de la trama, desencantos, decepciones, traiciones, fracasos de la Revolución. *Tierra* gira alrededor de un personaje histórico, Emiliano Zapata, y termina con la descripción detallada de los sucesos que llevaron a su asesinato.

Al contrario de estos ingredientes indispensables de las narraciones literarias históricas, mencionados en mi introducción, a saber, que contengan "hechos históricos fácilmente reconocibles", en el caso de *¡Mi General!*, nos encontramos ante una novela "con personajes sin nombres y para él [el autor] la sociedad es una abstracción histórica ajena a las unidades estrictas del tiempo", como apunta Fernando Alegría en *Literatura y revolución* (Alegría 1971: 37).

Pero existen marcadas diferencias. El subtítulo de *Tierra* (1932) es "La revolución agraria en México". La novela se desarrolla entre los años 1910 y 1920, y cada capítulo lleva como subtítulo uno de estos años. Inicia con la descripción de la vida de los campesinos en tiempos del porfirismo, con sus duras condiciones de trabajo, la desigualdad entre los indígenas, por un lado, y los que los explotan: el hacendado, el alcalde, el cura (incluso durante las fiestas religiosas) y los dueños de las tiendas de raya. La mayoría de los peones son instrumentos ciegos del patrón, con la excepción de Antonio Hernández, el protagonista de la novela, quien pasa un tiempo en el ejército y regresa a la hacienda contagiado de las ideas de Madero. Aunque en el inicio falten por completo los topónimos, hay que imaginarse, como región donde está situada la narración, el estado de Morelos, donde culmina también la acción, con el asesinato de Zapata:

> La narración presenta, de año en año, los sucesos que van a cambiar la situación del país y la actitud del campesino. Al triunfo de Madero, demasiado efímero para que cambie las condiciones del campo, sigue la traición de Victoriano Huerta, que desata una nueva revolución, más sangrienta que la primera. Y luego el levantamiento de Emiliano Zapata, el gobierno de la Convención y el decreto de 6 de enero de 1915 que establecen la repartición de la tierras (Castro Leal 1969: 176).

La tierra es tema y *Leitmotiv* de la novela. Pero es acompañado por muchos otros motivos que ilustran la situación de los campesinos: el lenguaje, la educación, el pasado de los indígenas. Por ejemplo:

> –Mire, compa; yo he oído algo de eso de las tierras, que fueron de nosotros y que nos han quitado los abogados. Tengo la idea, pero no sé discursear. ¡Qué desgracia la de no conocer las letras! (López y Fuentes 1969: 275).

La parte más interesante del libro, también como testimonio de los sucesos históricos, es el relato sobre las circunstancias del asesinato de Zapata, el líder admirado por todos los campesinos. ¿Por todos? Siempre hay intereses y traidores. El desenlace fatal en la trampa de Chinameca se cuenta en *Tierra* con estas escuetas palabras:

> El general había avanzado cinco metros más allá de la puerta, ya dentro del patio. Entonces, los seis hombres del retén –que presentaban armas–, ejecutaban un pequeño movimiento, dejando caer los cañones en un ángulo agudo. Y se escuchó una descarga.

> El general Zapata, violentamente, intentó dar media vuelta, con la idea de salir de semejante trampa. Pero él se quedó a la mitad del movimiento. En el primer flanco se derrumbó, azotando el suelo. El animal salió huyendo.
> El cabo se acercó al general. Con la carabina le dio el tiro de gracia (López y Fuentes 1969: 299).

Escribe Antonio Castro Leal:

> Y el año de 1920, mientras los comités agrarios reparten las tierras entre los campesinos, el regocijo de ese triunfo lo empaña la inacabable tristeza por el gran caudillo desaparecido, cuya sombra ven pasar, hombres y mujeres, en las noches desoladas (Castro Leal 1969: 177).

El mito de Zapata inmortal se había creado, y el autor de *Tierra* lo incluye en su narración histórica. Al contrario del soldado raso de la Revolución, fuera un personaje real o un invento literario, Zapata seguía con vida para el pueblo. Escribe López y Fuentes al final de su novela:

> Existe la seguridad de que Antonio Hernández está bien muerto, pero nadie sabe dónde se halla enterrado. En cambio, el general Zapata todos saben dónde está enterrado; pero nadie, en el rumbo, cree que ha muerto [...] (López y Fuentes 1969: 302).

Vale preguntarse si los mitos forman parte de la historia. Para los que los crean, los relatan y los conservan, son parte de su realidad. Y de su historia.

En *¡Mi General!* (1934), el protagonista narra, en primera persona, las peripecias de su carrera militar y sus experiencias en la vida política del país. De vaquero llega a ser general, apoyándose en un grupo de compañeros de su tierra, y conoce las diferentes etapas de la Revolución mexicana. Cuando llega a la Ciudad de México, provoca escándalos para hacerse conocer entre los militares y la población de la capital. Participa en campañas, adquiere cierta fama como general e inicia una carrera política. Como diputado y funcionario del partido oficial gana mucho dinero y puede permitirse una vida privilegiada, con fiestas, banquetes, amante, etc. Pero comete errores tácticos, empiezan las intrigas, pierde sus puestos políticos, los amigos lo abandonan y es obligado a ganarse la vida con una serie de "chambas". Finalmente, tiene que huir de la ciudad, regresa a pie a su tierra y se reintegra a la vida modesta del campo.

Gregorio López y Fuentes desarrolla en *¡Mi General!* todo un programa de acusaciones y denuncias de la corrupción reinante en el movimiento revolucionario. "¡Mi General!" es un *Leitmotiv* y un programa para estructurar la novela. A lo largo de la novela, "¡Mi General!" es pronunciado frecuentemente y en las más diversas situaciones y de la manera más variada. El saludo "¡Mi General!" aparece por primera vez en la novela poco tiempo después de que se habló de que el protagonista se "había pronunciado y de que los rebeldes estábamos para llegar", y de que "mis muchachos me estaban diciendo a cada momento 'mi general'" (López y Fuentes 1969: 312-313). Suena cada vez más su nombre en el país, aunque en su primera llegada a la capital, tiene que darse cuenta de que en la ciudad de México había muchos generales y de que tenía que llevar a cabo una acción extraordinaria para destacar. Se decide por una provocación y una riña con balacera en una cantina.

> A la mañana siguiente una de mis grandes satisfacciones. Había derrotado la anonimidad. Sonaba mi nombre. A fin se me conocía. Hasta mis hechos de armas salieron a la luz pública con motivo del suceso en la cantina (López y Fuentes 1969: 328).

De aquí en adelante saludan respetuosamente al general, aunque, a lo largo del tiempo y, dependiendo de la suerte que corría en la política, se escucharan muchos matices, desde "¡Mi General!" hasta "¿Pero usted es [...] mi general?" y "Con que tiene usted el grado de general [...]?". Siente enojo, cuando alguna vez se le "llamó públicamente ex general" (López y Fuentes 1969: 357). Después de haber caído en desgracia, sus antiguos compañeros se le acercan en la calle con un "¡*pst*! – ¡General, General!" (López y Fuentes 1969: 351) y, en una ocasión, cuando lo detienen por "hablar mal del gobierno" y él no se atreve a decir que era general, lo insultan con un "¡Ah! ¿Conque ni a antecedentes llega? ¡Adentro!" (López y Fuentes 1969: 359), y lo meten al calabozo. Al final de su trayectoria y cuando tiene que huir –nuevamente anónimo– hacia su terruño, se le aconseja "¡No sea ambicioso, general!" (López y Fuentes 1969: 361), y como últimas palabras de la novela, pronunciadas entre conmiseración, ironía y respeto, suena un indulgente "¡Mi general!" (López y Fuentes 1969: 364).

De esta manera se muestra cómo el protagonista atraviesa los altos y bajos de una gran variedad de situaciones sociales y políticas. A veces triunfa y en ocasiones sufre y teme por su vida. Pero en el fondo no cambia, sino sigue sacando provecho del momento hasta agotar recursos tácticos y financieros y, finalmente, se ve obligado a aceptar su regreso a sus modestas raíces.

En *¡Mi General!*, López y Fuentes nos quiere presentar un personaje prototípico de la clase política antes, durante y después de la Revolución, con unas de estas características:

Es valiente:

> Tanto se elogió mi estrategia que, envanecido, apechugué con una mentira: haber tenido un plan, un bosquejo previo, cuando que siempre he accionado bajo la indicación de los hechos inmediatos (López y Fuentes 1969: 335).

Es muy macho:

> Mire, don; a mi no venga con calaveras de vaca a espantarme. ¡A mí hábleme claro, que para eso tengo bien apretado el cuero con que se detienen los pantalones! (López y Fuentes 1969: 307-308).

Es ambicioso:

> Al siguiente día todos los periódicos publicaron mi retrato, la historia de mis hechos de armas, incluyendo algunos de los cuales yo no había tenido noticia antes, pero que creí conveniente no rectificar. Durante los días que estuve en la ciudad no podía presentarme en ninguna parte sin que la gente exclamara: –¡Ahí va! –¡Él es! (López y Fuentes 1969: 333-334).

Es vanidoso. Cuando le habla alguien en la cantina que lo conoce pero no sabe su nombre, se enoja:

> Las copas, el horror al anonimismo, la predisposición, todo hicieron que yo estallara ante semejante ofensa. ¡No saber mi nombre! Y declararlo en mis propias barbas! Fui a tomarlo por el pezcueso [...] Con gran impulso lo arrojé contra el mostrador, como quien arroja un fardo. La cabeza chocó brutalmente. El vejete se quedó tirado sobre los escupitajos. Iba a recogerlo para arrojarlo otra vez, pero se interpusieron tres o cuatro de los invitados (López y Fuentes 1969: 327).

Es rencoroso y colérico. Cuando se le rechaza una solicitud de reingreso con un "General, véame usted dentro de quince días", se pone furioso:

> La negativa así encierra un desengaño inmediato, pero quince días [...] Fastidiado de esperar, renuncié a mi reingreso. Y se me fue amargando el espíritu al grado de que por aquellos meses sólo respiré odio, mastiqué bilis y escupí blasfemias (López y Fuentes 1969: 355).

Es jugador:

> Me hice de algunos 'amigos' y supe de esa vida de los jugadores, siempre ilusionados y siempre defraudados. Me fui llenando de prejuicios acerca del juego, y, cuando perdía, siempre atribuí el hecho a fuerzas exteriores, como encontrarme con un individuo de mal agüero para mí, pero jamás a mi mala suerte (López y Fuentes 1969: 360).

Es mujeriego con mala conciencia: "Con la boca muy amarga y con mis billetes reducidos a la mitad, amanecí en brazos de una mujercita menuda y vulgar en un hotelucho de mala muerte" (López y Fuentes 1969: 331).

Es borracho: "Hicimos un viaje de ferrocarril sumamente divertido. Bebimos y jugamos a las cartas. No pocos riñeron" (López y Fuentes 1969: 362). Existen mucho más ejemplos en la novela.

Le gustan la plática, la retórica y la broma. Y se comenta en varias ocasiones la importancia de las tres: "Bromeando, cantando y diciendo palabrotas los arrieros cargaban bien temprano sus mulas" (López y Fuentes 1969: 318).

Le gusta la guerra, la campaña:

> Por fin llegó la orden de salir. A la hora de los preparativos mis muchachos retozaban de gusto. La ciudad nos había cargado ya lo suficiente para no desear ir al campo [...] Los trabajos de embarque fueron llevados a cabo en medio de una gran alegría. [...] Durante el trayecto de ferrocarril todo fue cantar con acompañamiento de guitarra" (López y Fuentes 1969: 332).

Es un castigo para él el tener que trabajar como asalariado:

> Mi resolución de trabajar era la renuncia a mi carrera. ¿Por qué el médico, el abogado y otros, estén en el poder o en la desgracia, son siempre lo que han sido? Cuando alguna vez se me llamó públicamente ex general, yo sentí enojo. ¿Acaso mis hechos de armas, tan celebradas entonces, pueden borrarse con un ex? ¡Aunque se me diga ex general, yo sigo y seguiré siendo *el general*! Confieso, sin embargo, que en ocasiones el generalato ha sido un lastre para mi. Es algo así como el Don cuando lo lleva un pobre (López y Fuentes 1969: 357).

Cuando, para colmo de su desgracia, ya de regreso a su tierra, le ofrecen cuidar un establo, estalla su orgullo:

> ¡Cuidar un establo! [...] A mi me digan de echar la arreada con los perros, lazar una vaca a campo raso, curar la gusanera a un becerro, capar un toro, ya sea a cuchillo o a mazo [...] ¡Trabajos de hombre! (López y Fuentes 1969: 362).

Es chismoso y siempre espera que en la política le toque, nuevamente, un 'hueso':

> Algunos de esos tipos traidores y rayados de lengua nos pusieron el mote de 'hojalateros', precisamente porque, a fuerza de anhelar se realizaran los hechos que barajábamos en nuestros intercambios de noticias antigobiernistas, siempre decíamos: 'ojalá' (López y Fuentes 1969: 356).

Es malinchista:

> Felices los que se resolvieron por el destierro. Ellos están, sin duda alguna, menos amargados que yo. Si se han lamido a solas sus propias llagas, esto ha sido por la indiferencia de los extraños, entre hombres de otra raza [...] Yo me he comido los dedos entre la gente de mi sangre, como si no me conocieran quienes antes me adularon (López y Fuentes 1969: 360).

"El protagonista de *¡Mi General!* no es en realidad un pícaro, como a veces se ha dicho", apunta Antonio Castro Leal (1969: 177) en su introducción a las novelas de Gregorio López y Fuentes:

> Le falta una base moral sólida y por ello es fácil presa de las costumbres políticas de su tiempo. Si el protagonista de *La sombra del caudillo*, de Martín Luis Guzmán, y sus amigos perdieron la vida al oponerse a la consigna política del caudillo en turno, el protagonista de *¡Mi General!* pertenece a un grupo más numeroso: al de los equivocados, que perdieron no su vida, sino la situación de privilegio que tenían en las altas esferas gubernamentales (Castro Leal 1969: 177).

Resumiendo podemos constatar que López y Fuentes nos presenta una imagen más bien desoladora de los protagonistas desengañados de sus novelas, instrumentos y beneficiarios del movimiento revolucionario. Cunde el egoísmo, la traición, el machismo, el asesinato político en las filas de la Revolución. Publicó sus novelas en los años treinta, cuando, por un lado, se establecía el mito revolucionario como doctrina oficial del partido dominante. Por el otro lado, a los escritores que fueron testigos y participantes en las diferentes etapas de los movimientos revolucionarios, no les era posible escribir esa historia heroica unilateral que de ellos esperaba y sigue esperando el *establishment* instalado en el poder.

El general acepta el retiro y el regreso a su terruño sólo como última posibilidad de sobrevivencia, después de haber fracasado políticamente. Lo único que lo puede salvar de la ruina son sus conocimientos de ganadero y hombre del campo, adquiridos en su juventud. Es la única base sólida de su existencia.

Dado que López y Fuentes omite en su novela *¡Mi General!* casi por completo los nombres propios de personas, regiones, lugares, referencias concretas a batallas, fusilamientos, desplazamientos ferroviarios, etc. –con la excepción de la capital, la ciudad de México, donde se desarrolla buena parte de la acción–, logra un efecto de generalización en su descripción de los hechos. Pero ese procedimiento literario le quita a su novela ciertas características de la novela histórica, ya que sólo *insiders* y excelentes conocedores de la historia de México podrán relacionar la indeterminación y a veces, incluso, la vaguedad de las descripciones con hechos y personajes históricos concretos.

4. Las novelas de B. Traven

Existe una diferencia fundamental entre la producción novelística de Gregorio López y Fuentes y la de B. Traven: en las obras del autor mexicano se integran experiencias propias; él ha sido testigo de los sucesos de la Revolución, entre 1910 y 1920, él la ha visto con ojos propios, mientras que B. Traven llegó en 1924 a México, como inmigrante ilegal, en la época posrevolucionaria. Pero los sucesos de la Revolución estaban todavía muy presentes en la sociedad mexicana; es más: todavía no eran "historia". El hombre que en los años veinte empezó a llamarse Traven Torsvan o B. Traven o B. Traven Torsvan empezó inmediatamente a informarse sobre su nuevo entorno y a interesarse por la situación política y social de México:

> Con todo, el antiguo revolucionario y autor alemán de esbozos literarios sobre la vida cotidiana pudo reconocer temas familiares en su exótico nuevo medio; tal vez incluso se haya dado cuenta muy pronto de que podría perseguir sus intereses políticos y literarios sin desviarse mucho de su trayectoria original (Guthke 2001: 275-276).

Encontró en México un ambiente ideal para un revolucionario que en Alemania no había podido realizar su sueño de ayudar a implantar un nuevo sistema político. Empezó a juntar material para nuevas publicaciones ambientadas en el México prerrevolucionario y posrevolucionario. De una importancia invaluable para él era la experiencia de sus viajes por Chiapas. En sus diarios y por medio de sus tomas fotográficas juntó mucho material que después transformaría en las novelas del "Ciclo de la Caoba". Pero antes, en 1928, publicó su libro sobre Chiapas, *Tierra de la primavera*.

Las primeras dos novelas del "Ciclo de la Caoba" son *La carreta* y *Gobierno*, publicadas en 1931 en Berlín, editadas en México en 1949 y 1951, respectivamente, en la traducción de Esperanza López Mateos. Sigue en 1933 *La marcha hacia el reino de la caoba*, publicada en Zürich, al igual que *La troza* (1934) y *La rebelión de los colgados* (1936), traducida al español por Esperanza López Mateos y publicada en México en 1950. El ciclo culmina con *El General. Tierra y Libertad*, novela publicada en 1940 en Ámsterdam; el título original en alemán es *Ein General kommt aus dem Dschungel*. La traducción al español estuvo a cargo de Rosa Elena Luján y se publicó en México en 1966.

En esas novelas, B. Traven no sólo quiso incluir su conocimiento antropológico y cultural sobre Chiapas, adquirido durante sus expediciones en los años veinte y plasmado en *Tierra de la primavera*, sino también tenía la intención de presentar los trasfondos históricos, políticos y sociales de la Revolución de 1910, "una de las revoluciones más interesantes que han ocurrido" (Guthke 2001: 452). Su objetivo y convicción eran que "ciertas novelas fuertes llevan al socialismo con la misma o mayor seguridad que *El capital* o los libros de Lenin o Engels" (Guthke 2001: 452). Traven también "quería 'dar valor a los oprimidos en Europa y mostrarles cómo hacer las cosas y que ninguna dictadura es invencible'" (Guthke 2001: 453).

La mayor parte de *La rebelión de los colgados* se desarrolla en los últimos años del régimen de Porfirio Díaz, mientras que el último tercio de la novela alude al inicio de la Revolución y a acontecimientos durante el año de 1911. Tras la rebelión de los colgados, es decir, de los indígenas explotados y martirizados en la selva chiapaneca, los leñadores sobrevivientes obtienen el control de las monterías. Después de largos días y noches de debates y preparativos se ponen en marcha bajo el mando del "General" (un desertor del ejercito), del "jefe de estado mayor" Celso (el líder de los indígenas sublevados) y del "ideólogo en jefe" Martín Trinidad (antes un profesor de escuela). Este ejército de esclavos liberados atraviesa la selva y sale de ella, con el objetivo de juntarse con los movimientos revolucionarios surgidos en el país. Su grito de guerra es "¡Tierra y libertad!".

Desde su publicación, *La Rebelión de los colgados* y otras novelas de B. Traven fueron leídas, en Europa, como un llamamiento contra la represión y contra la dictadura nacionalsocialista. La novela *Gobierno* fue puesto en el primer índice de libros prohibidos publicado por el régimen nazi.

La recepción de *La rebelión de los colgados* en México empezó en 1941 con la puesta en escena del tema y su presentación en la provincia mexicana. Como novela, se publicó en 1950, en la traducción de Esperanza López Mateos. Para la filmación en Chiapas primero se podía ganar la colaboración de Emilio "El Indio" Fernández, "pues la novela *La rebelión de los colgados* era 'cosa fuerte' y asunto de indígenas, o sea, muy al modo del *Indio*" (García Riera 1993: 180). Pero el trabajo avanzaba muy lentamente, y Emilio Fernández renunció como director. Lo sustituyó Alfredo B. Crevenna quien terminó la filmación dentro de nueve semanas. El estreno fue en 1954, en el cine "Chapultepec", donde se quedó en la cartelera durante tres semanas.

El General. Tierra y Libertad empieza así: "'Tierra y libertad'. Con este grito de guerra en los labios, un grupo de indios abandonó las monterías del sur de la República para derrocar la dictadura y conquistar tierra y libertad" (Traven 1971, II: 893).

Es interesante que la novela *El General* retomara los sucesos de *La rebelión de los colgados* allí donde esa termina, con la salida de la selva de la "gran horda", dividida en ocho grupos o compañías: "Cuando por fin lograron salir de la selva y se encontraron con el primer pueblecito, *el General* dio a conocer las pérdidas sufridas" (Traven 1971, II: 873). La lucha con las inclemencias del clima y las dificultades encontradas en medio de la naturaleza había hecho estragos en el ejercicio de los rebelados. Y retomando esa situación difícil después de describir la organización del ejército y de sus mandos en las primeras doce páginas de *El General,* el autor deja salir a los rebelados de la selva en el mismo lugar: "Después de caminar a través de selvas inhóspitas, el ejercitó llegó por fin al primer poblado" y "era posible que muy pronto se librara la primera batalla" (Traven 1971, II: 906-907).

Ésta se lleva a cabo entre el ejército de los rebeldes –unos 600 hombres, algunos acompañados por sus mujeres y sus hijos– y los rurales, "cuerpo de policía federal montada destinada al campo, [que] eran un arma especial del dictador" (Traven 1971, II: 895), como comenta el narrador. En unas 30 páginas se narra, con lujo de detalle, cómo el ejército compuesto mayoritariamente de indígenas vence a los rurales. Pero

> la estrategia que *el General* había formulado era digna de un experimentado y brillante mariscal de campo. Lograr sacar a los rurales de su seguro escondite en la hondonada, donde por su superior armamento eran inexpugnables, era en sí una obra maestra (Traven 1971, II: 932).

A pesar de sus propias bajas, las tropas festejan su victoria y después de sepultar a sus muertos, *el Profesor*, antiguo maestro de escuela, "el jefe intelectual, el cerebro del ejército" (Traven 1971, II: 902), se dirige, en un largo discurso, a sus camaradas y termina así:

> Quitémonos todos el sombrero y honremos a los que han caído por nuestra revolución. Tomemos cada uno un puñado de tierra y depositémosla sobre las tumbas en donde ahora duermen. Y después de eso gritemos: ¡Tierra y Libertad! ¡Viva la revolución agraria! ¡Abajo los dictadores y los tiranos! ¡Tierra y Libertad!
> Cuando los muchachos habían gritado esta invocación que *el Profesor* había pronunciado ante ellos, y guardado unos segundos de silencio, *el Profesor* levantó su mano y dijo, ahora con voz reposada:
> –¡Adiós, muchachos! ¡Que duerman bien! ¡Adiós, muchachos! ¡Dulce es morir por la revolución de los pobres y de los oprimidos! (Traven 1971, II: 945).

Y así, vitoreando sus éxitos, mandado por un estratega genial y orientado intelectualmente por un ideólogo convencido, el ejército revolucionario se abre paso por las comarcas chiapanecas, bajo un cielo predominantemente lluvioso, hasta llegar a las cercanías de Balún Canán. Pero la novela no termina con la victoria final y definitiva del movimiento revolucionario (el mismo B. Traven ya se había transformado, a lo largo de su estancia en México, en un escéptico respecto a los logros de la Revolución). Y visto desde una distancia de casi 100 años, los historiadores evalúan con reserva los logros y resultados del movimiento de "¡Tierra y libertad!". No, las últimas palabras las tienen los profesores, porque el afán didáctico e ideológico de B. Traven superó su deseo anárquico de abogar por un cambio radical de la estructura de la sociedad, aunque sea con violencia y guerra. No, el país necesitaba, ante todo, transformar a la sociedad a través de la educación. Y así termina la novela *El General*, de unas 300 páginas, con el diálogo entre dos profesores:

> –Dígame, Gabino Villalba, profesor rural ambulante, ¿por qué no se queda aquí con nosotros? Quiero decir, permanentemente. Bien podríamos utilizar otro maestro. Uno para los niños menores y otro para los pequeños. [...] Desde luego que el sueldo no será mucho, eso depende de muchas cosas que habrá que arreglar de hoy en adelante. Pero, con sueldo o sin él, le prometo que mientras esté con nosotros, nunca pasará hambre.

–Si es así, amigo y colega, ¿para qué necesito sueldo? Mi sueldo nunca me ha llenado el estómago. Desde luego que me quedo. [...] Esto es lo que yo había anhelado desde que tenía ocho años. Y tuve que cumplir los treinta y siete antes de encontrármelo.
Se levantó. Alzó el puño cerrado y gritó a manera de saludo:
–Muchachos, ¡Tierra y libertad!
Los muchachos contestaron a una voz:
–¡Tierra y libertad! (Traven 1971, II: 1165).

5. Comparaciones y conclusiones

El gesto del puño cerrado no se ha perdido por completo. Y tampoco el grito de guerra de los revolucionarios y el mito de que Zapata no haya muerto. Siguen existiendo los idealistas que luchan por un mundo mejor, y los políticos y generales corruptos. La educación ha avanzado mucho en el país, pero está lejos de satisfacer plenamente. La Revolución ha dejado sus huellas en el campo mexicano, pero éste no es como lo habían soñado los zapatistas y los políticos que habían firmado el decreto del 6 de enero de 1915.

Las cuatro novelas sobre la Revolución aquí presentadas y comentadas fueron escritas hace 70, 75 años, aproximadamente. Las dos obras de Gregorio López y Fuentes ponen en el centro de las tramas el asesinato de Zapata y la traición de la Revolución, por un lado, y el éxito militar y el fracaso político y ético de un general, por el otro.

Las dos novelas de B. Traven están llenas de entusiasmo por el inicio y las metas de la Revolución. Contienen muchas páginas de sermones ideológicos, de proclamas revolucionarias y de enfrentamientos terribles entre opresores e indígenas que empiezan a luchar por sus derechos, con las armas en sus manos. Hay pasajes donde estalla el "odio hacia la burguesía y el canto a la anarquista *revolución total* (así la denomina en *La rebelión de los colgados*" (Ruffinelli 1978: 52). Pero parece que, paulatinamente, B. Traven tiende a optar por la vía pacífica de la educación, como él mismo pudo observar el desarrollo de México durante el gobierno de Lázaro Cárdenas y de otros presidentes. Un año antes de su muerte, sin embargo, presenció también la matanza de la Plaza de las Tres Culturas en Tlatelolco, que fue un amargo despertar para muchos mexicanos comprometidos con la libertad de expresión y manifestación.

Como informé al principio, las obras de B. Traven han sido juzgadas severamente por algunos críticos mexicanos por sus reflexiones

> obvias, retóricas y panfletarias. [...] Como lectores modernos preferimos la narración *pura*, la que interna sus contenidos teóricos en los hechos mismos, antes que el didactismo y la tendenciosidad de la novela social de hace cuarenta [ahora setenta] años (Ruffinelli 1978: 64).

Los autores de las cuatro novelas "históricas" se tomaron muchas libertades en la construcción y reconstrucción de los sucesos de los años 1910 a 1920. No son, definitivamente, obras historiográficas, sino novelas con muchos personajes inventados o adaptados a las necesidades literarias. Pero creo que vale la pena retomar la lectura de esas obras y de muchas otras de la época para comparar las luchas, las visiones, las ilusiones y los desencantos de aquellas generaciones con la situación política, ideológica y social de la actualidad, heredera –de alguna manera– de la época revolucionaria.

Bibliografía

Alegría, Fernando (1971): *Literatura y revolución.* México, D.F.: Fondo de Cultura Económica.

Aub, Max (1969): *Guía de narradores de la Revolución mexicana.* México, D.F.: Fondo de Cultura Económica.

Carballo, Emmanuel (1965): *19 protagonistas de la literatura mexicana del siglo XX.* México, D.F.: Empresas Editoriales.

Castro Leal, Antonio (ed.) (^{8}1969): *La novela de la Revolución mexicana.* 2 tomos. México, D.F.: Aguilar.

García Riera, Emilio (1993): *Historia documental del cine mexicano.* Vol. 7. Guadalajara/México, D.F.: Universidad de Guadalajara.

Grimm, Florian (2008): *Reise in die Vergangenheit – Reise in die Fantasie? Tendenzen des postmodernen Geschichtsromans.* Frankfurt am Main: Peter Lang.

Guthke, Karl S. (1987): *B. Traven. Biographie eines Rätsels.* Frankfurt am Main: Büchergilde Gutenberg.

— (2001): *B. Traven: biografía de un misterio.* Traducción de Angelika Scherp. México, D.F.: Conaculta.

López y Fuentes, Gregorio (^{8}1969): *Tierra* y *¡Mi General!.* En: Castro Leal, Antonio (ed.): *La novela de la Revolución mexicana.* 2 tomos. México, D.F.: Aguilar, pp. 251-364.

Montaño Garfias, Ericka (2008): "Confieren el Nobel a Le Clézio, caminante del mundo marginal". En: *La Jornada*, 10.10.2008, p. 2A.

Ocampo, M. Aurora et al. (eds.) (1988-2007): *Diccionario de escritores mexicanos siglo XX.* 9 tomos. México, D.F.: Universidad Nacional Autónoma de México/Instituto de Investigaciones Filológicas.

Rall, Dieter (1995): "B. Traven, ¿un autor mexicano?". En: Hanffstengel, Renate von/ Cecilia Tercero (eds.): *México, el exilio bien temperado*. México, D.F.: Instituto de Investigaciones Interculturales Germano-Mexicanas, pp. 95-105.

— (1996): "Literatura y etnología: los indios de Chiapas como tema en la narrativa alemana y mexicana". En: Rall, Marlene/Rall, Dieter (eds.): *Letras comunicantes. Estudios de Literatura comparada*. México, D.F.: Universidad Nacional Autónoma de México, pp. 21-82.

— (2003): "*Die Rebellion der Gehenkten* (1936) – *La rebelión de los colgados*. Die Verfilmung des Traven-Romans aus dem Jahr 1954". En: Helmes, Günter (ed.): *B. Traven. Frühe Romane und mediale Adaptionen*. Siegen: Böschen, pp. 129-140.

Ruffinelli, Jorge (1978): *El otro México. México en la obra de B. Traven, D.H. Lawrence y Malcolm Lowry*. México, D.F.: Nueva Imagen.

Sanciprián, Nancy (1991): *B. Traven en México*. México, D.F.: Conaculta.

Traven, B. (^{2}1971): *Obras escogidas. Prólogo de Luis Suárez*. 2 tomos. México, D.F.: Aguilar.

Friedhelm Schmidt-Welle

La Revolución mexicana en las obras de Graham Greene y Aldous Huxley

Es bien conocido el gusto especial de los escritores ingleses por escenarios exóticos (Walker 1984: 9). Desde Daniel Defoe hasta Rudyard Kipling y Joseph Conrad, los autores del Imperio Británico han escrito sobre las regiones coloniales o por colonializarse, tanto sobre las reales como las ficticias. Aunque México estaba presente en esta corriente de una literatura exotista u orientalista al menos a partir de comienzos del siglo XIX (Anaya Ferreira 2001; Gunn 1977), no es hasta la Revolución mexicana que el país se convierte en uno de los lugares predilectos de las fantasías de algunos de los escritores ingleses más importantes del siglo XX. D. H. Lawrence, Graham Greene, Aldous Huxley, Evelyn Waugh y Malcolm Lowry, para mencionar solamente a los más conocidos, se fueron a México entre los años veinte y cuarenta del siglo pasado y escribieron extensamente sobre el país, su sociedad y sus culturas (Anaya Ferreira 2001: 203-204; Pacheco 1964; Walker 1984: 31-38; Woodcock 1956: 21). Por supuesto, no faltaban alusiones a la Revolución en sus novelas, relaciones de viaje, cuentos y ensayos sobre México.

En este artículo, quisiera analizar la representación de la Revolución mexicana en las relaciones de viaje y las novelas de Graham Greene y Aldous Huxley. Me voy a ocupar, por una parte, de la relación de viaje *The Lawless Roads* o *Another Mexico*[1] y de la novela *The Power and the Glory* o *The Labyrinthine Ways*,[2] de Graham Greene; y, por otra, de la relación de viaje *Beyond the Mexique Bay* (Huxley 1934) y de la novela *Eyeless in Gaza* (Huxley 1955), de Aldous Huxley. Las dos novelas, que se tradujeron bajo los títulos de

1 El libro se publicó en Inglaterra bajo el título *The Lawless Roads* (Greene 1939) y en los Estados Unidos bajo el título *Another Mexico* (Greene 1964).

2 La novela se publicó en Inglaterra bajo el título *The Power and the Glory* y en los Estados Unidos bajo el título *The Labyrinthine Ways* en 1940. A partir de 1946, las ediciones posteriores en los Estados Unidos retomaron el título original de la edición inglesa (Greene 1962).

El poder y la gloria y *Ciego en Gaza*, respectivamente, son bastante conocidas en el ámbito hispanoamericano. Mientras tanto, las relaciones de viaje, publicadas en español como *Caminos sin ley* y *Más allá del Golfo de México*, respectivamente, han tenido muy poca difusión en México y en Hispanoamérica en general a pesar de que no solamente son testimonios más inmediatos de la experiencia concreta de los dos escritores en México, sino constituyen también una fuente indispensable para la interpretación de sus novelas sobre el país.

1. El México de Aldous Huxley: un laboratorio para entender la civilización moderna

En enero de 1933, Aldous Huxley y su esposa emprenden un viaje por el Caribe, Guatemala y México. La situación política convulsiva en Europa –los Huxley se embarcan en Inglaterra unos pocos días antes de la toma de poder de los nazis en Alemania– le preocupa mucho al escritor inglés. El fascismo se convierte en tema de casi todas las conversaciones durante el viaje, como recuerda su amigo Roy Fenton, en cuya finca cafetalera en Oaxaca los Huxley se alojan por unos días (Bedford 1979: 269). El viaje y su representación en *Beyond the Mexique Bay* y en *Eyeless in Gaza* están impregnados, entonces, de la discusión permanente sobre la situación actual en Europa. Esto explica, al menos en parte, el fuerte afán de Huxley de comparar su experiencia en América con la situación en Europa tanto a nivel político como socio-económico y cultural (Schmidt 1992: 71-72).

En la relación de viaje de Huxley existen varios temas que se tratan con frecuencia: la naturaleza; el arte (en el cual incluye la artesanía popular y la arquitectura prehispánica y colonial); la situación política e histórica de México en el sistema capitalista mundial; la Revolución y sus consecuencias económicas y sociales; y, por último, la discusión de la visión de México que había ofrecido su amigo D. H. Lawrence en su novela *The Plumed Serpent* (Lawrence 1990).[3]

3 En *Más allá del Golfo de México* y *Ciego en Gaza*, Huxley discute una vez más las posturas de D. H. Lawrence que ya había tratados en *Point Counter Point* (Huxley 1928) y en la introducción a su edición de las cartas de Lawrence (Huxley 1962). En los dos libros, que en parte se ocupan de México, esta discusión llega a su punto culminante (Anaya Ferreira 2001: 244-246; Schmidt 1992: 71).

La descripción de la naturaleza difiere de la de otros escritores europeos o estadounidenses de la época. Mientras que en muchos textos, la naturaleza tropical se asocia con el paraíso perdido, en *Beyond the Mexique Bay*, la selva virgen se convierte en un lugar amenazante, horroroso e infernal (Huxley 1934: 229, 289). La sierra oaxaqueña y el Valle de México, en cambio, se describen como paisajes desérticos, vacíos y aburridos (Huxley 1934: 240, 261, 300-301). A contraposición del tropo del paraíso en la selva virgen, Huxley describe al paisaje ordenado por el hombre, a las zonas de agricultura, como lugar de encanto haciendo referencia explícita a la tradición de la representación literaria del Jardín del Edén desde Milton en *Paradise Lost* hasta Pope en "Epistle to the Earl of Burlington" (Huxley 1934: 235-236).

Huxley escribe sobre la finca cafetalera de su amigo Roy Fenton: "Era la jungla, pero domesticada, un vasto ensayo en jardinería paisajística tropical, suntuosa y románticamente hermoso" (Huxley 1986: 192-193). En cierto sentido, afirma el escritor, este paisaje ha sido y sigue siendo el paraíso (Huxley 1934: 236), pero sólo aparentemente. Este paraíso creado por el hombre, esta cultura en el sentido primitivo de la palabra, está amenazado por las leyes anticapitalistas de los gobiernos revolucionarios, por los conflictos laborales, por la corrupción de los políticos locales, pero también por la mala administración de los hacendados y los pagos miserables a sus trabajadores (Huxley 1934: 237). Huxley concluye: "Para el turista se parece al edén; pero los habitantes lo sienten demasiado dolorosamente como México" (Huxley 1986: 195).

Huxley cree que la agricultura tradicional de México es primitiva y al mismo tiempo destructiva para la naturaleza (Huxley 1934: 233-234). Según él, el suelo fértil de las haciendas oaxaqueñas se destruyó mediante la reforma agraria, porque los indígenas solamente lo cultivan según las reglas de una economía de subsistencia. Escribe:

> Bajo los dictados de las leyes agrarias las grandes heredades fueron subdivididas y distribuidas entre los indios de los pueblos vecinos. Éstos, como todo agricultor primitivo, sólo se ocupan de proveer a sus necesidades. Si tienen algún sobrante para vender, mejor, les proporcionará un poco más de dinero para comprar pistolas y sombreros bordados. Pero si no hay excedente, no importa en realidad: pueden pasarse muy bien sin él. La idea de realizar cosechas en gran escala y más o menos científicamente [...] no se les ocurre y, en muchos casos, simplemente no puede ocurrírseles (Huxley 1986: 231).

En ese sentido, para Huxley, el sistema de los ejidos creado por la reforma agraria es un retroceso a una agricultura primitiva, no científica, irracional. Veremos más tarde qué función tiene esta descripción de la agricultura y de la reforma agraria dentro del panorama de la visión de México en sus escritos.

Más allá de la crítica de la agricultura mexicana posrevolucionaria y del cuestionamiento del tropo tradicional del paraíso tropical mediante la reivindicación de la imagen del Jardín del Edén, en *Beyond the Mexique Bay*, las descripciones de la naturaleza sirven como punto de partida para una reflexión sobre la escritura misma (Huxley 1934: 294-295) y sobre la representación literaria del viaje en tiempos del turismo masivo. Huxley se confronta con el problema de la repetición, de la vulgarización de la descripción del paisaje, con el efecto del *déjà vu*, de la imposibilidad de describir de manera original la "calidad magnífica" (Huxley 1934: 236) de la naturaleza: "El amanecer, cuando llegó, fue algo vulgar, chillón, como una de esas sedas tornasoladas de color vivo que se hacen en Italia para los turistas" (Huxley 1986: 197).

El segundo aspecto importante de la relación de viaje que quisiera analizar es la reflexión sobre el arte (Gunn 1977: 199). En *Beyond the Mexique Bay*, Huxley habla de la arquitectura prehispánica y colonial, pero significativamente omite cualquier alusión a la arquitectura moderna. Expresa su admiración por la arquitectura prehispánica de Monte Albán y Teotihuacán (Huxley 1934: 280-281) y afirma que a diferencia de muchos edificios de la Antigüedad griega o de la mayoría de las iglesias cristianas, el arte sacral de los mexicas y de los mayas no se subordinó a la función religiosa (Huxley 1934: 281). Le parece singular la arquitectura de Mitla por su inspiración en los tejidos (Huxley 1934: 288), y admira los restos de la pirámide de Cholula (Huxley 1934: 293). Para el escritor inglés, la arquitectura prehispánica de Mesoamérica representa, al igual que la de los Egipcios, la unión ideal de arte y magia porque en ellas la magia más efectiva está asociada a los valores estéticos más elaborados (Huxley 1934: 282).

Pero Huxley también critica esta arquitectura y otras construcciones de dimensiones parecidas, retomando una idea de Alejandro de Humboldt, como representación de sociedades imperiales con una alta jerarquización social y falta de libertad individual:

> Pirámides, por un lado, libertad personal por el otro. Tenemos un número siempre en aumento de pirámides o de sus equivalentes modernos, una constante disminución de libertad personal. ¿Es esto nada más que un accidente histórico? ¿O son esos dos beneficios esencialmente incompatibles? Si resulta que son esencialmente incompatibles entonces, algún día, tendremos que preguntarnos muy seriamente qué es mejor: si tener pirámides y una comunidad perfectamente eficiente, perfectamente estable, o si tener libertad personal con inestabilidad pero con la posibilidad al menos de un progreso mensurable en términos de valores espirituales (Huxley 1986: 241-242).

Con respecto a la arquitectura colonial, Huxley afirma que muchas de las iglesias en México, a diferencia de las de Guatemala, le parecen desproporcionadas (Huxley 1934: 299-310). Pero el escritor admira el barroco americano de las iglesias churigurrerescas de Ejutla (Huxley 1934: 262) y sobre todo de Santa María Tonantzintla (Huxley 1934: 299) en cuanto expresión del arte indígena, de un sincretismo en que la cultura indígena está reivindicada y, según él, hasta predomina sobre la tradición artística cristiana.

Huxley se ocupa también de la artesanía y del arte popular. Afirma que gran parte de la artesanía mexicana es *kitsch* hecho por artesanos de poco talento (Huxley 1934: 264). No comparte, por eso, el "entusiasmo histérico" (Huxley 1934: 265) de algunos críticos estadounidenses con respecto a la artesanía indígena o la artesanía mexicana en general. Cree, más bien, que este arte tiene un valor social y psicológico y que no se trata de una producción industrial alienada, pero que al mismo tiempo estos productos carecen de la calidad artística del arte 'culto' (Huxley 1934: 265-266). Para Huxley, la gran ventaja de la artesanía tradicional es que no es vulgar (Huxley 1934: 273). Sólo la posibilidad de la reproducción técnica de la obra de arte y con ella el consumo masivo conllevan una vulgarización de la artesanía o del arte popular en general (Huxley 1934: 274). En una polémica afirmación elitista sobre la artesanía, Huxley propone finalmente lo siguiente:

> Quizá lo más prudente sea abandonarlas [las artes populares, FSW] a su inevitable vulgaridad e ineptitud y concentrar todos los recursos posibles en adiestrar a una minoría que sea capaz de apreciar las más altas actividades del espíritu. *Il faut cultiver notre oasis* (Huxley 1986: 227).

Mientras que admira la arquitectura indígena prehispánica y el arte sincrético de las iglesias barrocas, entonces, detesta el arte popular y la artesanía indígena contemporáneos.

Aparte de los párrafos sobre arquitectura y arte popular, Huxley menciona brevemente los murales de Diego Rivera y José Clemente Orozco. Mientras que los murales oficialistas de la Revolución en el edificio de la Secretaría de Educación Pública pintados por Rivera se destacan, según el escritor, más por su cantidad que por su calidad, admira los murales de Orozco por su gran valor estético (Huxley 1934: 303-304).

Otros temas de las reflexiones de Huxley durante su viaje por México son la situación política e histórica del país y las consecuencias de la Revolución. Sus comentarios sobre la sociedad mexicana de su época oscilan entre dos afirmaciones: por una parte, destaca el estado supuestamente primitivo del México indígena actual a pesar de su admiración por las culturas prehispánicas. Por otra, compara la sociedad mexicana con las sociedades europeas preindustriales de la Edad Media o del siglo XVIII.

Para Huxley, los indígenas tienen los mismos valores que la nobleza europea, es decir, les interesan más la apariencia, los objetos tipo fetiche que la riqueza material (Huxley 1934: 245):

> La fama –de una forma bastante ridícula, sin duda, pero aun así fama, incuestionablemente– es su meta: "esa última debilidad de una noble mente". Mientras que nosotros preferimos los placeres animales de los sentidos (Huxley 1986: 201).

Pero no se trata exclusivamente de una cuestión psicológica. Para Huxley, toda la sociedad mexicana se encuentra en una fase anterior de la historia: "Pero en México ese pasado [preindustrial, FSW] aún existe [...] en el medio de una sociedad agrícola del siglo quince" (Huxley 1986: 206). Para él, México no puede modernizarse sin perder su identidad cultural (Huxley 1934: 254-258). Al mismo tiempo, espera que algunos de los elementos de esta sociedad primitiva podrán adaptarse a la vida en las sociedades europeas modernas, sobre todo la unidad de la existencia o la falta de alienación (Huxley 1934: 259-260), aspecto y preocupación que se convertirán en una de las claves de su ideario en fases posteriores de su producción literaria. Al mismo tiempo, afirma que los primitivos no tienen la capacidad de criticar las sociedades o la modernidad europeas, pero el hombre moderno puede apropiarse de los aspectos positivos de la sociedad primitiva (Huxley 1934: 258; Schmidt 1992: 73-74). (Regresaré a este aspecto en el análisis de su novela *Ciego en Gaza*.) Con estas afirmaciones, Huxley ratifica, por una parte, las ideas del positivismo de Auguste Comte con sus tres estados de la historia lineal (sociedades primitivas, semi-civilizadas y civilizadas). Por otra, anticipa de cierta manera las teorías sociológicas de la modernización de la década de 1950, aunque su caracterización de la sociedad mexicana quede ambigua o hasta contradictoria porque la ubica a veces entre las sociedades primitivas y a veces entre las semi-civilizadas.

Este esquema general influye en su percepción de la Revolución mexicana. Aunque considera que, como ya lo he mostrado antes, la reforma agraria se realiza a base de una ley anticapitalista (Huxley 1934: 237), no cree que se vayan a lograr sus objetivos debido a la economía de subsistencia de los indígenas fortalecidos por esta reforma (Huxley 1934: 284). En otras palabras: según Huxley, una revolución anticapitalista moderna tiene que fracasar en México porque sus habitantes viven en una sociedad primitiva o semi-civilizada que no permite esta perspectiva político-histórica.

En este contexto son significativas sus afirmaciones con respecto a la reforma educacional de la Revolución. Habiendo visto un anuncio del gobierno en que se postuló la necesidad de leer libros como *El príncipe* de Machiavelli, *El contrato social* de Rousseau, y *El capital* de Marx, Huxley se imagina el efecto que podrán tener estas lecturas en los indígenas mexicanos (Huxley 1934: 306). Llega a la conclusión de que no van a entender nada de estos libros y que el programa enciclopédico del gobierno revolucionario, aunque sea admirable, tiene que fracasar (Huxley 1934: 306-308) por falta de un saber en los indígenas que permita una contextualización de los textos. Concluye:

> [...] prefiero la libertad por medio del conocimiento y la comprensión de Spinoza a la esclavitud emocional por más deliciosamente poblada que esté de "miedos desconocidos". Y así, evidentemente, piensan los encargados del ministerio de educación mexicano. Su deseo de ilustrar a los ignorantes sobre la naturaleza del mundo moderno es enteramente loable. Pero es sólo con respecto a los medios empleados para esta ilustración que uno se siente algo dudoso (Huxley 1986: 250).

La consiguiente defensa de la Ilustración en la relación de viaje se tiene que ver en un contexto doble: por una parte, es la respuesta de Huxley al fascismo en que él ve un regreso de lo primitivo, lo irracional, lo misterioso, todo lo oscuro de la existencia humana (Huxley 1934: 308). Por otra, también es una respuesta al ideario de su amigo

D. H. Lawrence tal como se expresa en la novela *The Plumed Serpent* (Gunn 1977: 200). Las últimas páginas de *Beyond the Mexique Bay* (Huxley 1934: 310-315) son una crítica feroz de la ideología de Lawrence.[4] En última instancia, Huxley niega que el camino propiciado por Lawrence al final de su novela, es decir, la identificación de la protagonista Kate con la otra cultura –en términos de Huxley con la barbarie o lo primitivo– sea posible (Huxley 1934: 312). La insistencia de Lawrence en el dominio de las emociones y en el de la sangre le parece peligrosa si no fascista y, además, estéticamente mal lograda en la novela (Huxley 1934: 312-313). Para Huxley, el camino de la sangre a la racionalidad, de lo primitivo a lo moderno es unidireccional, y no hay posibilidad de regreso a un estado históricamente anterior a la sociedad moderna (Huxley 1934: 314).

La imagen de la Revolución mexicana en la novela *Ciego en Gaza* se construye a partir de lo expuesto en *Beyond the Mexique Bay*. Aunque solamente hay unos pocos capítulos en la novela cuyos acontecimientos se llevan a cabo en México, éstos son centrales para la enunciación y para el entendimiento de las ideas centrales de *Ciego en Gaza*.

Primero, en el capítulo 31, se describe el plan de un terrateniente en Oaxaca de realizar un golpe contra el gobernador local revolucionario, porque las tropas de éste último habían matado a su familia. En este plan interviene uno de los protagonistas de la novela, Mark Staithes, para quien la Revolución representa nada más una aventura sin una postura moral o político-ideológica (Huxley 1974: 293-294). En el capítulo 37, Mark repite su opinión sobre la Revolución como una aventura personal para explorar sus propios límites, y sostiene que cualquier revolución no acabaría con la miseria y la opresión de los campesinos en México (Huxley 1974: 332). Además, el mismo protagonista deja ver sus opiniones racistas al calificar a los trabajadores indígenas de su finca cafetalera como cucarachas o escarabajos (Huxley 1974: 412).

Esta imagen sumamente negativa de los indígenas y de 'su' revolución contrasta con la opinión que expresa el médico Señor Miller en

---

4 Cf. para una crítica más extensa de la relación entre Lawrence y Huxley y para una comparación de sus viajes a México, Bartlett (1964), Bentley (1967), Schmidt (1992), Vitoux (1974).

el capítulo 51. Esta figura literaria funciona a manera de un *álter ego*, si no del mismo autor, al menos de su nueva visión del mundo a partir de esta novela. En sus conversaciones con Staithes, Miller desarrolla una especie de antropología humanista y pacifista para contrarrestar el racismo de éste y para proyectar una comunicación diferente con el culturalmente Otro. Afirma lo siguiente:

> [...] las palabras expresan sentimientos, Mark Staithes; y los pensamientos se traducen en acciones. Si usted llama bicho a un hombre, quiere decir que se propone usted tratarle como un bicho. Mientras que si se llama hombre, eso quiere decir que le va usted a tratar como hombre. Mi profesión es estudiar hombres. Lo cual significa que tengo que llamar siempre a los hombres por su nombre, que tengo que pensar en ellos como hombres; sí, y tratarlos siempre como hombres. Porque si no tratamos a los hombres como hombres no se conducen como hombres. Pero yo soy un antropólogo, repito. Lo que busco es material humano. No ando a la caza de bichos (Huxley 1974: 414).

Miller opta por el amor al próximo en la comunicación con el culturalmente Otro en vez de la indiferencia o el odio, opta por unas relaciones pacíficas desde una perspectiva antropológica. Dice Miller: "Yo soy antropólogo, y después de todo, ¿qué es la antropología? Sencillamente religión científica aplicada" (Huxley 1974: 416).

Pero esta visión antropológica no significa que haya una igualdad entre el antropólogo y el culturalmente Otro. Miller, y con él Huxley, afirma que la sociedad salvaje puede estudiarse desde el conocimiento y los saberes de la sociedad civilizada, pero como hemos visto en el análisis de *Beyond the Mexique Bay*, esta forma de conocer mejor al Otro no se percibe y no se puede percibir desde la perspectiva del Otro debido a que éste se encuentra en un estado anterior de la historia universal. En este sentido, Miller contesta la pregunta de Anthony sobre el porqué de aplicar este método antropológico solamente a los salvajes y no a la propia sociedad o cultura de la siguiente manera:

> Tiene usted mucha razón [...], y por casa debió empezar. Si de hecho empezó por el extranjero, eso no es más que un accidente histórico. Empezó como empezó porque eramos imperialistas, lo que nos puso en contacto con gentes cuyas costumbres eran diferentes de las nuestras y que, por lo tanto, nos parecieron más extrañas que las nuestras. Un puro accidente, repito. Pero desde varios puntos de vista, un accidente feliz. Pues, gracias a él, hemos aprendido muchas cosas y hemos conseguido una técnica que probablemente no hubiéramos encontrado en Inglaterra. Por dos razones: Porque es difícil pensar ecuánimemente acerca de uno mismo y aún mucho más difícil pensar acertadamente sobre lo que es muy

> complicado. Nuestra nación es eso, es las dos cosas; una civilización muy compleja que es, además, la nuestra. Las sociedades salvajes son sencillamente unas sociedades civilizadas en pequeña escala y con la tapadera quitada. Podemos aprender a entenderlas sin grave dificultad. Y una vez que hemos aprendido a entender a los salvajes, descubrimos que, de paso, hemos aprendido a entender a los civilizados (Huxley 1974: 416).

En última instancia, es ésta la visión de Huxley con respecto a las culturas y la sociedad mexicanas. Trata de ver en ellas una especie de laboratorio para estudiar la civilización y las sociedades europeas, es decir, la comunicación o el estudio científico del Otro sirven para entender mejor lo propio. Esta funcionalización del Otro para lo propio rige también la percepción de la Revolución mexicana en la relación de viaje y la novela que se basa en esta relación. Debido a su visión antropológica y a su esquema de modernización en que la sociedad mexicana aparece como primitiva o semi-civilizada, la Revolución mexicana tiene que fracasar porque no es ni puede ser una revolución moderna. Esta visión le permite a Huxley omitir, sobre todo en *Beyond the Mexique Bay*, cualquier mención a la arquitectura moderna de México y a cualquier rasgo de modernidad en general. En este sentido, la Revolución mexicana aparece como una aventura a destiempo y no como una revolución social moderna, se presenta como una revolución que tiene que fracasar porque, según el escritor, los indígenas no pueden disfrutar sus logros por vivir en un estado 'anterior' de la historia universal.

2. Graham Greene y el "Estado sin Dios"

Existen ciertos paralelos entre la percepción de México en la obra de Aldous Huxley y en la de Graham Greene. Como Huxley, Greene construye una historia universal lineal en la cual existen sociedades primitivas, semi-civilizadas y civilizadas (Walker 1984: 161-164). Greene también percibe lo Otro en función del estudio de lo propio, de los logros y límites de la propia cultura y sociedad. Y se nota, aunque Greene no lo menciona, la lectura de los textos de D. H. Lawrence sobre México en una serie de imágenes estereotipadas de sus habitantes. Pero con estos aspectos se acaban los paralelos. Mientras que Huxley, a pesar de la imagen negativa de México en sus textos, muestra una cierta curiosidad desinteresada y una simpatía con respecto a algunos elementos de las culturas del país, la visión de México en los textos de Greene es sumamente negativa, dominada por un odio y un repudio hacia todo lo mexicano (García Muñoz 1997: 7; Pacheco 1964: 22) sin par incluso en la literatura inglesa, literatura que no se destaca precisamente por sus imágenes positivas de México (Pacheco 1964).

Greene viaja a México en la primavera de 1938, y se queda menos de dos meses. Emprende su viaje por dos motivos. Por una parte, huye de la jurisdicción inglesa porque había ofendido a Shirley Temple en una reseña desfavorable de la película *Wee Willie Winkie* publicada en su revista *Night and Day* (Estrada Carreón 2003: 8-9; Shelden 1994: 213-214). Por otra, se va por encargo de un periódico y de un editor inglés (Walker 1984: 174) –y algunos críticos suponen que también por encargo del servicio secreto británico (Estrada Carreón 2003: 8)– para estudiar la persecución religiosa en México (García Muñoz 1997: 7; Gunn 1977: 226; Shelden 1994: 214) en una época de fuertes conflictos políticos entre Gran Bretaña y México, en vísperas de la nacionalización del petróleo bajo el gobierno de Lázaro Cárdenas.

En la relación de su viaje en *Caminos sin ley*, Greene solamente se refiere a una parte muy reducida de la realidad mexicana. Enfatiza demasiado la persecución religiosa y omite cualquier mención a la creciente reconciliación entre la Iglesia católica y el Estado bajo el régimen de Lázaro Cárdenas (Gunn 1977: 227). Como era de esperarse, se le olvida también mencionar que el arzobispo de la Ciudad de México apoyaba a Cárdenas en la legitimación de la nacionalización del petróleo. Greene infiere equivocadamente de la situación específica del estado de Tabasco a la situación del país en general. Interpreta la historia de Tabasco en años recientes bajo el gobernador Tomás Garrido Canabal como si fuera el presente a pesar de reconocer que en el momento de su viaje, Garrido ya se encuentra en el exilio en Costa Rica, expulsado por el gobierno de Cárdenas (Greene 1996: 46-47; Shelden 1994: 215). Greene busca activamente todo tipo de pruebas para mantener su interpretación prefigurada de la persecución absoluta de los curas católicos en Tabasco y Chiapas más allá de la realidad concreta y del desarrollo histórico.[5] En última instancia, no comprende

5 A pesar de las críticas posteriores, Greene mantiene esta falsa visión de México hasta en los años 90 del siglo pasado. En el prefacio a un libro sobre la Iglesia y

la diferencia entre la fe de las masas mexicanas y el rol de la Iglesia católica en los conflictos políticos del momento (Anaya Ferreira 2001: 265-268).

Desde el prólogo, es decir, antes de entrar a México, el intento de Greene queda muy claro. En su recuento de la historia del padre Miguel Pro (Greene 1996: 45-46) afirma que en 1926, el presidente Plutarco Elías Calles "daba comienzo a la más feroz persecución religiosa conocida en país alguno desde la época de Isabel" (Greene 1996: 45). Y por supuesto no se refiere aquí a Isabel la Católica y la Santa Inquisición sino a la reina de Inglaterra y su persecución de los católicos en la isla. Al mismo tiempo, Greene repite una y otra vez que la población mexicana de la época era católica –sin considerar el sincretismo religioso y las creencias indígenas– y que "sólo la clase gobernante –políticos y pistoleros– era anticatólica" (Greene 1996: 46).

La crítica más feroz la lanza contra la situación en Tabasco y los resultados de la persecución de la Iglesia. Califica a Tabasco como "[...] el estado sin Dios, el paisaje del terror y del cautiverio [...]" (Greene 1996: 160; Shelden 1994: 216), y en la descripción de su viaje por ese estado, se percibe que Greene siente una amenaza permanente (Greene 1996: 135). Esta atmósfera amenazante se transmite a todos los aspectos de su percepción del país: desde la naturaleza "traumática" (Veitch 1978: 58-111) hasta los hombres, todo México se convierte en un peligro irracional, en un infierno. Los únicos lugares en que se siente seguro, no amenazado, casi como en casa, son las iglesias (Greene 1996: 76, 113-117). Los únicos hombres con quienes tiene un trato amistable son los representantes de Acción Católica y los extranjeros (Greene 1996: 99). Estos dos grupos también son sus únicos informantes con respecto a la vida, la política y la cultura mexicanas.

Greene no critica solamente la persecución religiosa, sino también la educación secular estatal mexicana de la época revolucionaria por su "materialismo del siglo XIX" y sus "polvorientas directrices racionalistas" (Greene 1996: 47). Incluso afirma que la "[...] educación en

---

la política en América Latina publicado en 1990, el escritor repite las mismas ideas sobre México y la persecución religiosa que en la relación de viaje publicada cincuenta años antes (Greene 1990b: XV-XVI).

México es fascista, o totalitaria, como quieren llamarla" (Greene 1996: 100, 172-173).

Su crítica de la Revolución mexicana se basa en la percepción de ésta como revolución socialista o comunista y, sobre todo, anticlerical. En dos ocasiones, Greene menciona la lucha social y en ambas la condena en última instancia, incluso cuando la emprenden curas católicos. En una se ocupa de una huelga de los trabajadores que descascaran nueces en San Antonio, cerca de la frontera con los Estados Unidos. Aunque un cura de Acción Católica participa activamente en esta huelga, el escritor la condena por tener fines materialistas (Greene 1996: 54-55), por formar parte de una lucha social de las clases pobres para conseguir una vida digna. En otra escena, ante la imagen de la virgen en una iglesia de San Luis Potosí, Greene expresa su desprecio a la lucha social, y con ella a la Revolución, de manera más explícita. Escribe:

> Aunque todo esto no fuera cierto, y no hubiera Dios, indudablemente la vida era, con esa enorme promesa sobrenatural, más feliz que con el mísero logro social, la pequeña pensión y los muebles de fábrica (Greene 1996: 76).

Es decir, el escritor da preferencia a las promesas del paraíso y de la vida eterna en vez de la lucha social, al menos para los demás o para los pobres de México. No nos debe sorprender, entonces, que condene rotundamente la Revolución mexicana y sus logros o sus afanes sociales.

Se trata, en suma, de una obra de propaganda desde posiciones reaccionarias y católico-ortodoxas, propaganda a la cual con razón uno de sus críticos calificó como una legitimación del imperialismo británico (Estrada Carreón 2003). En toda la percepción de México en *Caminos sin ley* rige una imaginaria norma de vida, de política y de conducta que es la del Imperio. Toda diferencia, todo lo que distingue a México como Estado poscolonial de la situación de Gran Bretaña, se condena de antemano.

Las imágenes de las culturas mexicanas en el libro son prefiguradas a tal grado que incluso todas las opiniones de Greene con respecto a la arquitectura se insertan en el mismo esquema. En su viaje visita el monasterio de San Agustín Acolman y las pirámides de Teotihuacan, cerca de la Ciudad de México, y expresa su desprecio por la arquitectura precolombina mientras que le encantan los edificios de estilo colonial (Greene 1996: 109-111). De igual manera, admira el templo de la Virgen de Guadalupe y cuenta toda la leyenda de sus varias apariciones (Greene 1996: 113-117).

En cuanto al arte mexicano, solamente se refiere de manera breve a los mismos murales de Diego Rivera y José Clemente Orozco que ya había descrito Aldous Huxley unos años antes. E igual que a Huxley no le gusta a Greene la pintura de Rivera mientras que admira la de Orozco. Pero, por supuesto, hace mención explícita de los errores ideológicos de los dos artistas por haberse afiliados a la Revolución mexicana y sus fines educacionales (Greene 1996: 97-98).

En el contexto de una imagen tan reducida y exotista de México, imagen tan prefigurada y llena de prejuicios como la de Greene, sí sorprende el hecho de que el autor parece estar consciente de los estereotipos que rigen la percepción europea de México. Afirma al respecto antes de cruzar la frontera entre los Estados Unidos y México:

> Del otro lado –uno pensaba– estaban Chichén Itzá y Mitla y Palenque, los enormes sepulcros de la historia, el México de los arqueólogos; los sarapes y los sombreros anchos y la plata Spratling de Taxco, para deleitar a los turistas; para el historiador, las reliquias de Cortés y de los conquistadores; para el crítico de arte, los frescos de Rivera y de Orozco; y para el financiero los yacimientos petrolíferos de Tampico, las minas de plata de Pachuca, los cafetales de Chiapas y los platanares de Tabasco (Greene 1996: 50).

Pero añade de inmediato su propia visión reducida de la realidad mexicana: "Para el cura, la cárcel, y para el político, un tiro" (Greene 1996: 50). Persecución religiosa, violencia, corrupción y una naturaleza tropical amenazante y causante de fiebre y todo tipo de sufrimiento, esto es México para Greene (Shelden 1994: 217-218).

Al parecer, esta imagen sumamente negativa ni a él le parece ser justa. En ciertos momentos toma conciencia de sus propios objetivos de buscar las situaciones extremas, los aspectos fronterizos, lo amenazante, el peligro. La extensa reflexión sobre el cruce de frontera en el primer capítulo (Greene 1996: 49-53) muestra que le decepciona éste porque no encuentra lo esperado (Veitch 1978: 3), y afirma que "el horror y la belleza de la vida humana estaban ausentes" (Greene 1996: 53). Aunque Greene está siempre cauteloso por "ese esperar lo peor de la naturaleza humana, así como se espera lo peor de las víboras" (Greene 1996: 172), lo único que realmente le amenaza son los mosquitos de la selva tabasqueña. Lo demás son cuentos, chismes, lecturas, experiencias contadas desde lo no vivido, en fin, mera ficción. Por eso, hacia el final del libro, el escritor admite lo siguiente:

> [...] quizá la fatiga visual haya sido una de las causas de mi depresión creciente, el odio casi patológico que empecé a sentir hacia México. En realidad, cuando trato de recordar esos días, los veo a la luz deformante de los encuentros casuales, de las pequeñas privaciones, de la falta de familiaridad, y ya no puedo imaginarme por qué en esa época me parecieron tan lúgubres y desesperantes (Greene 1996: 174).

El que se fue para investigar o experimentar lo fronterizo, los extremos de la vida humana (Walker 1984: 160-161), termina sintiendo nostalgia por lo conocido, lo familiar. En una noche de tormenta en la selva húmeda anhela "el té en el Waldorf, los platitos con cerezas y palitos de canela" (Greene 1996: 175). Y reconoce al final, en la última frase de su relación de viaje, que México es nada más que "un estado mental" (Greene 1996: 177), un paisaje interior, un estado psicológico (Shelden 1994: 219), lo que un biógrafo de Greene ha llamado "el enemigo interno" (Shelden 1994).

Quizá por haber reconocido que este estado mental, el México de su imaginación y de sus obsesiones, no tenga mucho que ver con la realidad del país, Greene se siente obligado a legitimar y relativizar su experiencia en México en ediciones posteriores de *Caminos sin ley*. Como una forma de reaccionar a las críticas con respecto a su relación de viaje, en 1950 escribe una nota que se publica en la tercera edición del libro en inglés:

> Once años han pasado desde que este libro fue escrito, y ahora podría parecer que insisto demasiado en una situación religiosa que en cualquier momento puede desaparecer, a expensas de otros aspectos más permanentes de la vida mexicana. Mi excusa es simplemente que me encargaron la tarea de escribir un libro sobre la situación religiosa, y no sobre el folclor o la arquitectura o la pintura de Rivera (Greene 1996: 35).

Y en una "nota del autor" con que comienza la primera edición de *Another Mexico* publicada en 1939 en los Estados Unidos afirma lo siguiente:

> Éstas son las impresiones personales sobre una parte de México en un determinado momento, la primavera de 1938. El tiempo le demostró al autor que estaba equivocado en por lo menos una de sus conclusiones: la apatía religiosa en Tabasco era más aparente que real. Un mes después de que el autor dejó Villahermosa, los campesinos trataron de poner un altar en una iglesia en ruinas. A esto siguió el derramamiento de sangre y un llamado al gobierno federal, lo que tuvo como resultado que se le permi-

> tiera al obispo de Tabasco regresar a su diócesis, el primer obispo residente en catorce años. Queda todavía Chiapas [...] (Greene 1996: 33).

Pero aun reconociendo sus errores en el análisis de la situación histórica, Greene mantiene la legitimación de su proyecto y su visión sobre México enfatizando su encargo y la supuesta continuación de la persecución religiosa, es decir, la que sufren los católicos en Chiapas.

El poder y la gloria, la novela basada en esta relación de viaje, le garantiza a Greene más libertad de expresión por tratarse de una obra de ficción (Pacheco 1964: 22).[6] Sin embargo, no solamente se reconocen ciertos rasgos de personajes con los cuales se había encontrado durante el viaje a México en los protagonistas de la novela. También se repiten una serie de prejuicios y estereotipos sobre los mexicanos, su vida cotidiana y cultural, y sobre la política de la Revolución. El hecho de que *El poder y la gloria* se convirtiese en uno de los libros más exitosos de Greene y uno de los más elogiados por la crítica literaria se debe a que el autor confronta a sus protagonistas precisamente con las experiencias extremas y fronterizas que él mismo había buscado en vano en México.

La imagen de México y de la Revolución mexicana construida en la novela es similar a la de *Caminos sin ley*. Desde las primeras frases, la naturaleza mexicana aparece como insoportable (Greene 1990a: 9) y relacionada con la muerte: el calor, el polvo y los zopilotes dominan la escena, la violencia y las matanzas son parte de la vida cotidiana (Greene 1990a: 14).

Greene describe una y otra vez la persecución de los curas, la destrucción de iglesias y el terror que causan las acciones de los "Camisas Rojas" de Garrido Canabal en la población tabasqueña. Califica a Garrido como dictador y afirma que el gobernador del "estado sin Dios" es peor que Nerón (Greene 1990a: 36). No ve en la Revolución mexicana un proyecto político o social sino una serie de actos violentos y corruptos, de matanzas entre grupos rivalizantes. Omite cualquier mención de posibles logros de la Revolución.

La calidad de *El poder y la gloria* radica en gran parte en la confrontación de los dos protagonistas, un cura y un teniente revolucionario, ambos obsesionados por un mismo fin, la justicia (García Muñoz

6 Cf., para una interpretación más detallada del contenido de la novela, Shelden (1994: 220-228) y Walker (1984: 200-227).

1997: 44), aunque se trate de diferentes visiones de justicia: la divina como promesa del más allá, por una parte, y la social como resultado de la Revolución, por otra. El mayor problema de la representación literaria de este conflicto existencial es su ubicación en un espacio geográfico e histórico concreto, el de Tabasco en la década de 1930, ubicación que termina en una imagen estereotipada de la Revolución mexicana y en el repudio y la condenación de todo lo mexicano.

3. Conclusiones

Por una parte, existen varios paralelos entre las obras de Huxley y Greene sobre México. Ciertas imágenes, más que reflejar la historia de las experiencias concretas de estos y otros viajeros ingleses que visitaron el país en las primeras décadas del siglo XX, parecen ser el resultado de referencias intertextuales que reescriben los mismos estereotipos sobre México que rigen su percepción desde mediados del siglo XIX. Estereotipos que oscilan entre paraíso e infierno, entre un México tropical más natural en todos los sentidos, por una parte, y un México violento y bárbaro, por otra. No es extraño que en ese contexto la Revolución mexicana refuerce las imágenes del México bárbaro, porque naturalmente en el proceso de una revolución existe mucha violencia.

Otro paralelo es la construcción de una historia universal en la cual México representa un estado primitivo o semi-civilizado. Y en las obras de ambos escritores, se puede constatar una funcionalización de la sociedad y de las culturas mexicanas para una mejor comprensión de la propia sociedad y cultura, es decir, México funciona como una especie de espejo para reconocer lo propio en lo ajeno.

Más allá de estos paralelos, la imagen de la Revolución mexicana difiere en ambos escritores. Huxley construye una visión antropológica pacifista que, aunque sea desigual y poco justa en cuanto a la historia de la Revolución mexicana, al menos abre la posibilidad de estudiar la propia civilización a partir de la percepción de la otra. En las obras de Greene sobre México, en cambio, se puede percibir una rotunda negación de percibir al país más allá de una imagen preestablecida, llena de prejuicios y dominada por un odio que ya había sentido antes de partir a México.

En última instancia, en Greene, México es más un estado mental, el enemigo interior, que una realidad diferente (Woodcock 1956: 23). En este aspecto, la obra de Greene se parece mucho a *Heart of Darkness*, de Joseph Conrad (Shelden 1994: 218-219), y cabe preguntarse, en el contexto de una crítica poscolonialista de estas representaciones simbólicas de realidades concretas, por qué los escritores ingleses tienen que ubicar con tanta frecuencia sus conflictos existenciales en las sociedades coloniales o poscoloniales. Quizá en estos casos, el discurso sobre el Otro sirve como legitimación de la norma representada por el Imperio, norma que legitima también las relaciones coloniales y neocoloniales.

Bibliografía

Anaya Ferreira, Nair María (2001): *La otredad del mestizaje: América Latina en la literatura inglesa*. México, D.F.: Universidad Nacional Autónoma de México.

Bartlett, Norman (1964): "A. Huxley and D. H. Lawrence". En: *Australian Quarterly*, 36, 1, pp. 76-84.

Bedford, Sybille (1979): *Aldous Huxley. A Biography. Volume One: The Apparent Stability 1894-1939*. London: Quartet Books.

Bentley, Joseph (1967): "Huxley's Ambivalent Responses to the Ideas of D.H. Lawrence". En: *Twentieth Century Literature*, 13, 3, pp. 139-153.

Estrada Carreón, Luis Felipe (2003): *La visión imperialista de Graham Greene en "Caminos sin ley"*. México, D.F.: Universidad Nacional Autónoma de México/ Escuela Nacional de Estudios Profesionales Acatlán.

García Muñoz, Gerardo (1997): *El almirante redivivo y otro ensayos*. México, D.F.: Gobierno del Estado de Coahuila/Conaculta.

Greene, Graham (1939): *The Lawless Roads*. London: Heinemann.

— (1962): *The Power and the Glory*. New York: The Viking Press.

— (1964): *Another Mexico*. New York: The Viking Press.

— (^{9}1990a): *El poder y la gloria*. Barcelona: Caralt.

— (1990b): "Foreward: The Social Change of the Gospel". En: Keogh, Dermot (ed.): *Church and Politics in Latin America*. London: MacMillan, pp. XV-XVII.

— (1996): *Caminos sin ley*. México, D.F.: Conaculta.

Gunn, Drewey Wayne (1977): *Escritores norteamericanos y británicos en México, 1556-1973*. México, D.F.: Fondo de Cultura Económica.

Huxley, Aldous (1928): *Point Counter Point*. London: Chatto & Windus.

— (1934): *Beyond the Mexique Bay*. London: Chatto & Windus.

— (1955): *Eyeless in Gaza*. London: Chatto & Windus.

— (1962): "Introduction". En: Lawrence, D. H.: *The Collected Letters of D. H. Lawrence*. 2 vols. London: Heinemann, pp. 1247-1268.

— (1974): *Ciego en Gaza*. Barcelona: Ediciones G. P.

— (1986): *Más allá del Golfo de México*. Barcelona: Edhasa.

Lawrence, D. H. (1990): *The Plumed Serpent (Quetzalcoatl)*. London: Penguin Books.

Pacheco, José Emilio (1964): "El México de los novelistas ingleses". En: *Revista de la Universidad de México*, 18, 12, pp. 19-22.

Schmidt, Friedhelm (1992): "Fern der Utopie und jenseits moderner Zivilisation. Mexiko in den Reiseberichten von D. H. Lawrence und Aldous Huxley". En: Schmidt, Friedhelm (ed.): *Wildes Paradies – Rote Hölle. Das Bild Mexikos in Literatur und Film der Moderne*. Bielefeld: Aisthesis, pp. 61-80.

Shelden, Michael (1994): *Graham Greene: The Enemy Within*. New York: Random House.

Veitch, Douglas W. (1978): *Lawrence, Greene and Lowry: The Fictional Landscape of Mexico*. Ontario: Wilfred Laurier University Press.

Vitoux, Pierre (1974): "Aldous Huxley and D. H. Lawrence: An Attempt at Intellectual Sympathy". En: *Modern Language Review*, 69, pp. 501-522.

Walker, Ronald G. (1984): *Paraíso infernal. México y la novela inglesa moderna*. México, D.F.: Fondo de Cultura Económica.

Woodcock, George (1956): "Mexico and the English Novelist". En: *The Western Review*, 21, 1, pp. 21-32.

Olivia C. Díaz Pérez

La representación del muralismo y la Revolución mexicana en la obra de los escritores del exilio de habla alemana en México

> Si en México un gobierno fascista quisiera destruir cada aspiración por un mejor porvenir para sus habitantes y cada recuerdo de un esfuerzo por salir adelante, entonces no hubiera organizado una quema de libros, como lo ha hecho Hitler en Alemania. Tendría que mandar rasgar todos los frescos de los muros de los edificios públicos. Porque los pintores mexicanos han pintado en estos frescos todo lo que juega un papel en la historia revolucionaria de su pueblo, en su sentir y en su pensar (Seghers 1971b: 85).[1]

Con estas palabras y a solamente un año de su regreso a Europa del exilio en México, en 1947, la escritora alemana Anna Seghers destaca la impresión que el muralismo mexicano causó en ella y en el resto del exilio de habla alemana en México.

En el presente ensayo me gustaría abordar el tratamiento del muralismo en la obra de algunos autores representativos del exilio de habla alemana en México, los cuales nos muestran, a través de textos literarios y ensayos, una determinada representación e interpretación del muralismo mexicano, siempre en su indisoluble relación con la Revolución mexicana, tal y como lo constata el mismo Octavio Paz:

> Sin la Revolución –observa Octavio Paz– esos artistas no se habrían expresado o sus creaciones habrían adoptado otras formas; sin la obra de los muralistas, la Revolución no habría sido lo que fue. El movimiento muralista fue ante todo un descubrimiento del presente y el pasado de México, algo que el sacudimiento revolucionario había puesto a la vista: la verdadera realidad de nuestro país no era lo que veían los liberales y los porfiristas del siglo pasado sino otra, sepultada y no obstante viva [...] Todos tenemos nostalgia y envidia de un momento maravilloso que no hemos podido vivir. Uno de ellos es ese momento en el que, recién llegado de Europa, Diego Rivera vuelve a ver, como si nunca la hubiese visto, la realidad mexicana (Monsiváis 2000: 990).

1 Las citas de los textos que en la bibliografía aparecen en alemán son traducciones mías.

1. Muralismo y Revolución

El muralismo mexicano constituye, sin lugar a dudas, una de las aportaciones más valiosas y originales de México a la cultura del siglo XX. Y una particularidad común en la recepción que tuvo este movimiento artístico desde sus inicios, ya sea por parte de autores nacionales como extranjeros, ha sido el que se "percibieran como un movimiento único el renacimiento artístico y la revolución de 1910" (Azuela de la Cueva 2005: 17). Uno de los principales factores que llevó a que se consolidara el binomio "renacimiento artístico – Revolución mexicana" fue precisamente el carácter de arte público financiado por el Estado que desde sus inicios tuvo el muralismo mexicano. Como parte del programa educativo puesto en marcha por el Secretario de Educación del presidente Álvaro Obregon, el escritor José Vasconcelos, forma parte entonces de un programa educativo y cultural de un Estado que buscaba a toda costa la institucionalidad y al mismo tiempo el reconocimiento del exterior.

El muralismo mexicano se convierte, por consiguiente, "en la expresión más congruente de un designio: otorgarle forma significativa al movimiento armado y/o constitucional que logró conocer y reconocer a México" (Monsiváis 2000: 989). Y en este contexto el muralismo se une a la tarea de conformar una identidad nacional a través de la exaltación de un orgullo mexicano por su pasado prehispánico y en lo artístico a través del deseo de alcanzar lo genuino mexicano –Diego Rivera, por ejemplo, afirmaba que su técnica provenía de fuentes precolombinas– (Monsiváis 2000: 990). Como herederos y rescatadores del gran pasado mexicano los muralistas se atribuyen el rescate de valores propios. Sin embargo, el muralismo no solamente pretende dar forma a un arte monumental que recordara y concientizara sobre el gran pasado mexicano, sino que también era considerado como un arte democratizador, un arte público, para las masas, que facilitaba su tarea didáctica, un elemento que sería reiterativo y de especial atractivo para los autores del exilio de habla alemana en México.

De esta manera el muralismo mexicano adopta desde sus inicios una tarea pedagógica fuertemente vinculada con un populismo enraizado en la concepción marxista de la lucha de clases y de resistencia contra el imperialismo. A fines de 1922, Rivera, Siqueiros, Orozco y los demás muralistas conforman su propio sindicato, el Sindicato de Trabajadores Técnicos, Pintores y Escultores, "para defender los intereses de una nueva vanguardia artística" (Carr 1996: 49), considerándose simples trabajadores que defendían sus derechos laborales. Los muralistas reconocen así en su obra, especialmente en sus inicios, una "intención social revolucionaria" (Siqueiros 1977: 215), tal y como lo proclaman en 1923 en el "Manifiesto del Sindicato de Obreros Técnicos, Pintores y Escultores" (firmado por David Alfaro Siqueiros, Diego Rivera, José Clemente Orozco, Xavier Guerrero, Fermín Revueltas y Carlos Mérida), publicado en el *El Machete*, periódico quincenal fundado por este sindicato que posteriormente se convertiría en el órgano oficial del Partido Comunista Mexicano y en el cual invitaban a unirse a su "lucha social y estético-educativa":

> El arte del pueblo de México es la manifestación espiritual más grande y más sana del mundo y su tradición indígena es la mejor de todas. Y es grande precisamente porque siendo popular es colectiva, y es por eso que nuestro objetivo fundamental radica en socializar las manifestaciones artísticas tendiendo hacia la desaparición absoluta del individualismo burgués. Repudiamos la pintura llamada de caballete y todo arte de cenáculo ultra intelectual por aristocrático y exaltamos las manifestaciones de arte monumental por ser de utilidad pública. Proclamamos que toda manifestación estética ajena o contraria al sentimiento popular es burguesa y debe desaparecer porque contribuye a pervertir el gusto de nuestra raza, ya casi completamente pervertido en las ciudades (Tibol 1996: 24).

El muralismo, en su necesidad de ver a la realidad mexicana con nuevos ojos, rescatar la riqueza de la cultura precolombina, concientizar y enseñar su propia historia a los campesinos y trabajadores mexicanos, así como también crear un arte para el pueblo, se practicó junto con la firme convicción de ser heredero de un proceso revolucionario único en el mundo. A pesar de haberse constituido como un arte que apoyaba una concreta función del Estado, la de consolidarse como nación, el muralismo sí concretó magníficas obras de arte por artistas que creyeron firmemente y de manera utópica en las grandes posibilidades de México, y al mismo tiempo "consiguió la impresión que de la grandeza de México, de las posibilidades del arte, de la energía y el impulso visionario propios tuvo toda una generación" (Monsiváis 2000: 992).

El "re-descubrimiento" de México a través del muralismo y la Revolución mexicana, así como también su papel como país refugio gracias al gobierno del presidente Lázaro Cárdenas, marcó decisivamente la recepción que tuvo el muralismo mexicano en la obra del exilio alemán en México. A pesar de que todos estos intelectuales y artistas tuvieron un encuentro forzado con la cultura de su país de exilio, "ningún otro grupo de intelectuales, literatos y artistas alemanes, austriacos y suizos ha vivido, estudiado y captado a México con tanta intensidad como los exiliados de los años treinta y cuarenta" (Rall/Rall 2003: 30).

2. México: país refugio

En comparación con otros países latinoamericanos como Argentina, Chile o Brasil,[2] en México se reunió, en el contexto de la Segunda Guerra Mundial, si bien un pequeño grupo de emigrantes de lengua alemana –se habla de aproximadamente cien refugiados políticos–, lo especial de éste era el gran número de intelectuales de tendencia de izquierda o de filiación comunista que lo conformaban.[3] Aunque en un principio la mayoría buscaba exiliarse en Estados Unidos –pretensión que se les niega debido a su identificación con el partido comunista–, en México encontraron las mejores condiciones políticas para la conformación del centro de exilio más importante del Partido Comunista Alemán (KPD) en occidente.

Entre los representantes de este exilio en México destacan prominentes escritores, artistas y periodistas como Anna Seghers, Egon Erwin Kisch, Ludwig Renn, Bodo Uhse, Leo Katz, Alexander Abusch, Otto Katz, Paul Merker, Paul Mayer, Theodor Balk, Steffi Spira, Lenka Reinerova, Gertrude Düby, Paul Westheim, Walter Janka, Kurt Stavenhagen y Hans Marum, entre otros. Escritores como Gustav Regler, que a su llegada a México se separa del Partido Comunista, y los esposos Otto Rühle y Alice Gerstel-Rühle, declarados anti-estalinistas, se mantienen distanciados de este grupo. Al término de la guerra algunos de ellos permanecen en México y la mayoría se

2 A Argentina llegaron, por ejemplo, aproximadamente 31.000, a Brasil 16.000 emigrantes de lengua alemana (Zur Mühlen 1988: 45-49).

3 El número de los refugiados comunistas-estalinistas de lengua alemana en México asciende, según Kießling, a aproximadamente 100 (Kießling 1974: 17, 53). Pohle señala que Kießling calcula apenas aproximadamente en 300 el número de miembros del Partido Comunista Alemán (KPD) en toda Latinoamérica, pero que sin embargo no indica si entre éstos considera también a los austriacos (Pohle 1986: 69).

instala finalmente en la República Democrática Alemana (RDA), un aspecto decisivo en el posterior tratamiento de México en su obra.

La emigración alemana en México se consolidó rápido, principalmente a través de la fundación de varias publicaciones: en noviembre de 1941 se funda la revista *Alemania Libre (Freies Deutschland)*, en 1943 el periódico *El Correo Democrático (Die demokratische Post)* y junto a éstos también el "Club Heinrich Heine" y la editorial "El Libro Libre" –"Editorial de literatura anti-nazi en lengua alemana"–, uno de los principales logros del exilio de habla alemana en México.

Durante la estancia en México este grupo de exiliados se concentró en gran parte en publicar y realizar, con el apoyo de algunas instituciones e intelectuales de México, eventos enfocados a informar y denunciar sobre los acontecimientos en Europa. Dos ejemplos representativos de ello fueron, primero, la serie de conferencias que organizó la "Liga Pro-Cultura Alemana" (1938-1942), la primera organización del exilio alemán en México, en contra del fascismo y para la cual contaron con una importante serie de pósters elaborados por el "Taller de Gráfica Popular" (TGP), cuyos miembros entablaron una importante relación con los exiliados de habla alemana.[4] Y un segundo ejemplo lo constituye, también con ilustraciones del "Taller de Gráfica Popular", la publicación en 1943 de *El libro negro del terror nazi en Europa* en la editorial "El Libro Libre" (con gráficos de Leopoldo Méndez, Pablo O'Higgins, Francisco Mora, Alfredo Zalce y Ángel Bracho, entre otros), el cual no solo pretendió informar sobre el fascismo en todo Latinoamérica, sino que también representó un especial gesto de colaboración entre intelectuales mexicanos y europeos (Díaz Pérez 2004: 156-179).

Otro elemento que caracterizó el contenido de las publicaciones de este grupo de exiliados era la discusión sobre el porqué del nacional-socialismo, así como también sobre el rostro que adoptaría una Alemania liberada de la dictadura nazi (Zur Mühlen 1988: 167-180). Sin embargo, y aunque sus intereses estaban puestos en Europa, en sus publicaciones y eventos también se encuentra un marcado interés en

4 El arquitecto suizo Hannes Meyer y Georg Stibi jugaron un importante papel dentro del TGP, especialmente Meyer, quien posteriormente llegaría a dirigir el Taller y a fundar la editorial "La Estampa Mexicana". Para un detallado estudio de la relación entre el "Taller de Gráfica Popular" y el exilio de habla alemana en México, cf. Prignitz-Poda (1981) y Hanffstengel (1999).

México: el club "Heinrich Heine" organizó conferencias dedicadas a la pintura mexicana y a la Revolución mexicana; la revista *Alemania Libre* dedicó un número especial a México (junio de 1943) con una portada elaborada por Leopoldo Mendez, en el que tanto autores mexicanos como de habla alemana publicaron diversos ensayos sobre México, entre éstos un ensayo del muralista Xavier Guerrero sobre el muralismo mexicano;[5] la editorial "El Libro Libre" publicó en 1945 *Descubrimientos en México* del autor checoslovaco Egon Erwin Kisch, "una de las pocas obras en alemán que hacen justicia a la diversidad cultural y al desarrollo político de México en el siglo XX" (Schmidt 1995: 80); en la revista *Alemania Libre* y en el periódico *El Correo Democrático* se encuentran, por ejemplo, algunos ensayos del crítico de arte Paul Westheim[6] sobre arte mexicano o semblanzas de los muralistas (José Clemente Orozco, Alfaro Siqueiros, etc.) o de Gertrude Düby[7] sobre la selva lacandona, entre otros, dos de los exiliados que después del exilio encontraron un nuevo hogar en México.

A pesar de que todos los exiliados de habla alemana en México seguramente reconocían las insuficiencias del proyecto de la Revolución mexicana, prefirieron inclinarse por una actitud hasta cierto punto paternalista al destacar mejor los beneficios del movimiento armado, siempre en relación con su convicción socialista en contra de la explotación de los pobres. Y en el caso concreto de México, un país colonizado, harían siempre hincapié en la repartición de la riqueza a través de la liberación de los oprimidos.

La Revolución mexicana, además, había resultado ser, ya desde los años veinte, una especial atracción para muchos intelectuales extranjeros que creían ver en ella una alternativa frente al mundo occi-

---

5 En su ensayo titulado "Frescos mexicanos" *("Mexikanische Fresken")*, Xavier Guerrero se une a los postulados expresados por los muralistas en su búsqueda por un arte con una clara función política: "Nos levantamos contra los enemigos de nuestro movimiento, los académicos y puristas. Exigimos un arte político con la máxima posibilidad de utilización" (Guerrero 1943: 24).

6 Paul Westheim, uno de los exiliados de habla alemana que a su llegada a México ya formaba parte importante del mundo intelectual europeo, publicaría importantes estudios sobre México: *Arte antiguo de México, La Calavera, Ideas fundamentales del arte prehispánico en México*, entre otros.

7 Gertrude Düby, quien a partir de 1942 y por encargo del gobierno mexicano empieza a participar en excursiones por Chiapas, publica en 1944, junto con Frans Blom, el estudio editado por la Secretaría de Educación Pública, *Los lacandones, su pasado y su presente*.

dental considerado en crisis. Al término de la guerra y su regreso a Alemania algunos de estos intelectuales presentarían una postura un tanto crítica como utópica frente a la Revolución mexicana, aunque en gran parte como un reflejo de la situación política de la República Democrática Alemana (RDA). El tratamiento de México en la obra de los escritores de lengua alemana en México tomaría un nuevo giro en su obra posterior al exilio, lo cual me gustaría ejemplificar en el caso concreto de los escritores Anna Seghers y Bodo Uhse, los cuales retomaron en sus ensayos y textos literarios la obra de los muralistas mexicanos.

3. Diego Rivera y la recepción inicial del muralismo mexicano en Alemania

El muralismo mexicano consiguió rápidamente el reconocimiento internacional, e incluso en Alemania, a mediados de los años veinte, se tuvieron ya las primeras noticias sobre este nuevo arte mexicano, especialmente gracias a los numerosos relatos de viajeros o textos de intelectuales que hacían referencia al denominado *Renacimiento mexicano*. La breve estancia que hizo Rivera en Alemania en su viaje hacia la Unión Soviética (1927/1928) y su visita de los frescos de Heinrich Vogeler en Bremen contribuyó a que se conociera al ya considerado como el más popular de los muralistas mexicanos (Münzberg/Nungesser 1984: 133). Al mismo tiempo, Rivera también se convierte en una especie de mediador entre México y la izquierda internacional, especialmente al dar a conocer el lejano y extraño país llamado México entre muchos intelectuales estadounidenses y europeos, los cuales se acercan al país a través de los ojos del pintor.

No es, por consiguiente, casualidad el que muchos escritores extranjeros le hayan dedicado un lugar en sus relatos de viajes, obra narrativa, biografías, etc., y el que hayan considerado sus murales como máxima expresión de la historia de su país (Badenberg 1992: 17-42). En Alemania se publicaron también varios estudios sobre el muralismo y Rivera, tales como el libro de 1928 *Das Werk des Malers Diego Rivera* (La obra del pintor Diego Rivera). En la revista *Das Kunstblatt*, editada por Paul Westheim, se hace igualmente referencia, en 1929, a su figura artística; y en la revista *Kunst der Zeit* se publica también un artículo casi apologético de Rivera (Münzberg/Nungesser 1984: 134).

Uno de los autores que definitivamente da a conocer a Rivera entre los autores del exilio de habla alemana fue el economista Alfons Goldschmidt, quien después de dos estancias en México publica sus dos libros sobre el país: *Mexiko* en 1923, y *Auf den Spuren der Azteken* (Tras las huellas de los Aztecas) en 1927. Ya durante su primera estancia en el país, al que llegó por invitación de José Vasconcelos para impartir clases en la Universidad Nacional Autónoma de México, conoce a Rivera, quien se encarga de la ilustración de su primer libro. Y es precisamente en este texto en el que dedica especial atención a Rivera, a quien describe como sigue:

> Diego Rivera, el pintor más grande de América, el Michelangelo del proletariado moreno [...]. Rivera es la mejor mente de México [...]. Él es lo mejor de México [...]. Rivera es el piso, el sol, la buena sangre morena de este maravilloso país (Goldschmidt 1985: 272).

Como consecuencia del nacionalsocialismo se interrumpieron en Alemania los trabajos sobre el muralismo en los años treinta, tema que retomarían los exiliados de habla alemana en el contexto del sector soviético de Berlín y de la constitución de la República Democrática Alemana (RDA).

4. El muralismo en la obra del exilio de habla alemana en México

Así como el gobierno de Lázaro Cárdenas estableció una política de asilo que permitió a los miembros del exilio de habla alemana refugiarse en México, también y gracias a la intervención de Diego Rivera, hizo posible la única visa que se le otorgaría a León Trotsky y que lo salvaría de una segura muerte en Europa. Este suceso acercaría a Rivera, en un primer lugar, a los exiliados de habla alemana declarados anti-estalinistas (Patka 1999: 54-62), los cuales habían marcado una clara distancia del grupo del exilio comunista, tales como Otto Rühle y su esposa Alicia Rühle-Gerstel,[8] Gustav Regler, Marie Luise

8 En el libro autobiográfico *Kein Gedicht für Trotzki* (Ningún poema para Trotsky), publicado con las notas autobiográficas que al momento de su suicidio –en 1943 en la ciudad de México– dejó Alice Rühle-Gerstel, se mencionan los viajes

Vogeler y el representante del surrealismo de habla alemana en México, el austriaco Wolfgang Paalen (Kröhnke 1985: 359-373).

El exilio comunista de habla alemana en México se relacionaría principalmente con el muralista –también estalinista y responsable del primer intento de asesinar a Trotsky– David Alfaro Siqueiros, a quien varios de ellos habían conocido durante su participación en las Brigadas Internacionales de los años treinta en España. El contacto con Diego Rivera, por lo tanto, se establecería hasta el término de su exilio en México,[9] con quien, por ejemplo, Anna Seghers estableció contacto personal a partir de 1946, a un año de su regreso a Alemania.[10] Y como la mayoría de los autores extranjeros que en los años veinte ensalzan el papel de Diego Rivera como representante del muralismo mexicano (siempre en su relación con la influencia europea y su función a favor de la lucha de clases), varios de los miembros del exilio comunista alemán en México dedican, ya en la República Democrática Alemana (RDA), especial atención a la obra y figura de Diego Rivera.

El escritor Ludwig Renn, por ejemplo, lo considera el principal representante, en todo el mundo, de "la pintura socialista y realista moderna", y a México orgulloso por ser "el hogar de la nueva pintura" (Renn 1979: 89). Asimismo lo compara con el caricaturista José Guadalupe Posada, artista considerado precursor del arte del muralismo, al cual le atribuye ya la gran posibilidad de recepción frente al pueblo analfabeto de México (Renn 1979: 86), uno de los principales logros atribuidos al muralismo y a la obra histórica y monumental de Rivera:

---

que ella y su esposo realizaban por algunas regiones de México junto con Trotsky, su esposa Natasha, Rivera y Frida Kahlo (Rühle-Gerstel 1979).

9 El historiador del exilio en México en la RDA, Wolfgang Kießling, comenta en el contexto de la fundación del "Comité Pro-Intercambio Cultural Mexicano-Alemán" en 1946 que en ese momento ya no había ningún motivo para evitar la colaboración con Rivera, pero que mientras tuvo la fama de trotskista ninguno de los alemanes comunistas en México buscó el contacto personal con él (Kießling 1989: 408).

10 De esta fecha es la famosa foto que existe de Seghers y Rivera juntos en el museo Anahuacalli del mismo Rivera. Su relación continuó posteriormente a través de correspondencia: en 1952 Rivera le envió a Seghers desde Viena una foto de su polémico mural "Pesadilla de guerra, sueño y paz", que le hizo llegar junto con una carta en la que le solicitaba apoyarlo como intermediaria para conseguir un tratamiento médico en la Unión Soviética para su esposa Frida Kahlo (Rivera 2003: 272).

> Él quería convencer al hombre de la calle, especialmente a los analfabetos, de la necesidad de la lucha contra los capitalistas y latifundistas. Estos tipos odiados por él eran de sangre española. Él quería conseguir derechos para los indios esclavizados desde la colonización (Renn 1979: 87).

Y al igual que los intelectuales de los años veinte, hace hincapié en la influencia del arte europeo (italiano) en su obra, aunque de acuerdo a Renn, Rivera exageraba

> las características de la raza indígena, la piel morena, el pelo negro, los grandes y expresivos ojos negros, las manos y pies cortos. Así empezaron a interesarse los maestros rurales en los murales, y también miré a trabajadores y campesinos en su ropa de trabajo pasar mucho tiempo frente a tales pinturas. ¡Esa era su vida! (Renn 1979: 88).

Renn idealiza, por consiguiente, la tarea y recepción de los murales de Rivera en su posibilidad de educar y concientizar a la población analfabeta de México, una constante en la recepción del muralismo en los textos de los exiliados, tal y como también lo expresaría Bodo Uhse sobre Diego Rivera varios años después de su regreso del exilio:

> El amor a los pueblos indígenas y su odio en contra de sus represores, el amor a los pobres y el odio contra sus explotadores se perciben en sus cuadros, en los que los campesinos indígenas que no saben leer ni escribir conocen la historia de su país, sus pasiones y luchas, y son conscientes –como frente a un espejo– de la propia dignidad y gracia (Uhse 1983: 610).

La escritora Anna Seghers incluso compara reiteradamente, en sus dos ensayos sobre el muralismo, a los libros en Europa con el muralismo en México. Sin embargo, en su afán por atribuirle a este nuevo arte, al denominado *Renacimiento mexicano*, una tarea social y política que coincidiera con los preceptos del realismo socialista, deja de lado la verdadera e inicial recepción que el muralismo tuvo en México, ya que su primer gran público fue el turismo que influiría en la apreciación y el reconocimiento de los expectadores mexicanos frente al muralismo (Monsiváis 1982: 20).

Al muralismo se le atribuye así la tarea de narrar y contarle al pueblo sobre su pasado, su presente y su futuro, por lo que destacan con especial interés la posibilidad narrativa de los murales al presentar hechos históricos en un mismo plano temporal y espacial. Uno de los murales que concentraría esta forma de narrativa lo encuentran precisamente en el famoso mural de Rivera, *Sueño de una tarde dominical en la Alameda Central*. Por un lado les resulta de gran valentía por parte de Rivera el atreverse a desafiar a la propia burguesía que había financiado el mural, y por otro lado, les fascina la forma en que, a través de un representativo número de personajes históricos y conocidos del mismo Rivera, presenta la historia de México.

5. Tiempo pintado: *Sueño de una tarde dominical en la Alameda Central*

Durante su estancia en México la escritora Anna Seghers (1900-1983)[11] llegó a afirmar que le resultaba difícil el tener algún día la posibilidad de escribir algo sobre México, especialmente porque decía conocerlo muy poco. Un par de años después, todavía en el exilio, consideraría la posibilidad de escribir algo sobre México cuando se encontrara "de nuevo en casa, algo bueno, algo hermoso" (Stephan 1990: 508). Y ya en 1947, a solamente un año de su regreso del exilio y después de instalarse en el sector soviético de Berlín, publica dos ensayos, uno titulado "Tiempo pintado. Frescos mexicanos" y otro sobre "Dolores del Río", y en 1949 el ensayo "Diego Rivera".

En los tres ensayos destaca una reflexión sobre la tarea del arte y en concreto sobre el papel que juegan manifestaciones artísticas como el muralismo –al que compara con el cine– en virtud del amplio público al que tienen acceso, lo que por un lado democratiza al arte y por el otro lo convierte en el medio ideal para la educación del pueblo. Y a este precepto, al de un arte enraizado en las masas, le atribuye Anna Seghers el significado universal del muralismo, comparado por ella con la pintura del Renacimiento. En su ensayo, "Tiempo pintado. Frescos mexicanos", el cual ya en su título hace alusión a la forma narrativa del muralismo mexicano, Seghers realiza un análisis de este movimiento artístico, en donde menciona a Rivera, Siqueiros, Orozco y Guerrero, destacando principalmente los trabajos de Rivera: su mural de la Casa de Cortés en Cuernavaca y su casa del pedregal, una

11 Anna Seghers permanece en México de 1941 a 1946, a donde llega junto con su esposo, su hija y su hijo. Seghers se convirtió en una de las figuras representativas del exilio alemán en México y alcanzó reconocimiento internacional con la publicación –por la editorial "El Libro Libre"– de su novela *Das siebte Kreuz* (La séptima cruz), publicada luego en inglés y filmada inmediatamente después.

casa construida con lava volcánica, a la que describe como "una iglesia de Satán" (Seghers 1971a: 73).

También hace mención de la obra mural de Orozco en Guadalajara, considerándola más complicada de descifrar que la de Rivera: "Mientras Rivera narra para que lo entienda quien pueda verlo, aunque no sepa leer, Orozco lanza colores casi salvajes e intrépidos, como de bramido [...]" (Seghers 1971a: 72). Al muralista Xavier Guerrero lo menciona a un lado de los tres principales representantes del muralismo, especialmente por haber sido uno de los artistas de México con el que estableció, junto a su mujer, Clarita Porset, una estrecha relación de amistad que sobrevivió al término del exilio a través de una intensa correspondencia. Sin embargo, los ejemplos que menciona le parecen insuficientes e injustos para el resto de los pintores a los que ha dejado de lado –"Siqueiros", por ejemplo, "quien a través de sus murales y pinturas ha dejado un testimonio para su pueblo" (Seghers 1971a: 73), por lo que pide disculpas a todos los que, por su incompetencia, no encuentran lugar en su texto–.

Con su disculpa se ocupa, además, del proceso de recepción e interpretación de una cultura ajena a la propia, es decir, que reconoce el reto y los obstáculos a los que se enfrenta al interpretar o intentar entender lo que en este proceso resulta obligadamente extraño: "Así como siempre sentimos la imperiosa necesidad de disculparnos por todo lo que no percibimos o entendemos con insuficiencia" (Seghers 1971a: 73). Esto no impidió que al igual que muchos otros intelectuales extranjeros utilizara estereotipos y lugares comunes para analizar y describir la historia y esencia de México, por ejemplo, al considerarlo como un país todavía en formación, un pueblo cuyo desarrollo compara con el de volcanes, "siempre a punto de hacer erupción" (Seghers 1971a: 70), una de las actitudes comunes en la percepción del Otro, que impregnadas de superioridad tienden a minimizarlo en el momento en el que se coloca en un mismo plano el desarrollo histórico de una cultura con el de hechos naturales, espontáneos. Gustav Regler, por ejemplo, publica en 1947 la colección de cuentos *Tierra volcánica*, en la que describe a México como el "país de las contradicciones, de las inesperadas erupciones" (Regler 1987: 9), aunque sin referirse a sus volcanes, sino a sus "imprevistos" acontecimientos históricos.

Estas caracterizaciones de México en los escritores del exilio resultan particularmente paradójicas si se considera lo que significó el nacionalsocialismo para toda la cultura occidental. En este tenor Anna Seghers atribuye al pueblo de México "un profundo talento artístico" y "un instinto inquebrantable" para la recepción del muralismo y del arte en general (Seghers 1971a: 70), con lo cual adopta un paternalismo muy marcado frente a México, otro elemento común en la perspectiva extranjera sobre el país. En general, en repetidas ocasiones Seghers manifestó incluso un sentimiento de impotencia e incapacidad para describir a su país de asilo, tomando cierta distancia, discreción y cuidado en sus expresiones sobre México, al mismo tiempo que también confirmaba su estatus como europea. En una carta de diciembre de 1947 expresa:

> No solamente Rodi, yo misma le había tomado cariño al país que se había convertido en una especie de madre adoptiva. No se puede describir. Es como otra estrella, no tiene nada que ver con lo de aquí, menos con Europa (Seghers 2000: 186).

Por otro lado, en este primer ensayo sobre el muralismo, Anna Seghers hace referencia a sus impresiones de la Alemania de posguerra, así como también a la tarea del arte, un tema que la ocupó durante el exilio y el cual retoma en el caso de los muralistas: "Este tiempo pintado se encuentra tan libre de errores, de ambición y de incompetencia que es un arte puro" (Seghers 1971a: 72). Para Seghers el muralismo, un arte sin comparación desde el Renacimiento y al que en parte también reconoce como heredero del arte mural precolombino, tiene como función la "reeducación" de su pueblo. México es, así, descrito como una nación "por llegar a ser", en la que todavía "nada está concluido", motivo por el que cree encontrar en ella la posibilidad de conocer "cómo se constituye un pueblo, un Estado [...]" (Seghers 1971a: 70), lo que remite a un claro paralelo con el desarrollo que entonces tenía el proceso de gestación del nuevo Estado alemán, la RDA. El tratamiento del muralismo en su ensayo, por consiguiente, está estrechamente ligado a la situación que en ese entonces imperaba en el territorio de Alemania a punto de convertirse en un Estado socialista.

En el ensayo "Dolores del Río", escrito también en 1947, pero publicado apenas en el año 2003, Seghers destaca la fuerza de representación de la actriz, la cual compara con la del arte del muralismo. En el cine observa la misma posibilidad del muralismo de hacer accesible el arte a las masas, antes reservado solamente para la burguesía. Anna Seghers acentúa –como ya lo había hecho Walter Benjamin en los años treinta– la diferencia entre el cine y otras formas artísticas al destacar cómo el cine puso en marcha una nueva forma de recepción de la obra artística. Y al igual que en los ensayos sobre el muralismo, también en éste confiesa escribir sobre Dolores del Río para sobrellevar la desolación de su ciudad en ruinas (Seghers 2003: 55-59).

En general, en sus tres ensayos con tema mexicano se encuentra un marcado sentimiento de confusión, decepción y duelo que la embargaba a su regreso y reencuentro con Alemania. La gran nostalgia que sentía durante el exilio por Alemania se transformó en sentimientos contradictorios frente a su país encontrado en ruinas, tal y como se lo menciona en una carta de junio de 1947 a una de sus mejores amigas en México, Clara Porset, la esposa del muralista Xavier Guerrero:

> Tengo mucha vergüenza decir que ya estoy encantada (solamente estéticamente como artista) de las ruinas de la ciudad y pienso siempre como van Gogh las hubiera pintado. Pienso siempre que tú y Javier tendrían llegar para pintar unos murales locos. Pero por favor que no digas a nadie estas locuras mías y que olvides después lo que hayas leído mi carta. Yo misma no digo a nadie que cada noche me encantan esas fantasmas de calles, primero porque los rusos tenían tanto éxito y segundo dan una impresión profundamente perversa e irreal o surreal estas estrellas que van en el cielo como la escalera de jacobo en la Biblia y estas fachadas completamente vacías, es decir quemadas donde los fantasmas quedan los únicos habitantes [...] Tenemos nostalgia de vuestro calor y de vuestra pasión y de vuestro amor y de vuestra humanidad aquí en el pueblo de "los corazones frios" como un escritor alemán les ha llamado (Seghers 1947).

Estas impresiones de un Berlín destrozado las relacionaría con frecuencia con su país de exilio, mencionando, por ejemplo, que en una de sus noches en Berlín posteriores a su regreso había soñado que "las ruinas de la ciudad" se mezclaban "con el recuerdo de las antiguas ciudades en ruinas de Monte Albán en Oaxaca" (Roos 1977: 158). Desconcierto, decepción e isolación parecen haber marcado su reencuentro con Alemania, tal y como se lo hace saber a Georg Lukács en una carta de junio de 1948: "A pesar de que muchos o toda la gente aquí es cariñosa conmigo, a veces tengo la impresión de que estoy de viaje. Tengo la impresión de haber llegado a la era de hielo, tan frío me parece todo" (Seghers 1979: 154).

El ensayo "Diego Rivera" de 1949 es escrito en este contexto y tiene como punto de partida el mural del pintor del este alemán, Horst

Strempel, que Anna Seghers encuentra durante un paseo por la estación de trenes de la Friedrichstraße, el cual según ella no alcanzaba a animar un poco el paisaje en ruinas de Berlín y la llevó a "pensar con fresca nostalgia en los colores de aquel país, los colores de su aire y de sus muros, frente a este color café, gris y pardo rojizo del mundo de los escombros a mi alrededor [...]" (Seghers 1971b: 87). Anna Seghers manifiesta entonces nostalgia por su país de exilio, y en este marco rememora el mural que en 1948 Diego Rivera presenta en el Hotel del Prado, *Sueño de una tarde dominical en la Alameda Central*. La representación de la historia en este mural, y en general la forma narrativa del muralismo mexicano, es resumido por Seghers en el título mismo de su ensayo, "Tiempo pintado".

El mural *Sueño de una tarde dominical en la Alameda Central* es realizado por Diego Rivera para el comedor del Hotel del Prado de la ciudad de México, al que concibe como el relato de un sueño y en el que representa tanto a personas que conoció durante su infancia y juventud como también una síntesis de la historia de México a través de sus personajes más significativos. Como lo afirma el propio Rivera:

> La composición son recuerdos de mi vida, de mi niñez y de mi juventud y cubre de 1895 a 1910. Los personajes del paseo sueñan todos, unos durmiendo en los bancos y otros, andando y conversando. Los más viejos, recuerdan lo más pretérito o hablan soñando de ello también y los más jóvenes, sueñan en el futuro. Es decir: el tiempo actual (Ugalde 1997: 19).

Llevado a cabo en tres secciones principales, Diego Rivera presenta el pasado y el presente de México a través de varios planos, iniciando el recorrido de la historia del país de izquierda a derecha: en el primer plano se representa la conquista y el periodo colonial; después reconstruye acontecimientos del siglo XIX, como por ejemplo la independencia, la invasión de Estados Unidos y el periodo presidencial de Santa Anna, la intervención francesa y la Reforma (Ugalde 1997: 16). El carácter autobiográfico del mural se manifiesta en la parte central del mismo (en el segundo plano), compuesta por tres figuras imprescindibles: Diego Rivera, quien se autorretrata como un niño de nueve años, la "Catrina" y el grabador José Guadalupe Posada.

Es significativo para el mural que el Rivera niño tome de la mano a la misma Catrina. En esta sección se hace referencia al Porfiriato a través de importantes figuras en la vida de Rivera, como Frida Kahlo o el mismo Posada. Detrás de este grupo de primer plano se representa a Ricardo Flores Magón, una importante figura de la Revolución mexicana. En el tercer plano se encuentran las luchas populares y de campesinos que llevaron al movimiento revolucionario de 1910, así como también el periodo posrevolucionario representado por la "figura de la familia campesina, el joven obrero y el obrero revolucionario" (Ugalde 1997: 28), así como también el México contemporáneo, la burguesía naciente, fábricas y una arquitectura moderna. En el plano superior del mural destacan, por último y también por su tamaño, tres figuras importantes de tres momentos históricos decisivos en la historia de México: Benito Juárez, Porfirio Díaz y Francisco I. Madero.

Rivera termina el mural en septiembre de 1947, en el cual aparecen más de 140 figuras diferentes. Sin embargo, no solamente la monumentalidad del mural sería lo que lo convertiría en uno de los murales más representativos de la obra de Rivera, sino que también influiría la polémica que surge a su alrededor en el momento mismo de su inauguración: sin autorización de los dueños del hotel Rivera incluye en el pergamino que sostiene el gran heterodoxo de la Reforma Liberal, Ignacio Ramírez, mejor conocido como el Nigromante, su polémica frase "Dios no existe", lo que provoca que antes de la inauguración del hotel, a principios de 1948, el arzobispo se negara a bendecirlo y a que la derecha mexicana se enfureciera. Esto provocó que estudiantes conservadores y enardecidos por la frase maltrataran el mural y tacharan el "Dios no existe". En un principio mutilan la cara de Rivera niño y el lugar en el que se encontraba la frase; posteriormente borran de nuevo la frase, lo que originó que el mural fuera cubierto con un biombo móvil durante nueve años hasta que en abril de 1956, un año antes de morir, Rivera cambiara la frase por "Conferencia en la Academia de Letrán, el año de 1836" (Ugalde 1997: 21).

Anna Seghers alaba el valor de Rivera y establece una serie de preguntas dirigidas a los artistas de México, ya que de acuerdo a Seghers los temas de sus obras deben de estar comprometidos con la historia de su pueblo, especialmente por tratarse de un pueblo en el que casi ninguna generación se ha escapado de alguna lucha en contra del opresor externo e interno: "[...] no hay ningún pedazo de tierra y ningún rostro que no muestre huellas de estas luchas" (Seghers 1971b: 87). Según Seghers el artista se convierte entonces en "activista", "porque hace consciente de su país al espectador de su país y su pueblo", y a través de ello implica en la historia "al esquivo e ignorante espectador" (Seghers 1971b: 87). Esta interpretación del muralismo es en gran parte reflejo de la concepción y las aspiraciones que el mismo Rivera tenía en su labor como pintor:

> Me propuse ser [...] un condensador de las luchas y aspiraciones de las masas y a la vez transmitir a esas mismas masas una síntesis de sus deseos que les sirviera para organizar su conciencia y ayudar a su organización social (Monsiváis 2000: 990).

Algunos años después de escribir los ensayos de tema mexicano y ya constituida la República Democrática Alemana, Anna Seghers dedica varios relatos a México: *Crisanta* (1951), *El primer paso* (1952), *El regreso del pueblo perdido* (1965), *El azul verdadero* (1967).[12] Y precisamente en una de las partes que conforman al texto *El primer paso*, titulado "Miguel, un pintor de Morelia", Seghers retoma el tema del muralismo. En el texto nos encontramos con un narrador que relata cómo se convierte de artesano en muralista. Destaca así un viaje a la ciudad de México, en donde conoce a Rivera, Siqueiros y los artistas del muralismo, cómo éste lo fascina y cómo posteriormente se integra a él. Sin embargo, en sus reflexiones finales aparece cierta decepción frente a este arte, al mencionar que la "pintura revolucionaria" ha perdido influencia en el transcurso de los años, y se queja de que algunos de los mejores pintores mexicanos ahora dibujen a "imperialistas" (Seghers 1953: 367-457). La figura que inspira a Seghers en este relato es sin duda la del muralista Xavier Guerrero, personaje que en el relato experimenta una transformación artística y política, otra de las coincidencias con los principios artísticos y políticos iniciales del muralismo.

El episodio del polémico mural de Rivera es retomado posteriormente (en 1961) por el escritor Bodo Uhse en su novela del mismo nombre, *Sonntagsträumerei in der Alameda* (Sueño de una tarde dominical en la Alameda), en la que Bodo Uhse coloca el mural en el

12 En un estudio sobre el muralismo en la obra de Anna Seghers, Sigrid Bock hace especial hincapié en la forma y posibilidad de representación de la historia en los murales mexicanos, encontrando entonces una marcada relación entre esta expresión artística y la novela de Seghers, publicada en 1949, *Die Toten bleiben jung* (Los muertos permanecen jóvenes), en la que se aborda el periodo de 1918-1945 de la historia de Alemania. Para una lectura detallada de esta hipótesis cf. Bock (1990: 15-27).

centro del relato, a través de lo cual crea en cierta medida una imagen satírica de la Revolución mexicana y de sus protagonistas.

Bodo Uhse ya se había ocupado del muralismo durante el exilio, especialmente a través de sus artículos que publicó sobre tres de los principales artistas del arte mexicano del siglo XX, José Guadalupe Posada, Diego Rivera y David Alfaro Siqueiros. En la mencionada edición de junio de 1943 de la revista *Alemania Libre* Uhse publica, bajo su seudónimo Ernst Tademacher, un ensayo sobre el dibujante y caricaturista José Guadalupe Posada (1853-1913), quien publicó trabajos satíricos enfocados principalmente a criticar la dictadura de Porfirio Díaz y a la clase alta de México (Uhse 1983: 509-511). Posada es considerado por Uhse como un artista del pueblo, como "precursor del actual y excelente arte gráfico del país" (Uhse 1983: 610), quien a través de sus caricaturas y sátiras hacía una fuerte crítica a la vida política y social de México bajo el régimen de Porfirio Díaz. De acuerdo a Uhse, Posada expresa a través de su obra el despertar del pueblo mexicano después de muchos años de opresión (Uhse 1983: 509) y significa una gran influencia para el muralismo mexicano. El arte de Posada y del muralismo son considerados por Uhse como un arte para "los campesinos indios de México que no saben leer y escribir" (Uhse 1983: 610) y que a través de su ayuda pueden conocer la historia de su país.

Con motivo de la muerte de Rivera en 1957 Uhse publica un breve artículo en el que cuestiona si con la muerte de Diego Rivera en México se está llegando al final de un determinado periodo artístico. Y a pesar de la gran decepción que en ese entonces manifiesta frente a los resultados de la Revolución mexicana (y al mismo tiempo también de la RDA), Uhse expresa cierto optimismo al citar al caricaturista Posada y confiarle a "los trabajadores y campesinos de México" (Uhse 1983: 608) la realización de una revolución de verdad.

La famosa figura de "La Catrina" creada por Posada fue muy popular durante el periodo de la Revolución y tras su muerte ganó reconocimiento internacional, pero su gran debut lo hizo precisamente en el ya mencionado mural de Rivera, *Sueño de una tarde dominical en la Alameda Central*, en donde aparece como la figura principal. Bodo Uhse retoma así el nombre del mural para su relato publicado en 1961, en el cual se aborda la historia del mural y al mismo tiempo una historia de amor, la de Rivera con una bailarina de ballet estadounidense llamada Lavinia Smith.

En general, el hecho de la creación del mural y la polémica y los conflictos surgidos desde el momento de su inauguración por la frase de "Dios no existe" es reconstruido con gran apego a la realidad, lo que al mismo tiempo sirve de plataforma para una reflexión sobre la creación artística. El relato reconstruye de manera fiel la evolución artística de Rivera, y su gran compromiso político y social, teniendo como fondo la relación entre Rivera y Lavinia. En el texto se tratan, por lo tanto, las ideas revolucionarias de Rivera, su pretensión de conseguir una pintura monumental e histórica, su concepción estética comprometida con el pueblo, su antiimperialismo y, por supuesto, su relación con las mujeres.

Su compromiso social y cercanía al pueblo se ejemplifica en su intención de apoyar una huelga de trabajadores ferroviarios con el dinero obtenido por el mural, así como también ofrecer un apoyo económico para el regreso de emigrantes enfermos, sin importarle que en ambos casos el dinero recibido proviniese de encargos de la burguesía. Rivera aparece también como un intelectual que lucha por su autonomía frente al Estado y la policía secreta, sufriendo incluso un atentado durante una persecución en auto, al que responde y enfrenta también a balazos.

El relato inicia, a través de un narrador omnisciente, con la descripción del hotel y sus alrededores, así como de la Alameda. Se menciona con especial atención la enorme y costosa construcción del hotel, financiado por la clase alta de la sociedad, así como también por generales que participaron en la Revolución. Un gran contraste se percibe en la mención de los vendedores de la calle que lo rodean. El ostentoso hotel, construido "para los huéspedes de Estados Unidos que pagan con dólares" (Uhse 1961: 9), es descrito todavía vacío, a la espera de que el único huésped hasta ese momento, el pintor Diego Rivera, termine de dar la última pincelada al mural llevado a cabo por encargo del consejo administrativo del hotel, representado por el general Calderón de la A.

Para su inauguración se ha preparado la bendición del hotel por parte del obispo, así como un banquete al término de ésta. El director del hotel, Enrique González, aguarda con gran expectativa frente a la puerta del comedor, el lugar destinado para el mural, en donde el pintor terminaba, con un encontrado sentimiento de satisfacción y tristeza, su gran obra maestra. Pero el pintor no permitía el ingreso hasta que su querida Lavinia, a quien Rivera conoció precisamente en el momento en que el concepto y proyecto del mural había madurado y tomado forma, llegara para observarlo. Lavinia, quien en ese momento pasaba sus vacaciones en México y se dedicaba a estudiar danza folclórica indígena, llega con cierto retraso, alegra con su presencia a Rivera y se convierte en la primera espectadora del mural. Cuando González le pregunta a Rivera qué obra seguiría después del mural recién terminado, el lector se entera de la intención de Rivera de pintar a Lavinia. Sin embargo, el cuadro que inicia de ella queda inconcluso, un aspecto representativo de la relación de ambos, especialmente cuando Lavinia abandona la ciudad de México sin avisarle ni dejarle una dirección para localizarla (Uhse 1961: 187).

La narración omnisciente del relato termina precisamente en el momento en que se describe el abandono de Lavinia, para pasar a una especie de epílogo en el que el narrador se dirige al lector y recapitula toda la historia anterior, lo que da la impresión, aunado a que la pintura inconclusa de Lavinia nunca es encontrada en el legado de Rivera, de que todo había sido un sueño, al igual que el título del mural: "Si el cuadro no existe –de esta manera escucho razonar al decepcionado lector– ¿qué pasa entonces con la modelo? ¿A final de cuentas esta Lavinia Smith no existió?" (Uhse 1961: 194).

El relato *Sueño de una tarde dominical en la Alameda* también constituye una fuerte crítica al supuesto triunfo de la Revolución mexicana, representada ésta principalmente por la figura del general Calderón de la A. Mientras que en algún momento del periodo revolucionario había luchado a favor de los desamparados y en contra de la clase social privilegiada de México, en el relato se convierte, después de toda una carrera de oportunismo, corrupción y traición, en el adinerado director del consejo administrativo del hotel. La crítica en contra del general, sin embargo, se convierte frecuentemente en sátira, al caricaturizarlo con gran sarcasmo como una figura ridícula: "[...] con sus cortas y torcidas piernas escenifica una especie de danza de la alegría" (Hanffstengel 1995a: 87).

La represión brutal de huelgas por el gobierno heredero de la Revolución es otro factor que en este contexto destaca en el relato, y al igual que el general Calderón de la A, también se critica al clero a través de la figura del Obispo invitado a inaugurar el mural, quien también tiene tras de sí una carrera de conveniencia y corrupción. En realidad, la parodia del relato abarca también al mismo Rivera, quien por un lado es la figura principal del relato y un artista de gran peso y reconocimiento en el mundo intelectual, pero por otro lado su descripción física raya en lo caricaturesco: "[...] su amplio rostro plano, gordo y arrugado" (Uhse 1961: 16).

> ¿Qué tipo de persona era este hombre? Descomunal y deforme, los tristes ojos de sapo en el rostro flácido, con la ancha y sensual nariz y la triste boca de sátiro; repugnante y al mismo tiempo fascinante en su monstruosa fealdad [...] (Uhse 1961: 25).

El tratamiento de la Revolución mexicana en el relato refleja en general la manifestación de esperanzas frustradas frente al anhelo de un cambio radical a favor del beneficio social de un pueblo, considerado entonces el relato como el tratamiento de "una revolución traicionada" (Hanffstengel 1995a: 87), lo que obliga a considerarlo como una proyección de la situación que entonces se vivía en la República Democrática Alemana. El texto de Uhse fue publicado el mismo año en que se construyó el muro de Berlín, motivo por el que no se puede evitar encontrar paralelos entre la sociedad mexicana descrita en el relato y la situación social y política de esos años en el este de Alemania: la Revolución se ha convertido en un mito y los políticos ya no están al lado de los trabajadores y la lucha de clases, sino que se han convertido en represores.[13] La reflexión del mismo Rivera, después del asesinato de dos líderes sindicales, es más que representativa: "¡En qué país vivimos! ¿Debo avergonzarme de la tierra que me vio nacer y que

13 Estudios históricos recientes acentúan que la represión de la rebelión del 17 de junio de 1953 en Berlín Oriental (en contra de las manifestaciones y críticas al sistema político del Estado socialista alemán) y el regreso de la humillante política estalinista de la IV. Convención del Partido Socialista Unificado de Alemania (SED) significaron la primera etapa fundacional al interior de la República Democrática Alemana. La segunda etapa fundacional de este Estado estaría constituida por la construcción del Muro de Berlín en 1961 (Emmerich 1996: 125). A esto se sumaría la ola de vigilancia, persecución y represión que tuvo lugar en la RDA como consecuencia de los procesos políticos estalinistas del este de Europa (Budapest 1949, Praga 1952 y Hungría 1956) y que afectarían, entre otros muchos intelectuales que habían encontrado exilio en occidente, a los denominados "mexicanos", por su contacto, durante el exilio, con intelectuales judíos (Kießling 1994: 240-250).

pronto volverá a acogerme? ¿Tengo que avergonzarme de la época en la que vivo?" (Uhse 1961: 141).

A través de la figura de Rivera y de su obra se lleva a cabo en el relato una reflexión sobre el arte, principalmente sobre la tarea y función de éste. Y aunque se destaca al muralismo, como en los ensayos del resto del exilio alemán en México y en los postulados de los mismos muralistas, como un arte para que los campesinos analfabetas lean de "sus murales como de libros de historia, [...] reconozcan sus propias tareas" (Uhse 1961: 27) y tomen consejos que les ayuden en la construcción de un futuro mejor, en el texto se pone en tela de juicio la posibilidad del pueblo de acercarse realmente al arte, una de las principales tareas que el Estado socialista alemán le había impuesto a sus artistas:

> A la gente sencilla le resulta difícil ver tales cosas. Ahí viene algún analfabeta, se coloca [...] frente a los cuadros y deletrea –entrecortado, sin poderlo hacer de otra forma, pero sin dudar en la verdad que ahí se manifiesta. ¿Arte? ¿Qué tanto se tiene que ver con él en realidad? En todo caso esa gente no sabe nada de eso, casi no tienen idea de lo que trata. Pero ellos sienten: ahí está. Se dejan llevar por el color y el correr de los diseños. [...] Y con eso termina todo. Toman a la ilusión por un hecho, la creación artística por realidad. Lamentable y de la más envidiable primitividad (Uhse 1961: 75).

En el relato se manifiestan, en suma, claras dudas sobre la función del arte, premisa que alcanza su máxima expresión en el postulado que en una de las discusiones sobre el tema se hace del arte como un "secreto", lo que definitivamente cuestiona su función al atribuirle algo difícil de descifrar y que se aleja completamente de los postulados impuestos en la República Democrática Alemana. Al final del relato, el cuestionamiento que se hace de la veracidad del retrato de Lavinia es significativo para la concepción del arte como un enigma por resolver: "Siempre se habló de la verdad y la realidad – y ahora resulta que todo fue un engaño" (Uhse 1961: 193).

6. Conclusiones

En la obra de los escritores del exilio de habla alemana en México aquí analizada impera un discurso apegado al que ya en los años veinte hizo del muralismo un especial representante del nacionalismo cultural, especialmente por considerársele la máxima expresión artística de la Revolución mexicana.

En su relato *Sueño de una tarde dominical en la Alameda*, Bodo Uhse se ocupa –muchos años después de su regreso a Alemania– de su país de exilio de una manera pesimista y al mismo tiempo sarcástica, en donde a través de la obra de Diego Rivera pone en tela de juicio el éxito de la Revolución mexicana, así como también la tarea del arte, una de las principales discusiones del exilio durante su estancia en México, y también de los intelectuales en el marco de su relación con el Estado y la constitución de la República Democrática Alemana. El relato es publicado dos años antes de la muerte de Uhse, en una etapa de su vida en la que había dejado de creer en la humanidad, en la revolución y en la posibilidad de conseguir un futuro mejor a través de la lucha de clases, motivo por el que tanto la Revolución mexicana como el arte del muralismo le sirven como proyección de su gran desilusión política y social frente a la RDA.

Uno de los principales atractivos que Anna Seghers reconoce en el muralismo es el papel pedagógico o de concientización que se le atribuye a este arte (al que compara con la función del libro en Europa), no sólo por parte de los exiliados, sino también por los mismos muralistas, especialmente por su especial y gran posibilidad de recepción entre las masas –lo que Seghers también compara con el cine–. Es decir, gran parte de su discurso sobre el muralismo se apoya en los mismos conceptos en los que este movimiento artístico –como heredero de la Revolución mexicana– había sustentado su proceso de gestación. Y aunque considera al muralismo como un arte específicamente "mexicano" con clara influencia del arte precolombino, no deja de destacar la influencia europea en éste al situarlo como parte o herencia de la pintura del Renacimiento.

Seghers, además, manifiesta las limitaciones con las que se enfrenta al describir una cultura tan lejana y extraña a la suya, es decir, reconoce, a pesar de su estancia en México, lo difícil que es superar las diferencias culturales. Sin embargo, casi treinta años después de su regreso del exilio expresa que el muralismo mexicano es de las pocas manifestaciones artísticas que por su originalidad habían marcado su vida (Seghers 1983: 55). Seghers retoma así al muralismo como un arte para el pueblo, como un arte pedagógico, concientizador y exaltador de la lucha de clases, como un arte que contribuía a la conformación de un nuevo Estado, una nueva identidad nacional. Un factor importante a considerar en sus textos escritos al regreso del exilio o de la conformación de la RDA es el hecho de que también esta república intentaba legitimarse a través de la consolidación de un determinado discurso de identidad y de nación cultural que trajo consigo la creación de un mito intelectual que finalmente hizo de la RDA una "dictadura educativa" (Emmerich 1996: 40).

Tanto en el caso de Anna Seghers como de Bodo Uhse se observa un conocimiento muy cercano de la situación política, social y cultural de México; sin embargo, el papel de su país de exilio en sus textos les sirve principalmente de plataforma para el tratamiento de su propia situación en el proceso de constitución y consolidación de la RDA.

Bibliografía

Azuela de la Cueva, Alicia (2005): *Arte y poder, renacimiento artístico y revolución social. México, 1910-1945*. Zamora: El Colegio de Michoacán/Fondo de Cultura Económica.

Badenberg, Nana (1992): "Wandbilder – Bilderwandel. Diego Rivera im Blick seiner europäischen Betrachter". En: Schmidt, Friedhelm (ed.): *Wildes Paradies – Rote Hölle. Das Bild Mexikos in Literatur und Film der Moderne*. Bielefeld: Aisthesis, pp. 130-159.

Bock, Sigrid (1990): "Anna Seghers: Begegnung mit mexikanischer Wandmalerei". En: Stephan, Alexander (ed.): *Exil – Literatur und die Künste nach 1933*. Bonn: Bouvier, pp. 15-27.

Carr, Barry (1996): *La izquierda mexicana a través del siglo XX*. México, D.F.: Era.

Díaz Pérez, Olivia (2004): "Der Exilverlag El Libro Libre in Mexiko". En: Krohn, Claus-Dieter et al. (eds.): *Bücher, Verlage, Medien. Ein Internationales Jahrbuch*. Vol. 22. München: text + kritik, pp. 156-179.

Emmerich, Wolfgang (1996): *Kleine Literaturgeschichte der DDR*. Ed. aumentada y revisada. Leipzig: Kiepenheuer.

Goldschmidt, Alfons (1985): *Mexiko. Auf den Spuren der Azteken*. Leipzig: Reclam.

Guerrero, Xavier (1943): "Mexikanische Fresken". En: *Freies Deutschland. Alemania Libre*, 7, 2, pp. 23-24.

Hanffstengel, Renate von (1995a): "La imagen de la Revolución Mexicana en la obra de Bodo Uhse Sonntagsträumerei in der Alameda y en sus cuentos mexicanos". En: Hanffstengel, Renata von/Tercero Vasconcelos, Cecilia (eds.): *México, el exilio bien temperado*. México, D.F.: Instituto de Investigaciones Interculturales Germano-Mexicanas/Goethe-Institut, pp. 83-87.

— (1995b): *Mexiko im Werk von Bodo Uhse. Das nie verlassene Exil*. New York: Peter Lang.

— (1999): *Encuentros gráficos 1938-1948*. México, D.F.: Instituto de Investigaciones Interculturales Germano-Mexicanas.

Kießling, Wolfgang (1974): *Alemania libre in Mexiko. Ein Beitrag zur Geschichte des antifaschistischen Exils 1941-1946*. 2 vols. Berlin: Akademie.

— (1989): *Brücken nach Mexiko. Traditionen einer Freundschaft*. Berlin: Dietz.

— (1994): "Er hoffte vergeblich auf Vergeltung von Treue: André Simone". En: *"Partner im Narrenparadies". Der Freundeskreis um Noël Field und Paul Merker*. Berlin: Dietz, pp. 240-250.

Kröhnke, Friedrich (1985): "Surrealismus und deutsches Exil. Eine mexikanische Episode". En: *Exilforschung*, 3, 1, pp. 359-373.

Monsiváis, Carlos (1982): "Der Muralismo und sein Publikum". En: Kurnitzky, Horst (ed.): *Wand, Bild, Mexico*. Berlin: Fröhlich & Kaufmann, pp. 11-26.

— (2000): "Notas sobre la cultura mexicana en el siglo XX". En: *Historia General de México*. México, D.F.: El Colegio de México, pp. 957-1076.

Münzberg, Olaf/Nungesser, Michael (1984): *Geburt der mexikanischen Wandmalerbewegung in den frühen zwanziger Jahren. Vom Schöpfungsmythos zur revolutionären Dreieinigkeit*. Berlin: Richard Seitz.

— (eds.) (1987): *Diego Rivera 1886-1957. Retrospektive*. Berlin: Neue Gesellschaft für Bildende Kunst.

Patka, Marcus G. (1999): "Der Kreis um Leo Trotzki und Diego Rivera – Otto Rühle und André Breton". En: *Zu nahe der Sonne. Deutsche Schriftsteller im Exil in Mexiko*. Berlin: Aufbau Taschenbuch, pp. 54-62.

Pohle, Fritz (1986): *Das mexikanische Exil. Ein Beitrag zur Geschichte der politisch-kulturellen Emigration aus Deutschland (1937-1946)*. Stuttgart: Metzler.

Prignitz-Poda, Helga (1981): *TGP: ein Grafiker-Kollektiv in Mexico von 1937-1977*. Berlin: Seitz.

Rall, Dieter/Rall, Marlene (2003): *Mira que si nos miran. Imágenes de México en la literatura de lengua alemana del siglo XX*. México, D.F.: Universidad Nacional Autónoma de México.

Regler, Gustav (1987): *Vulkanisches Land*. Göttingen: Steidl.

Renn, Ludwig (1979): *In Mexiko*. Berlin: Aufbau.

Rivera, Diego (2003): "Carta a Anna Seghers de 1952". En: *Argonautenschiff 12. Jahrbuch der Anna Seghers Gesellschaft*. Berlin: Aufbau, p. 272.

Roos, Peter (ed.) (1977): *Anna Seghers, Materialienbuch*. Darmstadt: Luchterhand.

Rühle-Gerstel, Alice (1979): *Kein Gedicht für Trotzki. Tagebuchaufzeichnungen aus Mexiko*. Frankfurt am Main: Neue Kritik.

Schmidt, Friedhelm (1995): "Reportajes literarios de 'otros tiempos y lugares'. Los *Descubrimientos en México* de Egon Erwin Kisch". En: Hanffstengel, Renata von/Tercero Vasconcelos, Cecilia (eds.): *México, el exilio bien temperado*. México, D.F.: Instituto de Investigaciones Interculturales Germano-Mexicanas/ Goethe-Institut, pp. 72-81.

Seghers, Anna (1947): "Carta a Clara Porset". En: *Archiv der Akademie der Künste, Anna Seghers Archiv*, Sig. 1391, 1. Mappe.

— (1953): "Der erste Schritt". En: *Der Bienenstock. Ausgewählte Erzählungen in zwei Bänden*. Vol. 2. Berlin: Aufbau, pp. 367-457.

— (1971a): "Die gemalte Zeit. Mexikanische Fresken". En: *Über Kunstwerk und Wirklichkeit*. Vol. 2. Berlin: Akademie, pp. 69-73.

— (1971b): "Diego Rivera (1949)". En: *Über Kunstwerk und Wirklichkeit*. Vol. 2. Berlin: Akademie, pp. 85-88.

— (1979): "Brief an Georg Lukács vom 28.06.1948". En: *Über Kunstwerk und Wirklichkeit*. Vol. 4. Berlin: Akademie, p. 154.

— (1983): "Wirklichkeit und Phantasie. Fragen an Anna Seghers". En: Roscher, Achim: *Also fragen Sie mich! Gespräche*. Halle/Leipzig: Mitteldeutscher Verlag, pp. 51-58.

— (2000): *Hier im Volk der kalten Herzen. Briefwechsel 1947*. Berlin: Aufbau Taschenbuch.

— (2003): "Dolores del Río". En: *Argonautenschiff 12. Jahrbuch der Anna Seghers Gesellschaft*. Berlin: Aufbau, pp. 255-259.

Siqueiros, David Alfaro (1977): *Me llamaban el Coronelazo. Memorias*. México, D.F.: Grijalbo.

Stephan, Alexander (1990): "Die FBI-Akte von Anna Seghers". En: *Sinn und Form*, 42, 3, p. 508.

Tibol, Raquel (ed.) (1996): *Palabras de Siqueiros*. México, D.F.: Fondo de Cultura Económica.

Ugalde, Nadia (1997): "Sueño de una tarde dominical en la Alameda Central". En: Instituto Nacional de Bellas Artes: *Mural. 50 años 1947-1997. Sueño de una tarde dominical en la Alameda Central*. México, D.F.: Conaculta/INBA/Museo Mural Diego Rivera, pp. 15-33.

Uhse, Bodo (1961): *Sonntagsträumerei in der Alameda*. Berlin: Henschel.

— (1983): *Versuche, Berichte, Erinnerungen*. Berlin/Weimar: Aufbau.

Zur Mühlen, Patrick von (1988): *Fluchtziel Lateinamerika. Die deutsche Emigration 1933-1945: politische Aktivitäten und soziokulturelle Integration*. Bonn: Neue Gesellschaft.

Florian Gräfe

La Revolución traicionada: una interpretación intercultural del cuento "El hermano del bandido" ("Der Bruder des Gavillan"), de Bodo Uhse

El exilio de artistas y literatos alemanes en México durante la dictadura de Hitler ofrece una amplia gama de información para la investigación literaria enfocada en los estudios interculturales. Escritores de renombre como Anna Seghers, Egon Erwin Kisch, Ludwig Renn y Gustav Regler, por mencionar solamente a algunos de ellos, dedican una parte importante de su obra literaria a su país de acogida durante el exilio y después de haber regresado a Alemania. Percepciones interculturales son parte esencial de sus escritos. El campo de investigación que se basa en sus obras ofrece una multitud de temas para el desarrollo de los estudios interculturales. De hecho, la literatura alemana escrita fuera de los países germanohablantes es una verdadera mina para estudios sobre estándares de percepción, mecanismos de proyección e interacción intercultural.

En el año 1941, Bodo Uhse (1904-1963) llegó a México saliendo de California (Estados Unidos), que fue el penúltimo destino durante su exilio. Expatriado de Alemania en 1934, el comunista Uhse permaneció forzadamente en París y después luchó en la Guerra Civil española. Paradójicamente, el compromiso político de Bodo Uhse empezó en 1927 como miembro del NSDAP (Partido Nacionalsocialista Obrero Alemán), del cual fue expulsado tres años después, ya que se alió con la parte izquierdista del partido, representada por los hermanos Strasser. A partir de 1931 se inscribió al Partido Comunista Alemán (KPD por sus siglas en alemán). En Estados Unidos le dieron permiso de internarse con el propósito de que participara en el congreso del PEN americano. Una vez terminado el congreso tenía forzosamente que dejar el país por ser comunista.

En 1948, tres años después de haber finalizado la Segunda Guerra Mundial, Uhse decidió regresar a la parte este de Alemania, la denominada “Zona de Ocupación Soviética”, donde como miembro y diputado del Partido Socialista Unificado de Alemania (SED por sus siglas en alemán) se esforzó en la reconstrucción de la RDA (República Democrática Alemana) sobre todo en el ámbito cultural. Bodo Uhse muere a los 59 años, en 1963.

Durante los ocho años que duró su estancia en México, Bodo Uhse se dedicó tanto a la política en apoyo del Partido Comunista como a la vida cultural de los exiliados alemanes. En posiciones destacadas colaboró en la “Liga Pro Cultura Alemana” que fue fundada en 1937 por Ernst Toller, y en el “Club Heinrich Heine”, que ofrecía noches de debates y de lecturas así como representaciones de obras teatrales en lengua alemana. Además, Uhse era el responsable de la selección y corrección de la publicaciones en la editorial “El Libro Libre” fundada en 1942 en la ciudad de México. En 1944 esta editorial publicó su novela *El teniente Bertram*; en este mismo año, Uhse tradujo y editó también un ensayo escrito por el político y filósofo Vicente Lombardo Toledano acerca de Johann Wolfgang von Goethe. En función de encargado de la sección cultural, Uhse apoyó la revista mensual *Freies Deutschland* (“Alemania Libre”), que se publicó de 1941 hasta 1946 en México.

En la entrega de julio de 1943, dicha revista se dedica en forma de edición especial exclusivamente al tema de México. Bodo Uhse presenta aquí por primera vez el cuento que tratamos a continuación, bajo el título “Die Brüder” (“Los hermanos”) (Uhse 1943). La revista reúne a todos los escritores alemanes de renombre que hubieran hecho una aportación en honor del país de acogida. La introducción se dirige con palabras de gratitud al “gran democrático Presidente, General de División Don Manuel Ávila Camacho” al que se promete lealtad incondicional (*Freies Deutschland* 1943: 3). Catorce años más tarde, en 1947, Uhse retoca el texto y lo vuelve a publicar dentro de su colección de *Cuentos mexicanos*, esa vez bajo el título “El hermano del bandido” (“Der Bruder des Gavillan”). En la interpretación que se presenta a continuación, me referiré a esta segunda edición, que se encuentra publicada otra vez en sus *Obras Selectas* (Uhse 1976), recurriendo sin embargo en algunos casos a la primera versión.

El siguiente estudio consiste de dos partes: primero expondré un análisis de los dos protagonistas del cuento "El hermano del bandido" para comprobar cómo Bodo Uhse logra integrarse en el debate acerca de la identidad mexicana de los años 40. Esta primera parte forma el núcleo de mi exposición, enfocándose en el valor intercultural del cuento. En la segunda parte me baso en algunos de los resultados anteriormente obtenidos, resaltando cómo Bodo Uhse interpreta la Revolución mexicana.

He aquí un breve resumen de la trama. En el cuento de Bodo Uhse se encadenan varios tipos y grados de traición. El bandido Celestino pide a su hermano Jerónimo que lo acompañe a él y a su pandilla "para irse a las montañas", en donde pensaban intentar una revuelta contra las tropas federales (Uhse 1976: 240). Contra su voluntad, Jerónimo sigue al hermano dominante y despiadado; pero al poco tiempo reflexiona y encuentra una oportunidad para informar al comandante de las tropas enemigas acerca de los planes del hermano. El comandante le pide a Jerónimo que regrese de inmediato con la pandilla del hermano para expresar la petición de los federales de rendirse sin condición. Celestino, al enterarse de la traición de Jerónimo, manda fusilarlo a sus hombres y mientras tanto huye de los federales. Poco después, las tropas federales arrestan a los insurgentes.

La primera edición del cuento con el título "Los hermanos" hace alusión aún más evidentemente a la larga tradición literaria del motivo principal. De hecho, el tema del conflicto entre hermanos desempeña un papel sobresaliente en la mitología, religión y arte europeos de todas las épocas. La "discordia fraternal" generalmente se representa como "desnaturalizada, pecaminosa y criminal" (Frenzel 1992: 80). Frecuentemente, por ejemplo en el *Antiguo Testamento* entre Esaú y Jacob, la relación se representa como "una oposición esquemática entre un rudo hermano mayor y un pacífico hermano menor" (Frenzel 1992: 84). De la misma manera, los caracteres de los dos hermanos mexicanos se oponen, preponderando siempre el punto de vista del hermano Jerónimo, cuyas reflexiones y sentimientos se explican más detenidamente. Muchas veces, el hermano Celestino sirve de contraste para que se ponga en evidencia la posición de Jerónimo. La caracterización de ambos protagonistas refleja repetidamente el debate contemporáneo acerca del "ser del mexicano", lo que demostraré a continuación (Villegas 1979).[1]

El cuento empieza con una exposición casi emblemática del conflicto entre Jerónimo y su asno. Jerónimo externa su desesperación y furor de que le hayan robado en la pulquería todo el dinero conseguido por la venta de su madera dándole de golpes en la espalda al animal. "Por lo pronto, el burro siguió trotando como si nada hubiera pasado [...]" (Uhse 1976: 239). Pero poco después, tumba a su amo con la pata trasera. El acto impulsivo e incontrolado de Jerónimo, por un lado, y por el otro la paciencia simulada de carácter antropomórfico del burro, el cual sin embargo estalla violentamente, dan lugar al inicio de la trama. Una vez derribado y con la cara sobre la tierra, un sentimiento difuso de angustia se empieza a apoderar de Jerónimo que abarca las raíces de su existencia:

> Estirado en el polvo gris y granuloso, tenía el sentimiento de que un fuerte temblor sacudiese la tierra. Cerró los párpados sobre los ojos grandes y oscuros y empezó a rezar. Sólo después de un buen rato se dio cuenta de que el suelo abajo de él no se movía. El corazón le latía violentamente. Su miedo no disminuía. Se sentía acechado por el peligro y la muerte, no por un peligro en específico, sino por muchos, no por una sola muerte, sino por varias. Sentía el sufrimiento y la inseguridad de la vida con tal vehemencia que hubiera preferido exhalar su alma en un sólo suspiro directamente aquí, en la calle (Uhse 1976: 239).[2]

Este paso ilustra el concepto de la angustia tal como lo describe la filosofía existencialista contemporánea. El "ser arrojado" (*Geworfensein*) de la existencia humana se presenta aquí literalmente comprimida en una imagen emblemática. "Con repugnancia" se vuelve a parar Jerónimo, mas el sentimiento de abandono le queda: "Le entró un sentimiento de soledad" (Uhse 1976: 239).

¿Será admisible suponer en esta formulación una referencia a las reflexiones de Octavio Paz acerca de la "soledad" del mexicano? Su ensayo famoso *El laberinto de la soledad* (1950) empieza con estas palabras:

> El descubrimiento de nosotros se manifiesta como un sabernos solos; entre el mundo y nosotros se abre una impalpable, transparente muralla: la de nuestra conciencia. Es cierto que apenas nacemos nos sentimos solos; [...] (Paz 2007: 143).

---

1 Compárese también la antología de Bartra (2007).

2 Todas las traducciones de citas del alemán son mías.

Escrita en París a finales de los años cuarenta,[3] cuando el existencialismo francés estaba en auge, la obra de Paz parafrasea la categoría heideggeriana del "ser arrojado". Más adelante Paz describe el sentimiento de angustia existencial que caracteriza a cualquier ser humano siendo tal:

> Estamos solos. La soledad, fondo de donde brota la angustia, empezó el día en que nos desprendimos del ámbito materno y caímos en un mundo extraño y hostil. Hemos caído; y esta caída, este sabernos caídos, nos vuelve culpables. ¿De qué? De un delito sin nombre: el haber nacido (Paz 2007: 217-218).

Si bien es cierto que el ensayo de Octavio Paz se publicó en 1950, es decir siete años después de la primera versión del cuento de Uhse, Santí, editor español de *El laberinto de la soledad*, muestra detalladamente que ya en los tempranos años 30, las publicaciones de Paz muestran muchos aspectos de la "soledad mexicana" tal como se formularán posteriormente en la obra maestra.[4]

Bodo Uhse observaba atentamente la literatura mexicana contemporánea, por lo que es de suponer que se ocupó de la discusión acerca del "ser del mexicano" que tuvo su inicio con el libro *El perfil del hombre y la cultura en México* (1934) de Samuel Ramos. Durante los años 30, Leopoldo Zea coordinó una serie de monografías acerca del mismo tema.[5]

---

3 Afirma Santí: "[Paz] escribió *El laberinto de la soledad* en el París de la posguerra, lugar y momento atravesados por varias corrientes artísticas e intelectuales, pero prominentemente la del llamado existencialismo francés" (en Paz 2007: 17).

4 Santí escribe: "De hecho, se podría decir que toda la primera etapa (los años entre 1931 y 1943) de la obra de Octavio Paz está atravesada por el esfuerzo por comprender, contener y acaso resolver el tema de la soledad" (en Paz 2007: 32). Compárese también: "[...] los temas de la soledad y de México en la obra de Paz anteceden por varios años a la publicación de este libro" (Santí en Paz 2007: 17).
Bodo Uhse se había encontrado, como señala Patka (1999: 36), ya en 1937 con Octavio Paz en ocasión del 2° Congreso Internacional de Escritores para la Defensa de la Cultura en Valencia, España.

5 Este estudio trata la cuestión del "ser del mexicano" según la formulación de Roger Bartra (2005) como "metadiscurso" (Bartra 2005: 16): "Ni por un instante me detendré a discutir si existe o no ese 'mexicano típico': es un problema completamente falso, que sólo tiene interés como parte del proceso de constitución de la cultura política dominante" (Bartra 2005: 20).
En los años 30 y hasta los 50, a la hora de tratar al "mexicano típico" se tenía como modelo al habitante de México Central de la clase baja o media baja: "[...] ubicando al *mexicano* tipo [cursivo en el orig., F. G.] dentro de los estados del Centro y dentro de las clases populares y medias pobres, pues, como decía el

La cuestión acerca del ser de un supuesto *homo mexicanus* (denominación según Phelan 1956) se discutió en esa época recurriendo a discursos actuales que se desarrollaron en el ámbito de la filosofía, la psicología y la sociología. Por mucho tiempo, este tema significó un problema central del cual se ocupaba un gran número de intelectuales mexicanos.[6] La filosofía existencial de Martin Heidegger influyó directamente en sus respuestas, por lo que hasta algunas veces el pensador alemán representaba la base teórica de sus debates. En su visión general de los discursos mexicanos acerca del ser mexicano, John Leddy Phelan caracteriza esta influencia heideggeriana como una "Germanization of the modern Mexican mind [...]. The Mexican existentialists are defending with Germanic weapons ideals and aspirations as old as Hispanic culture itself" (Phelan 1956: 313).

En los años 40, cuando Uhse ya residía en México, este tema todavía era de importancia primordial.[7] El filósofo Emilio Uranga (1921-1988), por ejemplo, busca el "ser" mexicano en su obra *Ensayo de una ontología del mexicano* (1949) y acaba afirmando:

> En el mexicano esta melancolía forma el fondo sin fondo de su ser, la nada en que reposa. [...] El melancólico [...] nunca pierde de vista que esos mundos reposan en una nada, están en vilo sobre la nada, y este saber del infundio del mundo, es justamente lo que solemos llamar melancolía (Uranga 2007: 153).

En su ensayo *Conciencia y posibilidad del mexicano*, Leopoldo Zea, por su lado, busca la raíz del sentimiento existencial que se caracteriza por la incertidumbre y la amenaza en la historia mexicana: "En el mexicano esta zozobra, inseguridad e inconsistencia han sido permanentes; las lleva entrañadas desde el día en que se encontraron dos mundos tan opuestos como el europeo y el americano" (Zea 2001: 62).

Bodo Uhse acompaña a los mexicanos en su afán por conocer su verdadero *ser* de manera literaria, mientras que el alemán Paul Westheim, llegado a México como refugiado casi al mismo tiempo que

---

doctor Mora, 'el carácter de los mexicanos y sus virtudes no deben buscarse, como lo han hecho muchos extranjeros, en las clases privilegiadas, sino en la gran masa de los ciudadanos'" (Iturriaga 2001: 458).
Al respecto, cf. también Santí (en Paz 2007: 45-46). Una sinopsis del problema ofrece Villegas (1979), así como ya antes Phelan (1956).

6 En Matzat (1996) se pone de relieve la relación del discurso mexicano con el europeo contemporáneo.

7 De ello da testimonio la antología *Anatomía del mexicano* de Bartra (2007).

Uhse, hace un intento similar en el campo de la historia del arte y la cultura. En su famoso ensayo acerca de *La calavera. La muerte en México* (1953), con el cual logró mucho reconocimiento en dicho país, Westheim se inscribe en el discurso contemporáneo:

> La carga psíquica que da un tinte trágico a la existencia del hombre mexicano, hoy como hace dos y tres mil años, no es el temor por la muerte, sino la angustia vital, la fatalidad de la vida, la conciencia de estar expuesto, y con insufientes medios de defensa, a una existencia llena de peligros, llena de esencias demoníacas (Westheim 1983: 10).

Como expongo a continuación, el cuento de Uhse presenta ulteriores reminiscencias de ideas de Octavio Paz, sin que intente realizar aquí un estudio sobre influencias directas del autor mexicano, puesto que eso no sería posible cronológicamente.

Uhse construye analogías con la flora y la fauna, por un lado, y con el ámbito psíquico-humano, por el otro. Algunas de estas analogías, sin embargo, sólo aparecen en la versión de 1943. La amenaza que enfrenta Jerónimo en su desamparo total frente al miedo y al destino, se ve reflejada en la naturaleza que lo circunda.

> El sol se metió. El camino se apropió de lo abrupto de la montaña yendo hacia arriba. Por ambos lados, Jerónimo fue hostigado por los nopales, chollas, mamillarias, todas armadas de espinas. Una vez, Jerónimo vio una serpiente zigzagueando en la arena, y en el cielo, el cual estaba entonces de color azul-verde, unos zopilotes daban vueltas con una paciencia maligna (Uhse 1943: 26).

Asimismo, y no sólo en su *Laberinto de la soledad*, Octavio Paz construye paralelos figurativos entre la mentalidad mexicana y la naturaleza de la tierra:

> La dureza y hostilidad del ambiente –y esa amenaza, escondida e indefinible, que siempre flota en el aire– nos obligan a cerrarnos al exterior, como esas plantas de la meseta que acumulan sus jugos tras una cáscara espinosa (Paz 2007: 165).[8]

La analogía entre naturaleza exótica y el ser (del) mexicano se puede encontrar también en otros autores alemanes exiliados en México.

8 Santí se refiere al respecto al poema "Entre la piedra y la flor" (1941), en el cual Paz establece paralelos entre la naturaleza y la psique humana: "Al desierto del paisaje mexicano corresponde, por tanto, una equivalente experiencia interior– el páramo del vacío y la soledad" (en Paz 2007: 33).

Para poner un ejemplo, Gustav Regler comenta lo siguiente en su volumen de ensayos *Tierra volcánica,* publicado en 1947:

> Cabe mencionar también que los cactus dan un aspecto exótico al país. Son blandos, la mano de un niño los podría romper. Crecen del suelo árido en desiertos secos. Su vida depende a menudo de un único hilo de raíz y sus flores son un matiz de colores que ni siquiera la flor más tierna del norte los sabría producir mejor. Sin embargo, allí están protegidos por espinas malignas, casi como si sus venas estuvieran llenas de veneno; tienen un ademán de fortaleza, siendo al mismo tiempo débiles y tiernos. Son plantas mexicanas de verdad. De igual manera, los seres humanos alargan sus espinas, no para herir, sino para defenderse. Su interior es blando e indefenso (Regler 1987: 54-55).

No solamente en el cuento de Bodo Uhse es notoria la escasez de palabras en los diálogos de los caracteres mexicanos. No es raro que las conversaciones de sus personajes abarquen más el silencio que la verbalización. Un claro ejemplo de ello es el encuentro entre Jerónimo y su esposa Concha poco antes de seguir al hermano Celestino en las montañas. En ese breve diálogo, los dos casi no interactúan verbalmente y responden a las preguntas callándose o asintiendo con la cabeza. Los dos parecen presentir que la decisión de Jerónimo de seguir a su hermano va a llevar consigo consecuencias funestas; sin embargo, nadie de los dos externaliza sus temores con palabras. Concha no verbaliza lo que quiere transmitir, sólo con gestos expresa su afecto y sus recelos:

> "Adios", dijo él.
> "¿No querrás comer ni siquiera una mordida? Los frijoles ya están calientes", preguntó Concha. Se paró a su lado presionando su cara contra el brazo de él.
> "Cuídalos bién [...]", acabó diciendo Jerónimo y señaló con la cabeza la choza donde dormían los niños (Uhse 1976: 242-243).

En *El laberinto de la soledad*, Paz hace hincapié en que "el silencio" constituye una característica fundamental del mexicano: "Me parece que todas estas actitudes, por diversas que sean sus raíces, confirman el carácter 'cerrado' de nuestras reacciones frente al mundo o frente a nuestros semejantes" (Paz 2007: 175).[9]

En sus ensayos bajo el título *Mito y magia del mexicano*, escritos entre 1947 y 1949, Jorge Carrión presenta una descripción del mexicano con raíces indígenas que en algunos aspectos se parece a la de

9 Cf. también Paz (2007: 164, 166, 181, 202).

Octavio Paz. Carrión atribuye la manera silenciosa de comunicarse a la deficiente adaptación del mexicano al idioma español:

> Idioma aprendido, ajeno al hombre, a la geografía y a las primitivas imágenes del inconsciente primitivo, no se ajusta el español todavía correctamente al pensamiento mexicano que trata de expresar. Por eso nuestro lenguaje es un tanto incoherente, fragmentario, inconexo. Es la voz de la conciencia todavía muy distante del inconsciente. Los silencios, las contradicciones, las sugerencias, adquieren en ella mayor valor de comunicación que la expresión oral directa (Carrión 1952: 16-17).[10]

Concha es caracterizada como mujer abnegada, cariñosa, pero al mismo tiempo como reactiva. "Le extrañó" el hecho de que Jerónimo una vez *no* llegó a casa en estado ebrio, "mas no osó preguntar. [...] Todavía tenía la esperanza de que él hubiera traído por lo menos un pedazo de carne" (Uhse 1976: 241). Uhse presenta a la mujer mexicana tal como la caracterizó Octavio Paz: "La mexicana", opina Paz, "simplemente no tiene voluntad. Su cuerpo duerme y sólo se enciende si alguien lo despierta. Nunca es pregunta, sino respuesta [...]" (Paz 2007: 173).[11]

Celestino, por otro lado, figura como la versión mexicana del *macho*, representando exteriormente al típico revolucionario mexicano en atuendo de charro:

> Por cierto, él estaba vestido como correspondía a su rango. Llevaba puesto un sombrero, tan ancho como una rueda de un carro y engalanado con una bordadura de plata. En el estuche de la pistola que colgaba de un cinturón guarnecido de cartuchos, brillaban adornos de nácar. Fumaba un cigarillo negro y sus espuelas daban un sonido hueco, cuando pasaba junto a los demás, los cuales lo respetaban dándole un lugar especial (Uhse 1976: 244-245).

Celestino tampoco deja lugar a dudas en el trato con su hermano en cuanto a su superioridad. Esto se denota durante la primera conversación que los dos tuvieron después de mucho tiempo de no verse, ya que Celestino habló siempre "desde las alturas de su caballo" (Uhse 1976: 243). Siempre se presenta exigente y amenazante, entregándose

---

10 Cf. también Carrión (1952: 53).

11 Béjar Navarro cita el ensayo publicado en 1961 por M. Loreto H. titulado *Personalidad (?) de la mujer mexicana*, en donde se encuentra una descripción de la mujer mexicana muy parecida: "Tranquila y dócil deja correr su vida sin sobresaltos, sumisa al hombre y al medio, que hacen de ella un ser estático por excelencia" (citado por Béjar Navarro 1994: 69).

completamente a sus impulsos. Cuando Jerónimo se atreve a preguntarle por sus pensamientos y a poner en duda la confianza de la gente que él tenía a su cargo, Celestino pierde el dominio de sí mismo, "y en sus ojos bajo las cejas rectas chispeó una amenaza mortal" (Uhse 1976: 246). Celestino se aísla de manera hermética del mundo exterior y se defiende agresivamente contra cualquier duda o sentimiento que viene desde fuera. De esta manera, su carácter coincide perfectamente con la descripción del mexicano como la expresa Paz:

> El mexicano [...] no [puede] "rajarse", esto es, permitir que el mundo exterior penetre en su intimidad. [...] El hermetismo es un recurso de nuestro recelo y desconfianza. Muestra que instintivamente consideramos peligroso al medio que nos rodea. [...] El macho es un ser hermético, encerrado en sí mismo (Paz 2007: 165).

Celestino sospecha el engaño y la traición en todo: "Pensaba que no estaba tan mal tener de su lado a Jerónimo, aunque no pudiera confiar en él, y realmente lo había llevado consigo solamente para que no los traicionara" (Uhse 1976: 245).

Antes de la publicación de *El laberinto de la soledad*, la discusión alrededor del "ser del mexicano" tenía como referencia obligatoria al ensayo crucial de Samuel Ramos acerca de *El perfil del hombre y la cultura en México* (1934). Ramos declara que la "desconfianza" es un rasgo esencial del "carácter mexicano":

> La nota del carácter mexicano que más resalta a primera vista, es la desconfianza. Tal actitud es previa a todo contacto con los hombres y las cosas. [...] Se trata de una desconfianza irracional que emana de lo más íntimo del ser. Es casi su sentido primordial de la vida. [...] Es una forma a priori de su sensibilidad. [...] El mexicano [...] desconfía de todos los hombres y de todas las mujeres (Ramos 2008: 58).

Para las publicaciones de la época, la "desconfianza" parece ser la característica más evidente del mexicano. Alfonso Reyes describe y justifica en su breve ensayo titulado *Reflexiones sobre el mexicano* (1944) "esta reserva, este freno, esta desconfianza, esta necesidad constante de la duda y de la comprobación" del mexicano (Reyes 1996: 424). Es más, Emilio Uranga erige dicha "desconfianza" a nivel ontológico:

> La "desconfianza" con que el mexicano lo aborda todo, y la desgana con que también todo lo matiza, son exhibiciones de su cercanía al accidente, así como la "confianza" y la "generosidad" de otros estilos de existir con símbolos de su dominio del accidente y de cierta seguridad que se han

> dado por haber entrado en camino de la sustancialización (Uranga 1952: 25).

Cabe admitir que Celestino no se equivoca del todo al desconfiar de su hermano Jerónimo, el cual a primera vista sí parece obedecer sumisamente y actuar según los mandos del cabecilla. Aparentemente, la postura dominante de Celestino ejerce un efecto irresistible también hacia su hermano: "Su voz cayó en Jerónimo y lo cubrió por completo. Si no fuera mi hermano el que está hablando, pensó Jerónimo, ¿cómo podría saber yo lo que es justo y lo que es injusto?" (Uhse 1976: 244).

El hecho de que Jerónimo acabe sin embargo traicionando a Celestino con las tropas federales, se puede explicar con la observación de Paz que el "disimulo" es una característica perseverante del mexicano que se esconde bajo la máscara de un comportamiento aparentemente sumiso: "El mundo colonial ha desaparecido, pero no el temor, la desconfianza y el recelo" (Paz 2007: 179). El alma mexicana abriga "traición y lealtad, crimen y amor" (Paz 2007: 202). Esta manera de caracterizar al mexicano forma parte esencial del inventario de argumentos en los debates mexicanos de los años 30 hasta los 50 acerca del "ser del mexicano". Muy parecido a lo que Paz formula, el sociólogo José E. Iturriaga en su obra *La estructura social y cultural de México* (1951), expone en el capítulo "El carácter del mexicano" lo siguiente:

> Suele ser reservado y posee gran capacidad para disimular sus emociones. [...] Su tendencia al autismo y a la inmovilidad, su condición de introvertido [...] son el resultado de su desconfianza a un medio social y natural que le han sido hostiles (Iturriaga 2001: 459-460).

Mi intención hasta ahora ha sido evidenciar cómo Bodo Uhse recurre constantemente a descripciones mexicanas contemporáneas en la caracterización de sus personajes, no importando si se pueden comprobar influencias directas o indirectas en cada caso.

¿Pero cómo se caracteriza la Revolución mexicana en el cuento "El hermano del bandido"? Los hermanos Jerónimo y Celestino se engañan y se traicionan continuamente, mostrándose al final cómo Celestino abandona por motivos egoístas a sus hombres para salvar su propia vida, justo en el momento en que atacan las tropas federales. Ni Jerónimo ni Celestino creen en algún momento en la sinceridad del otro. Celestino califica a su hermano como "un tipo clandestino", Jerónimo por su parte reprocha a Celestino de "traicionar" sistemáticamente a su propia gente (Uhse 1976: 246):

> Andas diciendo a tu gente, que prestaste el servicio militar bajo Emiliano Zapata, lo que realmente es verdad. Mas sin embargo ocultas el hecho de que posteriormente lo dejaste, de que perteneces a aquellos que lo fusilaron en Chinameca en una emboscada, de que [...].
> "¡Qué te calles!" respondió Celestino con un silbido, "¡cállate, te digo!" (Uhse 1976: 246).

Por indicación del presidente Carranza, el coronel Jesús Guajardo invitó al líder revolucionario Emiliano Zapata a su hacienda de San Juan, cerca de Chinameca, alegando como pretexto que tenía la intención de desertar y de juntarse con los revolucionarios. Al llegar Zapata al día siguiente (el 10 de abril de 1919) a la hacienda, los militares de Guajardo lo mataron a tiros.

En el transcurso de la Revolución mexicana, se alternan desde el principio traición y engaños. Muy conocida es la traición que hizo el general Victoriano Huerta al entonces presidente Francisco I. Madero. El encadenamiento ininterrumpido de traiciones no se puede repasar enteramente en este estudio.[12] Jorge Ibargüengoitia resume y caricaturiza el desenvolvimiento de la historia mexicana entre 1915 y 1930 de manera magistral en su irónica "Nota explicativa para los ignorantes en materia de Historia de México" con que concluye la novela *Los relámpagos de agosto* (1964). La formulación de Ibargüengoitia, que por su incoherencia raya en lo absurdo, refleja la falta total de sentido que tiene la secuencia de asesinar y ser asesinado. Me permito citar la formulación del novelista de manera extensa:

> [La] principal preocupación, entre 1915 y 1930, fue la de autoaniquilarse. Obregón derrotó en Celaya a Pancho Villa, que todavía creía en las cargas de caballería; don Pablo González mandó asesinar a Emiliano Zapata; Venustiano Carranza murió acribillado en una choza, cuando iba en plena huida; nunca se ha sabido si por órdenes o con el beneplácito de Obregón, que, a su vez, murió de los siete tiros que le disparó un joven católico profesor de dibujo. Pancho Villa murió en una celada que le tendió un señor con el que tenía cuentas pendientes. En los intestinos del general Benjamín Hill, que era Secretario de Guerra y Marina, se encontraron rastros de arsénico; el cadáver de Lucio Blanco fue encontrado flotando en el Río Bravo; el general Diéguez murió por equivocación en

12 "Traición" es un *Leitmotiv* de la historiografía mexicana. De hecho, una tradición falsificante supone que la Malinche había traicionado a sus compatriotas siguiendo el interés del conquistador español Hernán Cortés.

> una batalla en la que no tenía nada que ver; el general Serrano fue fusilado con su séquito en el camino de Cuernavaca, y el general Arnulfo R. Gómez fue fusilado, con el suyo, en el estado de Veracruz; Fortunato Maycotte, que, según el corrido, divisó desde una torre a las tropas de Pancho Villa, al lado de Obregón, fue fusilado en Pochutla, por las tropas del mismo Obregón; el general Murguía cruzó la frontera con una tropa y se internó mil kilómetros en el país sin que nadie lo viera; cuando lo vieron, lo fusilaron, etc., etc., etc. (Ibargüengoitia 2003: 131-132).

A menor escala, Bodo Uhse también nos presenta una serie de traiciones y engaños inútiles que acaban con el triunfo dudoso del hermano menos escrupuloso. De esta manera, los dos "hermanos" representan metonímicamente a los mexicanos de la época revolucionaria que combaten despiadadamente entre sí, a partir de que la Revolución se convierte más y más en una guerra de todos contra todos. Los frentes ya casi no eran controlables, por ende los historiadores hablan hasta de una forma de guerra civil. De hecho, en la primera versión de su cuento, Uhse usa el término "guerra civil" refiriéndose a las luchas revolucionarias (Uhse 1976: 240). Falta cualquier tipo de comentarios sobre el sentido de la revuelta, con la única excepción de las explicaciones de Celestino arriba citadas acerca de las motivaciones de los revolucionarios: lucha contra el gobierno socialista, miedo de expropriaciones. Seguramente, Uhse siendo comunista convencido, no se habría abstenido en este respecto, si hubiera querido exponer los motivos de las clases populares para levantarse contra el gobierno. Por el contrario, Uhse describe el embrutecimiento precisamente de aquellas clases sociales que debieran dar el inicio a la revolución comunista:

> La noche del día siguiente, Celestino mandó a atacar un pueblo cercano, porque su gente estaba de nuevo intranquila. Mataron a tiros a cuatro campesinos, pero consiguieron un amplio botín, así que todos estaban bastante alegres (Uhse 1976: 247).

Es evidente que Uhse en sus *Cuentos mexicanos* no acata la prohibición de escribir de manera derrotista sobre las luchas sociales.[13] Renata von Hanffstengel, que publicó la única monografía acerca de la obra

13 Hanffstengel señala que "el héroe de Uhse es ni revolucionario ni reaccionario; tampoco tiene la ocasión para ser uno u otro. Un crítico de formación marxista no puede encajar este cuento en ningún esquema" (Hanffstengel 1995a: 245). También Patka observa que "[...] en los *Cuentos Mexicanos* publicados en 1957 no existe una figura identificadora ni un héroe positivo, y todavía menos en el sentido del realismo histórico" (Patka 1999: 186).

"mexicana" de Bodo Uhse, señala que esa actitud sorprende todavía más considerando que existía "un tipo de directiva para los miembros del Partido Comunista que estuvieron en exilio en México [...] de luchar con el gobierno mexicano contra el fascismo" (Hanffstengel 1995b: 82) y de abstenerse de cualquier crítica respecto del país de acogida. La crítica acerba que expresa Bodo Uhse acerca del movimiento revolucionario mexicano y de la época posrevolucionaria contradice la instrucción que el partido daba a los escritores de describir en forma literaria el desenvolvimiento social hacia el progreso y la ilustración, con la finalidad de fomentar el socialismo.

Uhse acató, como observa Hanffstengel, "esta orden durante su estancia en México". La crítica fuerte y "destructiva" contra la Revolución mexicana en su obra literaria, opina Hanffstengel, empezó sólo después del regreso de Uhse a Alemania, que lo confrontó con la experiencia decepcionante del socialismo 'realmente existente' (Hanffstengel 1995b: 84). Pero Hanffstengel, en sus anotaciones acerca del papel de la Revolución mexicana en la obra de Bodo Uhse, deja de lado el cuento "Los hermanos", publicado ya en 1943, en México, concentrándose en la "obra tardía". De todas maneras, la conclusión a la que llega Hanffstengel mediante un análisis de los cuentos "Un asunto de herencia" (1960) y "Un sueño dominical en la Alameda" (1961) cuadra perfectamente con los resultados que hemos obtenido por el presente estudio: "Traición y asesinato contra sus caudillos [de la Revolución] ahogan de antemano cualquier esperanza de obtener éxitos. [...] Uhse entendió que se trataba de una revolución traicionada" (Hanffstengel 1995b: 86).

Es cierto que esta convicción se mantenía en la obra tardía de Bodo Uhse; sin embargo, ya en 1943, durante su exilio, le dio una forma literaria inequívoca.

Los *Cuentos mexicanos* de Bodo Uhse casi no tuvieron recepción en la República Democrática Alemana, lo que se debe en gran parte a una presentación de la Revolución que no se apegó a las líneas directivas del partido, y a la caracterización derrotista de la capa proletaria (Hanffstengel 1995a: 130).[14] La crítica y los estudiosos de la literatura en la República Federal de Alemania tampoco se han ocupado mucho

14 Winkler (2003: 11-13) presenta más razones para la poca recepción de los escritores exiliados en la Alemania de la post-guerra.

de la obra de Uhse hasta el día de hoy. Desde la publicación de sus *Obras selectas* en los años 70, los *Cuentos mexicanos* no se han vuelto a editar.

Sin embargo, las obras de Bodo Uhse relacionadas con el tema de México ofrecen una reserva inagotable para los estudios literarios con enfoque intercultural. Pocos exiliados provenientes de países germanoparlantes poseían de igual manera las capacidades literarias de Uhse y se ocupaban tan profundamente de la cultura y la literatura del país de acogida, participando activamente en el discurso contemporáneo (Hanffstengel 1991: 116-117, 1995a: 63).[15] El alto nivel de integración intelectual que podemos observar en Bodo Uhse no es común entre los alemanes exiliados (Winkler 2003: 22). De esta manera, Bodo Uhse logra integrar e interpenetrar puntos de vista de autores mexicanos acerca del carácter del mexicano con la perspectiva y la visión de un extranjero.

Bibliografía

Bartra, Roger (2005): *La jaula de la melancolía. Identidad y metamorfosis del mexicano*. México, D.F.: DeBolsillo.

— (ed.) ([2]2007): *Anatomía del mexicano*. México, D.F.: DeBolsillo.

Béjar Navarro, Raúl (1994): "¿Existe una manera peculiar de ser del mexicano?". En: *El mexicano. Aspectos culturales y psicosociales*. México, D.F.: Universidad Nacional Autónoma de México, pp. 33-97.

Carrión, Jorge (1952): *Mito y magia del mexicano*. México, D.F.: Porrúa y Obregón.

Freies Deutschland (1943) *(Revista Antinazi)*, 2, 7.

Frenzel, Elisabeth ([4]1992): *Motive der Weltliteratur. Ein Lexikon dichtungsgeschichtlicher Längsschnitte*. Stuttgart: Kröner, pp. 80-94.

Hanffstengel, Renata von (1991): "Einige mexikanische Erzählungen von Bodo Uhse am Rande von Wunsch und Wirklichkeit des Widerstands im Exil". En: Pfanner, Helmut F. (ed.): *Der Zweite Weltkrieg und die Exilanten. Eine literarische Antwort*. Bonn/Berlin: Bouvier, pp. 115-122.

— (1995a): *Mexiko im Werk von Bodo Uhse. Das nie verlassene Exil*. New York/ Bern/Frankfurt am Main/Berlin: Lang.

— (1995b): "Das Bild der mexikanischen Revolution im Spätwerk von Bodo Uhse". En: Hanffstengel, Renata von/Tercero Vasconcelos, Cecilia/Wehner Franco, Sil-

15 Hanffstengel (1995a: 132-133) menciona la influencia de José Revueltas en cuanto al contenido y al estilo de Uhse. Valdría la pena un estudio comparativo de ambos autores.

ke (eds.): *Mexiko, das wohltemperierte Exil*. México, D.F.: Instituto de Investigaciones Interculturales Germano-Mexicanas/Goethe-Institut, pp. 82-86.

Ibargüengoitia, Jorge (2003): *Los relámpagos de agosto*. México, D.F.: Joaquín Mortiz.

Iturriaga, José E. (2001): "El carácter del mexicano". En: Martínez, José Luis (ed.): *El ensayo mexicano moderno*. Vol. 2. México, D.F.: Fondo de Cultura Económica, pp. 452-478.

Matzat, Wolfgang (1996): "Mexikanische Identität als Gegenidentität. Das Verhältnis zwischen Mexiko und den USA im Kontext einer Diskursgeschichte der mexikanischen Essayistik". En: *Lateinamerikanische Reflexion. Essayistische Reflexion und narrative Inszenierung*. Tübingen: Narr, pp. 113-167.

Patka, Marcus G. (1999): *Zu nahe der Sonne. Deutsche Schriftsteller im Exil in Mexiko*. Berlin: Aufbau Tb.

Paz, Octavio ([13]2007): *El laberinto de la soledad*. Ed. por Enrico Mario Santí. Madrid: Cátedra.

Phelan, John Leddy (1956): "México y lo mexicano". En: *The Hispanic American Historical Review*, 36, 3, pp. 309-318.

Rall, Dietrich/Rall, Marlene (eds.) (2003): *Mira que si nos miran. Imágenes de México en la literatura de lengua alemana del siglo XX*. México, D.F.: Universidad Nacional Autónoma de México.

Ramos, Samuel ([49]2008): *El perfil del hombre y la cultura en México*. México, D.F.: Espasa-Calpe Mexicana.

Regler, Gustav (1987): *Vulkanisches Land*. Göttingen: Steidl.

Reyes, Alfonso ([2]1996): "Reflexiones sobre el mexicano". En: *Obras completas*. Vol. IX. México, D.F.: Fondo de Cultura Económica, pp. 421-424.

Uhse, Bodo (1943): "Die Brüder". En: *Freies Deutschland (Revista Antinazi)*, 2, 7, pp. 26-29.

— (1976): *Gesammelte Werke in Einzelausgaben*. Vol. 4: *Erzählungen*. Berlin: Aufbau.

Uranga, Emilio (1952): *Análisis del ser del mexicano*. México, D.F.: Porrúa/Obregón.

— ([2]2007): "Ensayo de una ontología del mexicano". En: Bartra, Roger (ed.): *Anatomía del mexicano*. México, D.F.: DeBolsillo, pp. 145-158.

Villegas, Abelardo (1979): *La filosofía de lo mexicano*. México, D.F.: Universidad Nacional Autónoma de México.

Westheim, Paul ([3]1983): *La calavera. La muerte en México*. México, D.F.: Fondo de Cultura Económica.

Winkler, Michael (ed.) ([2]2003): *Deutsche Literatur im Exil 1933-1945. Texte und Dokumente*. Stuttgart: Reclam.

Zea, Leopoldo (2001): *Conciencia y posibilidad del mexicano*. México, D.F.: Porrúa.

Georgina García Gutiérrez Vélez

La Revolución mexicana en las obras de John Dos Passos y Carlos Fuentes: la novela mural

> [...] y cantaron *Cielito lindo, La Adelita* y *Cuatro Milpas.* Ben y Mac cantaron una canción norteamericana y [...]
>
> John Dos Passos: *El paralelo 42*

> *cuatro milpas*
> *tan sólo*
> *han quedado*
>
> Carlos Fuentes: *La región más transparente*

1. En el principio fue la Revolución

La Revolución mexicana muy pronto atrajo la mirada de intelectuales y escritores del mundo: se trataba de la primera revolución social del siglo XX (1910-1920). México se convirtió en el foco de la mirada atenta de los gobiernos y empresarios extranjeros con fuertes intereses económicos en el territorio. Veían con preocupación cada vez mayor cómo peligraba la dictadura de Porfirio Díaz que tanto los había privilegiado y, durante la lucha armada, el riesgo que corrían sus propiedades. Los Estados Unidos de América, inquietos por los norteamericanos y sus posesiones, se inmiscuyeron contradictoria y obtusamente (Ulloa 1976: 33-41). Por su parte, México se agita para expulsar a un régimen autoritario que propició la desigualdad social y económica. Por fin, después de tres décadas de "orden y progreso", fue rota irreversiblemente la "*pax* porfiriana".

En México, esta "bola", a diferencia de las bolas del siglo XIX en el Porfiriato, sí se convierte en la revolución que arrasa con muchas estructuras e involucra a gran parte de la población. El país ingresa en el nuevo siglo sacudido por la violencia y la destrucción. Sin embargo, los cambios que originó esa convulsión impulsaron áreas que había descuidado el porfirismo; entre otras, la cultura y la educación. Renace la necesidad de crear y fomentar lo nacional. La Revolución mexicana genera otros nacionalismos culturales, crea otras estructuras, otro orden, y conforma al México del siglo XX. El arte y la literatura hegemónicos de la tercera década del siglo pasado nacen bajo ese influjo que retoma tradiciones mexicanas y universales. Posteriormente, la influencia de la Revolución mexicana se diversifica, se transforma, llega hasta autores que la examinan con desconfianza y la critican. Entre otros narradores emblemáticos preocupados por el tema y que producen obras "revolucionarias" estética y formalmente, pueden mencionarse, además de Mariano Azuela, que la captó desde el principio, a los de décadas posteriores: Agustín Yáñez, José Revueltas, Juan Rulfo y Carlos Fuentes.

La Revolución mexicana interesó no sólo a los grandes capitalistas extranjeros dueños del petróleo, de las minas y de negocios, sino a importantes escritores y artistas de izquierda que se trasladan a México y que escribirán sobre ella en inglés, como John Reed y John Dos Passos (Gunn 1977: 13-43).[1]

La Revolución mexicana cobra actualidad por la próxima celebración del centenario y es oportuno cotejar los escritos de autores extranjeros y de mexicanos en los que influyó. En esta línea, la comparación de testimonios, reportajes, memorias y novelas, por mínima que sea, arrojará nuevas luces sobre el tema.[2]

---

1 Dos Passos viaja a México finalizada la guerra civil, poco después de la renuncia como Ministro de Educación de José Vasconcelos, impulsor del Muralismo (1926). Su visita coincide con la presencia de John Dewey (1859-1952), quien había sido invitado por el gobierno como asesor educativo (Gunn 1977: 16-17).

2 El congreso internacional "La Revolución mexicana en la literatura y en el cine", convocado por el Servicio Alemán de Intercambio Académico (DAAD) con instituciones mexicanas, se adelanta a la celebración con su propuesta original. Este ensayo se propone el examen de la Revolución mexicana en algunas de las primeras novelas de John Dos Passos y de Carlos Fuentes. El interés de los dos en ella resulta una coincidencia importante por significativa. No es mi propósito comparar *Manhattan Transfer* y la trilogía U.S.A. con *La región más transparente* o *La muerte de Artemio Cruz* de Carlos Fuentes (que dejo para otra ocasión, aunque la referencia mínima a sus nexos, a veces señalados por la crítica, me pareció necesaria) (ver nota 16).

2. John Dos Passos y Carlos Fuentes

La Revolución mexicana marca las obras de dos autores sobresalientes en los cánones literarios de sus respectivos países y en las letras universales: el estadounidense John Dos Passos (1896-1970), cuya obra recibe el aliento cultural posrevolucionario, y el mexicano Carlos Fuentes (1928-), que ha examinado sus secuelas desde fines de la década de los años cincuenta.

Es indudable que ambos escritores conocen muy bien a los Estados Unidos de América y a México, que están enterados del papel del país poderoso en la Revolución mexicana, y de los eventos del movimiento revolucionario. Vale decir que cada uno emplea dos perspectivas para examinar la historia y la Revolución mexicana: desde los Estados Unidos y desde México. Los dos miran desde dentro y desde fuera al propio país y al otro país, por lo cual sus visiones de la historia son complementarias por partida doble.

Aunque Dos Passos y Fuentes no fueron testigos de los acontecimientos, sí les tocó vivir épocas definitivas de la posrevolución que imprimen su sello en la visión que tienen de la Revolución mexicana. El momento y las circunstancias que impactaron a John Dos Passos distan de lo observado por Carlos Fuentes años después, igual que sus lecturas previas e intertextos. En el caso del escritor mexicano, las novelas de Dos Passos son intertextos básicos en sus primeras grandes narraciones.[3]

En la juventud, John Dos Passos y Carlos Fuentes experimentaron una toma de conciencia, que los movió a asumir una posición crítica ante la sociedad. Ambos se situaron en la izquierda. Mas John Dos Passos se volvió activista radical en la política y en el arte: anarquismo y expresionismo.

Para el anarquista escritor estadounidense, su país estaba escindido en privilegiados y miserables, en "dos naciones", una para ricos y otra para pobres. Esta concepción es cercana a la de dos Méxicos de Carlos Fuentes, para quien la Revolución mexicana no modificó estructural-

3 La obra de John Dos Passos ha sido señalada como influencia literaria en las primeras novelas de Carlos Fuentes, sobre todo en *La región más transparente* (1958) y en *La muerte de Artemio Cruz* (1962). Los comentarios se han centrado en cuestiones técnicas y en el tema de la ciudad. Faltaría un estudio detenido comparativo que no se descarta, pero es más pertinente el de la Revolución mexicana en las dos obras.

mente las condiciones de vida para la mayoría de la población, atávicamente hundida en la pobreza y al margen del progreso (García Gutiérrez 1981: 151-186).

La Revolución mexicana influye en sus novelas, generadas desde ciertas concepciones estéticas sugeridas por el muralismo y por los testimonios, reportajes y por la novelística sobre el movimiento revolucionario[4]. Los vínculos entre las novelas de John Dos Passos y las de Carlos Fuentes trazan una red complicada de relaciones. Coincidencias, intertextos, modelos literarios y la Revolución mexicana, que comprensiblemente consideran en proporciones diferentes. En la de Dos Passos es uno de los acontecimientos mundiales que afectan a los Estados Unidos, representada sólo en *Paralelo 42*; en cambio, es tema central en toda la obra de Fuentes.

La lectura que hizo Carlos Fuentes de *Manhattan Transfer* y de la trilogía *U.S.A.* le aportó algunos de los procedimientos para describir la Ciudad de México y para convertirse en el novelista de la Revolución mexicana que examina sus resultados en el México moderno.

Curiosamente, México y su arte provocan en los dos un deslumbramiento que se refleja en sus poéticas. Era inminente la novela mural.[5]

---

4 Puede lucubrarse que John Dos Passos sí obtuvo testimonios de primera mano en sus visitas a México y al sur de los Estados Unidos que le permitieron escribir sobre el tema, a partir de una investigación periodística bien documentada. Además está el reportaje de John Reed, también egresado de la Universidad de Harvard como Dos Passos y a quien en 1919 (1932), la segunda novela de *U.S.A.*, rinde un homenaje detenido con su minibiografía del autor de *México insurgente* (intertexto de Dos Passos). La llamada "novela de la Revolución mexicana" informó a Carlos Fuentes, consciente de la literatura precedente en México, con la que establece un diálogo en su propósito de retomar tradiciones y de romper con otras para renovar el género novela.

5 Es decir, la inspirada por la estética del muralismo, con mayor o menor presencia de la Revolución mexicana, con antecedentes en los escritos sobre el tema, experimental, y asociada al muralismo por la crítica o por el reconocimiento explícito del escritor de cierto vínculo con los murales. "La novela mural" es un concepto operatorio sugerido por algunas novelas de Dos Passos y de Fuentes en las que se cumple mínima o mayormente la conclusión del historiador Henry Parkes: "Las proezas más notables y originales del México posrevolucionario, no fueron en realidad prácticas, sino estéticas" (en Gunn 1977: 18).

3. John Dos Passos, el artista viajero

John Dos Passos perteneció al grupo la "Generación perdida", bautizada así por Gertrude Stein, quien le dijo a Ernest Hemingway: "You are all a lost generation". La frase la inmortalizó el mismo Hemingway al emplearla como epígrafe de *The Sun Also Rises* (1926). La novela capta la atmósfera deprimente, la autodestrucción, pesimismo y excesos vividos por los jóvenes estadounidenses que se habían expatriado al París de la posguerra. Además de Dos Passos y de Hemingway, integraron la "Generación perdida" o mejor dicho el grupo, escritores talentosos como Scott Fizgerald, Hart Crane, E. E. Cummings, Archibald Mac Leish. La ruptura y rebeldía del grupo, su búsqueda de otros valores, diferentes a los tradicionales americanos, fueron básicos en el caso de Dos Passos para su comprensión de México y de lo que significaba su revolución cultural.

John Dos Passos nació en 1896 en Chicago y murió en Baltimore en 1970. Fue hijo de un prominente y acaudalado abogado de ascendencia portuguesa. Se graduó en la Universidad de Harvard y a los 21 años publica su primer libro, *Iniciación del hombre* (1917). Dos Passos es considerado uno de los grandes novelistas del siglo XX, que influyó en la gran novela universal (por ejemplo, en Jean Paul Sartre, Aldous Huxley, Alfred Döblin, Günter Grass). Aventurero, periodista muchas veces intrépido, pintor talentoso, fue un hombre que muy pronto se situó del lado de la justicia y la verdad. Se ofreció como voluntario para participar en la Primera Guerra Mundial como conductor de ambulancias en Italia y en Francia; en *Tres soldados* (1921), está la experiencia límite de la guerra. La labor periodística de Dos Passos, sus viajes por el mundo, lo pusieron desde muy joven en contacto con otras culturas y situaciones inconcebibles para el *American Dream* de los Estados Unidos de América: tifus, cólera, guerra, hambruna y, sobre todo, lo diferente. Dos Passos viajó en camello por el desierto, como cuenta en *Orient Express* (1927), que reúne los escritos sobre su recorrido por los Balcanes, el Cáucaso, el Oriente Medio, en la segunda mitad de 1921. El libro descubre a un Dos Passos viajero, auténtico hombre de mundo a muy temprana edad, que sí se adentró en los países recorridos para vivir como en ellos. Habló con la gente, comió su comida y vivió la experiencia completa de ser el Otro. No es el típico turista estadounidense, ni un viajero del primer mundo que no se contamina de los mundos de segunda se contamina de los mundos de segunda categoría o los folkloriza, sino un escritor talentoso que vive intensamente la vida en tierras ajenas, para familiarizarse con la Otredad.

La mentalidad y acciones izquierdistas, más la actitud y apertura ante otras culturas, el cosmopolitismo, son primordiales, igual que el interés por el arte, la pintura y la novela, para su manera de estar en México y de ver la Revolución mexicana. La primera edición de *Orient Express* estaba ilustrada con ocho pinturas suyas: explosiones de color, nada académicas, influidas por su época en París (tenían cierta cercanía a Gauguin y a sus tonalidades vibrantes). Es comprensible, entonces, que el muralismo mexicano impactara sobremanera al pintor y al intelectual que era John Dos Passos, con su propuesta estética, política e innovadora, surgida en la izquierda.[6]

En Dos Passos, a pesar de su origen privilegiado, las injusticias y la guerra despertaron una conciencia comprometida con la libertad y el ser humano, sin distingos de países. Estos antecedentes y la crisis terrible que le ocasionaron la injusticia política en un sonado caso y la cerrazón ante las vanguardias artísticas en su país, preparan su encuentro con México y la visión positiva que en general le provocó la Revolución mexicana (tiempos en que la intelectualidad de izquierda vivía el entusiasmo ideológico por las revoluciones del siglo XX).

En 1926, después de publicar el año anterior *Manhattan Transfer*, Dos Passos viaja a México por vez primera, en donde encontró el descanso y la paz que necesitaba. Tenía treinta años y, en su haber, experiencias intolerables, la guerra entre otras. Recientemente, el caso Sacco-Vanzetti lo había dejado sin ánimos, ya que después de entrevistarlos quedó convencido de la inocencia de los dos (Dos Passos 1966: 166-169).[7] Además, lo habían agobiado los problemas en rela-

---

6 El impacto fue creativo, pero Dos Passos no fue el único extranjero que los vio. En el capítulo "Los expatriados", D. Wayne Gunn comenta: "La conmoción producida por los muralistas, por encima de todo debido a la revolución atrajo visitantes. Pocos escritores americanos o británicos dejaron de comentar las obras de los muralistas y muchos de ellos –Miss Porter, Lawrence, Rexroth, Dos Passos, Hughes y, más tarde, Hart Crane– pasaron algún tiempo en compañía de uno o más de dichos pintores" (Gunn 1977: 18).

7 Los también anarquistas como Dos Passos, Nicola Sacco y Bartolomeo Vanzetti. El escritor se involucró en la lucha por obtener el perdón, pero fueron ejecutados en 1927. Este es quizá uno de los eventos que refuerzan el pesimismo de Dos

ción al teatro expresionista muy, mal recibido en Nueva York por los críticos y por la gente de izquierda.[8]

Desilusionado, Dos Passos abandona Nueva York y va a Virginia para visitar a su medio hermano, pues como dice, allí nadie había oído de los enjuiciados, ni de Marx o de expresionismo en el teatro. Ya lejos del ruido ocasionado por el caso, del marxismo y los debates sobre el teatro, se traslada a México. En *The Best Times*, recuerda su llegada:

> Hacia el primero de noviembre, *el día de muertos*, cuando todos los vendedores ambulantes venden calaveritas de azúcar, yo estaba en la ciudad de México. México todavía era la capital colonial. Los edificios que usted notaba eran todos del barroco colonial. Había bastante marxismo, pero era el marxismo de Orozco y Diego Rivera, *a quienes usted podría ver trabajar en los murales de la Secretaría de Educación.* Se recordaba todavía que en la Revolución mexicana, un coronel bigotudo de los Dorados de Villa apagó las luces con disparos en uno de los bares de la Avenida Juárez. Cuando usted iba a bailar al Salón México, lo registraban en la entrada en busca de armas. Pistolas y cuchillos se registraban cuidadosamente sobre una mesa larga (Dos Passos 1966: 170; traducción y cursiva mías).

Nótese la atención del autor de *Manhattan Transfer* en la Ciudad de México, en las manifestaciones culturales mexicanas, en la pervivencia de costumbres originadas en la Revolución y, sobre todo, en los murales. Es significativo el recuerdo de los muralistas en acción, de la posibilidad de verlos pintando. Ideológica y estéticamente, Dos Passos, pintor de vanguardia, tuvo que coincidir con la propuesta de un arte "revolucionario" para el pueblo.

El escepticismo de John Dos Passos, propio de la "Generación perdida", no le impide aceptar ni a la nueva propuesta estética del muralismo ni a la revolución que lo originó. En el primer viaje, unidos arte y revolución, se conforma su visión de la Revolución mexicana. El encuentro con el mundo estimulante, pleno de entusiasmo de la reconstrucción posrevolucionaria, quizá aplacó el juicio sobre los de-

---

Passos (evidente en sus novelas), pues constató de nuevo que todo tiende a fracasar y que no hay salida.

8 Una de sus obras de teatro, *The Moon is a Gong*, se presentaba en Nueva York, en donde iba a ser director de teatro expresionista. Mas no prosperó la aventura del "The New Playwright's Theatre" que fue dolorosa y decepcionante (Dos Passos 1966: 163-164).

fectos de un movimiento con metas aún sin cumplir.[9] México era el lugar que había sido París para él, pero con la vitalidad del Nuevo Mundo, no con la muerte de la guerra o la depresión de la posguerra. México se había convertido en el centro cultural que atraía al talento, a las personalidades más interesantes. Se vivía la fe en la vida, en el futuro, en la izquierda generadora de arte y cultura. El país, con una Revolución nuevecita, era un remanso para los decepcionados como el propio Dos Passos y para los viajeros europeos que llegaron entonces a México y se revitalizaron. La ciudad, como había sido París, estaba repleta de gente fascinante. El muralismo le reveló artísticamente la Revolución mexicana a Dos Passos. Para él, fue una experiencia transformadora la vida posrevolucionaria de México, llena de esperanzas y de creatividad. Vive en una Ciudad de México llena de intelectuales y artistas inquietos de todo el mundo, de mexicanos creando un nuevo arte. Una izquierda marxista que sí entendía problemas artísticos: la Escuela Mexicana de Pintura. Eran el país, la gente, la ciudad y el momento que John Dos Passos requería:

> Regresé a Nueva York en marzo con tantas historias en mi cabeza como un perro tiene pulgas. Algo nuevo había llegado a mis pensamientos para distraerme más allá del teatro y de la agitación radical. *Estaba tratando de organizar algunas de estas historias que había recogido en México en las narraciones entrelazadas que más tarde se convirtieron en Paralelo 42. Tres soldados* y *Manhattan Transfer habían sido lienzos sencillos; ahora, un poco como los pintores mexicanos se sintieron obligados a pintar sus muros, yo me sentía obligado a empezar un panorama narrativo al que no le veía final* (Dos Passos 1966: 171-172; traducción y cursiva mías).

Dos Passos visita México a fines de 1926 y permanece hasta marzo de 1927. Le toca la etapa eufórica de la construcción de futuro posrevolucionario: México fascinaba a los extranjeros. El escritor, que huyó deprimido de los Estados Unidos, sin duda se contagió del entusiasmo y de la creatividad artística. Valía la pena hacer la Revolución.

México le sentó muy bien a Dos Passos como a John Reed, a diferencia de otros viajeros que también han escrito magistralmente sobre el país, como Malcom Lowry o D. H. Lawrence. La experiencia mexicana influye en su creatividad y lo informa de la Revolución, que co-

9 Ver nota 28.

nocía sobre todo por la lectura del reportaje *México insurgente* (1917) de John Reed, un intertexto de su propia obra (Gunn 1977: 32-33).

A raíz del primer viaje, revitalizado, Dos Passos modificó su proyecto literario y su poética. La inspiración que le dio el muralismo mexicano le permite reformular la concepción de la novela. Anarquista y pintor militante pasó, lo expresan sus propias palabras, del caballete a los muros. Nace la novela mural: *Paralelo 42* y las otras dos novelas de la trilogía *U.S.A.*[10] Dos Passos regresará a México en 1932, posiblemente por necesidades de la ambiciosa narrativa que estaba escribiendo. Puede especularse que volvió para recuperar la inspiración y así terminar la trilogía.

Además de haber leído *México insurgente* de John Reed, John Dos Passos pudo haberse informado sobre la Revolución mexicana, gracias a su talento periodístico, en un trabajo de campo en ambos lados de la frontera. Además de hablar con todos con los que convivía, amigos, conocidos, es muy probable que haya entrevistado a estadounidenses y a mexicanos. A estas entrevistas y materiales de todo tipo, testimonios de primera mano de gente que participó en la Revolución mexicana, debe referirse cuando comenta en *The Best Times*: "Estaba tratando de organizar algunas de estas historias que había recogido en México en las narraciones entrelazadas que más tarde se convirtieron en *Paralelo 42*" (Dos Passos 1966: 171).[11] Quizá también leyó algunas memorias y testimonios. Lo cierto es que sus "narraciones entrelazadas" sobre la Revolución tienen la fuerza de "experiencias vividas" y parecen testimoniales. Muestran el punto de vista de los estadounidenses que vivían en México y lo que pensaban los mexicanos en los Estados Unidos

10 Al referirse a la "visión de pesadilla" de México de autores como Joseph Hergesheimer y Malcolm Lowry, D. Wayne Gunn comenta que no fue así en Dos Passos: "[...] pues México le indujo a escribir la trilogía *U.S.A.*, 1930-1938 [1930-1936; G. García Gutiérrez]. Estuvo unos meses entre 1926 y 1927 y volvió en 1932. Como la mayoría de los visitantes fue enseguida cautivado por los muralistas" (Gunn 1977: 30-31).

11 Al comentar estas frases de Dos Passos y traer a colación el influjo de John Reed, D. Wayne Gunn es más reductor que afortunado con la especulación, según yo. Dice: "Esta alusión a los muralistas es intrigante. Dos Passos quería crear una forma literaria en la cual amontonar toda la vida contemporánea: personal, histórica y un mundo de ficción entre medias, como estaban haciendo los artistas en los murales. Ya le habían atraído los intentos de Reed en *Insurgent Mexico* por yuxtaponer un relato personal de sus aventuras a un informe objetivo de los problemas y la gente en cuestión" (Gunn 1977: 32-33).

sobre la Revolución en marcha. *Paralelo 42* recoge las opiniones de los estadounidenses con la atención puesta en México, por lo cual la novela testimonia diferentes posiciones acerca de los acontecimientos bélicos. Posiciones dispares, algunas hasta encontradas, pues el escritor no elige una postura a favor o en contra, sino que "consigna objetivamente". La vida fronteriza es representada en momentos críticos para las relaciones entre los dos países y es evidente que Dos Passos hizo entrevistas en ambos lados, para tener información auténtica y confiable. Igual que los muralistas y los narradores mexicanos de la llamada "novela de la Revolución mexicana", el estadounidense selecciona eventos definitivos y sus protagonistas (Hernán Cortés, la Conquista); entre varios, por ejemplo, la muerte de Madero. Coincide con los escritores en la desconfianza y dudas con que representaron a la Revolución mexicana y a quienes participaron en ella.

En *1919*, la segunda novela de *U.S.A.*, el homenaje a John Reed es una de las biografías que Dos Passos incluye de los grandes personajes de la historia. Por medio del escritor muerto en 1920 en Moscú, reaparecen México y su Revolución. En un tono elegíaco, cuenta la vida de Reed y acerca de cuando escribe en 1917 su famoso reportaje, en plena Revolución, *México insurgente*, dice:

> La revista *Metropolitan* lo envió a Méjico [sic][12] a informar sobre Pancho Villa. Pancho Villa le enseñó a escribir y las montañas en esqueleto y los altos tubos de órgano de los cactos y los trenes blindados y las bandas de música que tocaban en plazas pequeñas, llenas de muchachas morenas envueltas en chales azules y el polvo sanguinolento y el *ping* de los disparos de rifle en la noche enorme del desierto y los peones morenos muertos de hambre, matando por la libertad, por la tierra, por el agua, por las escuelas, Méjico le enseñó a escribir. [...] *Diez días que conmovieron al mundo*: No más el Méjico pintoresco de Villa, no más cosas de rico tipo en el Club Harvard, planes para teatros griegos, versos rimados, buenas informaciones de veterano corresponsal; esto ya no era broma, esto era algo serio (Dos Passos 1961: 796-797).

4. Carlos Fuentes, el embajador de México

Aunque la novela es el género que le ha ganado reconocimiento internacional, Carlos Fuentes cultiva prácticamente todos los géneros. Los cuentos de *Los días enmascarados* (1954), el primero de sus libros,

12 La ortografía de la traducción empleada es la peninsular.

abren rutas a su narrativa posterior,[13] pero con la novela *La región más transparente* (1958) funda su poética. Algunos elementos importantes serán: Ciudad de México, novela, Revolución mexicana traicionada, modernidad (más la crítica social, política, a la historia).

La región más transparente muestra que la Revolución mexicana no había hecho justicia al pueblo, que la revolución agraria nunca se cumplió. Al centrarse en los gobiernos posrevolucionarios de Manuel Ávila Camacho y de Miguel Alemán, la obra revela que los cambios no habían sido en verdad revolucionarios, que los "macehuales" o estrato social inferior desde antes de la Conquista, seguían al margen de la historia. La composición social nueva que la novela examina con detenimiento, muestra cómo los oportunistas, los trepadores sociales y todo tipo de arribismos, habían sido propiciados por la Revolución mexicana, que fue traicionada por los mismos revolucionarios. La nueva burguesía o clase en el poder, surgida de la Revolución, no había incorporado al pueblo, ni a los verdaderos revolucionarios (asesinados por los triunfadores), sino a los traidores o desleales. Progresivamente, los encumbrados del Porfiriato volvían a ocupar sus lugares. Es decir, el terrible trastocamiento del orden de la nación mexicana, después de la explosión de diez años, finalmente restituyó en su lugar a los poderosos de siempre.

La región más transparente, por sus osadías técnicas y estructurales, y por su crítica a los resultados del rumbo que la Revolución tomó, tuvo una recepción controvertida durante todo 1958 (García Gutiérrez 2001: 9-29). La novela resultaba una crítica demoledora al "milagro mexicano" y a los logros de los gobiernos de la modernidad, herederos de la Revolución mexicana. Al mostrar en acción a los revolucionarios, su falta de lealtad a los suyos y cómo llegan a enriquecerse, *La región más transparente* examina el antes y el después de la Revolución. El después muestra el futuro de la Revolución o presente de la novela. El balance es que el movimiento revolucionario agitó al país y desposeyó transitoriamente a ciertos ricos, pero sin reestructurar al país, pese a la incipiente clase media, a la industrialización inevitable durante la Segunda Guerra Mundial. La clase burguesa revolucionaria tiene los mismos valores que la porfiriana, porque sus intereses

13 Lo fantástico, maravilloso, lo imaginativo en suma, serán fundamentos de su representación de la realidad aun en obras aparentemente más "realistas".

son los mismos. Las dos burguesías se fundieron en una: "dame lana y te doy clase, dame clase y te doy lana". En esta primera novela, Carlos Fuentes empieza a retratar a la Ciudad de México y a consignar los resultados de la Revolución mexicana. Ambos retratos resultan pesimistas e inseparables, porque muestran el mismo estado de cosas: una ciudad capital destruida porque la Revolución mexicana siguió rumbos alejados de la justicia social, de la ética. Un país que no ofrece oportunidades a los campesinos.

En *La muerte de Artemio Cruz* (1962), la crítica de Fuentes se intensificará. El personaje principal de la novela es un ex revolucionario cuya vida está vinculada a la historia de México desde que nació en 1889, en plena dictadura de Porfirio Díaz. Artemio Cruz es un personaje complejo, arquetípico, ejemplar producto de la Revolución mexicana: el "Gran Chingón" de México. El hombre es mostrado desde el presente o tiempo de su muerte. En esas doce horas, la novela examina el proceso de degradación moral, en contrapunto con la descomposición física del agonizante. En Artemio Cruz se representa el rumbo de la Revolución mexicana después de los asesinatos de Villa, Carranza, Zapata y los demás líderes revolucionarios: corrompida, degradada.

Poderoso, corrupto y corruptor, héroe de la Revolución, próspero hombre de negocios, Cruz muere el 10 de abril de 1959: el último de los días definitivos de su vida. La casi coincidencia o cercanía numérica de las fechas de la muerte y nacimiento cierra a la perfección el ciclo vital de un forjador del México moderno, a la vez que se cierra la estructura circular de la novela.

Con estas dos novelas, *La región más transparente* y *La muerte de Artemio Cruz*, Carlos Fuentes hace suyo el tema de la Revolución mexicana y el de la Ciudad de México en la modernidad.

Carlos Fuentes nació en Panamá en 1928. Su nacimiento y niñez son los propios de hijos de mexicanos con carrera en el Servicio Exterior (Fuentes 1988: 3-27). Tras periódicas vacaciones en México, a partir de la adolescencia se queda durante un periodo largo. Quizá fue cuando empezó a descubrir México y a deslumbrarse con sus artes, los murales, letras, y cultura, pero sobre todo con la Ciudad de México. Se inscribe en la Universidad Nacional Autónoma de México, para estudiar Derecho. Publica numerosos artículos de crítica cinematográfica con el seudónimo "Fósforo II", de crítica literaria con el seudónimo "Pertinax Lector", y toda suerte de notas con las iniciales C. F.

México le dio las posibilidades de escribir, publicar, de que iniciara la carrera de letras. En 1955, con Emmanuel Carballo, funda y dirige la *Revista Mexicana de Literatura*, que cambia ciertas concepciones cerradas y chauvinistas de la cultura y las letras, por la apertura hacia el mundo. En 1956, el Centro Mexicano de Escritores le otorga una beca para escribir *La región más transparente*. Por la fecha de su nacimiento, a veces es incluido en la llamada "Generación del medio siglo", como Jorge Ibargüengoitia, Juan García Ponce, Luisa Josefina Hernández, Inés Arredondo, Amparo Dávila y otros más.

En la década de los sesenta, Carlos Fuentes se convierte en la figura central de la cultura mexicana y en autor representativo del llamado "*boom* latinoamericano". Desde entonces, es una figura pública controvertida,[14] cosmopolita, que radica en Londres y en México. Escribe para varias publicaciones periódicas y se mantiene muy activo como novelista, cuentista y ensayista (en 2008 se representó *Santa Ana*, su primera incursión en la ópera).

5. Y la novela nueva, libro de libros, nace para representar a Babilonia

La relación entre las novelas de John Dos Passos y Carlos Fuentes merece ser revisada con mayor detenimiento,[15] sobre todo en los aspectos menos explorados.[16] Se trata de producciones literarias que

14 En 2008, por sus 80 años y los 50 de *La región más transparente*, se le hicieron varios homenajes.

15 El tema ya ha generado estudios, pero aún faltaría el que se inicia con este ensayo. La Revolución mexicana, columna vertebral en la obra de Carlos Fuentes, e inspiración existencial, un tema, en la de John Dos Passos, merece ser revisada, comparando sus novelas. Agradezco a los organizadores del congreso en que se basa el presente trabajo, la oportunidad que ha abierto caminos para mis investigaciones. Mis agradecimientos en primer lugar al Dr. Friedhelm Schmidt-Welle por la invitación y sobre todo por la sugerencia de este tema importante. Gracias muy cumplidas también a Olivia Díaz, Florian Gräfe y a todas las instituciones involucradas.

16 Cuando apareció la primera novela de Carlos Fuentes en 1958, causó revuelo su propuesta literaria y su crítica al "futuro" de la Revolución mexicana que la obra diseccionaba al abordar el presente de los gobiernos de Manuel Ávila Camacho y de Miguel Alemán Valdés (1940-1946; 1946-1952). En medio de la tensión entre "nacionalismo" y "cosmopolitismo" (en una novela cosmopolita y preocupada por México), en el auge del "milagro mexicano" que la obra contradice, la recepción desfavorable se dio por el optimismo que promulgaban la burguesía y la clase política (confundidas en una), por la experimentación formal y por las influen-

examinan la política, la sociedad, la historia, y también a la vez, coincidentemente, son propuestas de otro tipo de novela. Y es que en principio, tienen en común algunos presupuestos: la crítica del mundo y la consiguiente búsqueda de nuevas formas para representarlo.

La experimentación con el género novelesco, la crítica política y la social, el desacuerdo con la realidad que vive el propio país, el interés por la historia, son algunas de las semejanzas de Carlos Fuentes y John Dos Passos.

Manhattan Transfer (1925), experimental, con técnicas novedosas, captaba la vida moderna de la gran ciudad. Inevitable no ver las coincidencias entre esta obra magna de Dos Passos sobre Nueva York y la de Fuentes sobre la Ciudad de México y el ingreso del país en la modernidad. *Manhattan Transfer* es fundamental antecedente de *La región más transparente* (1958).

La crítica relacionó las novelas de los dos autores, a raíz de la aparición de *La región más transparente* hace poco más de cincuenta años. El nombre de Dos Passos, sobre todo por su innovadora *Manhattan Transfer*, surgía junto a otros más de la literatura universal, cuando se rastreaban las posibles influencias extranjeras en *La región más transparente*. Primeriza novela del joven mexicano, que causó revuelo por lo experimental y por la denuncia de los resultados del rumbo tomado por la Revolución mexicana.

Las dos novelas concretan indagaciones literarias en la línea encabezada por *Ulises* (1922) de James Joyce, con la novedosa representación de Dublín, y en la que se inscriben obras monumentales a su vez influidas también por Dos Passos. Pueden mencionarse, por ejemplo, *Berlín Alexanderplatz* (1929) de Alfred Döblin, *Adán Buenosayres* (1948) de Leopoldo Marechal (García Gutiérrez 2000). Dublín, Nueva York, Berlín, Buenos Aires y la ciudad de México, imaginarias y reales, se representan en novelas que radicalizan la experimentación, y de maneras diversas continúan el replanteamiento del género novelesco inspirado por *Ulises* (García Gutiérrez 2004: 501-509). Dentro de este linaje literario, el estadounidense y el mexicano escribieron novelas fundacionales en lengua inglesa y en español: *Manhattan Transfer*

cias extranjeras. La recepción a favor rescataba estos elementos. John Dos Passos, sobre todo su *Manhattan Transfer*, fue uno de los nombres de la gran literatura universal que años después se asoció a *La región más transparente*, no sin cierta desaprobación (González Navarro 1966).

(1925) y *La región más transparente* (1958). Aunque hay treinta y tres años entre ellas, sobresale la afinidad notoria de procedimientos, técnicas (más el mencionado parentesco de concepciones sobre la gran urbe moderna y su novela correspondiente, y la relación intertextual).[17] Los identifica, por ejemplo, la desilusión por los respectivos presentes que viven Nueva York y la Ciudad de México, por el desencanto por sus países, y por el pesimismo escéptico ante el curso de las historias mundial y nacionales.

Es riquísima la intertextualidad de *La región más transparente*, que parte de distintos tipos de discursos o géneros, de numerosas obras de la literatura y la cultura, mexicanas y universales. No cabe duda que en la búsqueda de modelos literarios, *Manhattan Transfer* y la trilogía *U.S.A.* de John Dos Passos, son fundamentales para retratar a la ciudad de México moderna y para referirse a la Revolución mexicana.

6. El muralismo: génesis de la novela mural

La concepción de obra total que Carlos Fuentes inicia en *La región más transparente* y aun la amplitud panorámicamente abarcadora de la "Edad del tiempo" en la que reordena toda su narrativa escrita y por escribir, son muy cercanos a la idea de "una narrativa panorámica" que Dos Passos se propone después de conocer los murales de la Escuela Mexicana de Pintura.

No sin motivo, las novelas de John Dos Passos y de Carlos Fuentes han sido asociadas a los murales de la Escuela Mexicana de Pintura que ambos conocieron en momentos decisivos de sus respectivas formulaciones artísticas. Muy posiblemente desde antes de que Dos Passos reconociera en sus memorias la importancia que el muralismo tuvo en su narrativa, él mismo pudo haberlo comentado. Es una noticia relevante, dada a conocer por el propio novelista y probablemente difundida muy pronto por él mismo.

Es fundamental sacar a la luz el ascendiente del muralismo en estos novelistas que tuvieron la oportunidad de observar y aprender de esa pintura, sobre todo si se recuerda que el arte pictórico les interesa a los dos. Baste recordar que Dos Passos era pintor y Carlos Fuentes,

17 En la que vale la pena ahondar en un futuro estudio comparativo.

consumado caricaturista, incorpora pinturas reales o ficticias en sus cuentos y novelas,[18] en *Los años con Laura Díaz* (1999) se aproxima al muralismo pintado fuera de México.

El muralismo ya era fundamento cultural del México posrevolucionario desde la niñez de Carlos Fuentes. Cuando empieza a escribir, resultaba referente insoslayable para los escritores y para la crítica.[19] Ante sus extensas novelas totales, *La región más transparente* y *La muerte de Artemio Cruz*, que desplegaban la historia y sociedad mexicanas, es comprensible que se pensara en el muralismo para calificarlas. Así lo hizo, por ejemplo, la inteligente y pronta reseña de José Emilio Pacheco (entonces joven de 19 años), que compara la novela sobre la Ciudad de México con la pintura mural:

> En cerca de 500 páginas, Carlos Fuentes ha sabido aprisionar *un mural detallado* de una realidad que, aunque nos duela, es la nuestra. La verdad afirmada por el novelista es inobjetable: Los hemos visto a todos en sus poses rituales, a la sombra hierática de su culto al absurdo. Por momentos, las páginas de "La Región más Transparente", adquieren tal fuerza y tonalidad cromática, que parecen la *trasposición literaria de las mejores obras de nuestra pintura*; Rivera, Orozco, Soriano, están presentes en el desarrollo de la novela (Pacheco 1958: 194; la cursiva es mía).

El agudo escrito de Pacheco refleja la significación que todavía tenían los murales en cuestiones de polémicas artísticas y resume en cierto modo los comentarios positivos de la primera recepción sobre *La región más transparente*. El joven crítico argumenta con ejemplos y razones que resultan muy reveladoras de las inquietudes y discusiones en los medios intelectuales y artísticos, en los que la novela fue el motivo principal:

> Se discute si "La Región más Transparente" es novela; sin engañarnos, su contenido es más extenso: Los ingredientes de *este largo mural* rebasan la endeble estructura de los textos que como novelas solemos leer en México (Pacheco 1958: 195; la cursiva es mía).

---

18 Tema fundamental, pues desde sus primeros cuentos, el arte pictórico, musical, cinematográfico, son ingredientes de la representación. Sus caricaturas de los personajes de *La muerte de Artemio Cruz* confirman el peso de lo visual en la poética de Carlos Fuentes, y de cómo convierte los lenguajes artísticos en representación literaria (García Gutiérrez 1995: 28-31, 277-291).

19 En el ensayo de Octavio Paz para comentar la primera exposición de Rufino Tamayo en París en 1950, es emblemático de cómo es acogida la nueva estética pictórica y de cómo la Escuela Mexicana de Pintura cede lugar en la historia del arte (Paz 1950: 323-334).

Desde el principio, los murales han sido ejemplos inevitables para ilustrar, comparar e inscribir en la cultura nacional las novelas totales de Carlos Fuentes. Sin antecedentes novelísticos mexicanos claros en este sentido, la representación de la historia, la sociedad y sus personajes de la pintura mural, concreta en el terreno pictórico algunas ambiciones de la narrativa de Carlos Fuentes. Si bien sus novelas se ocupan de la Revolución, otros criterios, como la experimentación novelesca, su concepción del realismo novelesco (diferente del de los murales también), lo alejan formalmente de las memorias o testimonios de la novela de la Revolución mexicana (pero lo ligan a Dos Passos y a James Joyce, por ejemplo).[20] Aunque prolonga esta novelística mexicana en varios sentidos, sobre todo en la denuncia escéptica, la crítica informada sigue asociando el muralismo y las primeras novelas del escritor. Sus argumentos resultan convincentes:[21]

> Fuentes no niega, *afirma la tradición a través de su implícito-explícito reconocimiento de las posibilidades del muralismo*, de la novela como el campo de la unidad nacional donde todo (aristócratas y vasallos, próceres de la banca y damas de sociedad en busca de la venta de su título) puede y debe confluir: Fuentes afirma la tradición desde su apasionada defensa y su barroco, inventariado tratamiento de los temas de una mexicanidad desarrollista (Monsiváis 1976: 422-423).

Carlos Monsiváis sintetiza muy bien las ambiciones totalizadoras de Carlos Fuentes y su incorporación de la heterogeneidad social (pongamos por caso),[22] que coinciden en este aspecto con la propuesta de los muralistas mexicanos de incluir visualmente a la historia y a la sociedad. Una narrativa que remite a la historia, sin el discurrir o linealidad temporales, sin relato, sólo con personajes simbólicos y estampas históricas. Sin embargo, las grandes narrativas extensas de la "novela de la Revolución mexicana", sin duda algunos de los intertextos

---

20 Y en México a las novelas innovadoras de Azuela, Revueltas, Yáñez, Rulfo.

21 Las novelas de la Revolución mexicana sí influyeron en el escritor porque dialoga con ellas, las prolonga y retoma la visión decepcionada. Con el muralismo coincide en el uso de símbolos, en la "narrativa" que explicita la historia y a sus héroes, pero no considera, sino más bien excluye el aspecto optimista de las pinturas, más bien oficial que "reflejaban" el optimismo del comienzo de la posrevolución y su construcción de las bases del México del siglo XX (por no mencionar las consignas gubernamentales de educar al pueblo sobre la Revolución mexicana con la visión también oficial, aspectos que descarta la narrativa de Carlos Fuentes).

22 *La región más transparente*, *La muerte de Artemio Cruz*.

de las primeras novelas del escritor, son antecedentes, además del muralismo, de la obra total o mural de Carlos Fuentes (sin contar las novelas de John Dos Passos).

Como se ha repetido aquí, después de ver los murales mexicanos, John Dos Passos concibe lo que podría considerarse su "novela mural" para pintar a los Estados Unidos de América en novelas de gran extensión, audaces experimentalmente. Muros narrativos que retratan a la sociedad estadounidense como complejo heterogéneo, con pobreza y sin futuro para muchos jóvenes, no como el *American Dream* al que cuestionan. La novelística de Dos Passos pinta a los individuos cuyas vidas hacen la historia del país y la entretejen con la mundial en épocas de crisis: la Revolución mexicana, la Primera Guerra Mundial, las épocas difíciles de la economía. El entretejimiento de historias personales estará entre algunos de los procedimientos que empleará Fuentes en las novelas en cuestión.

La Revolución mexicana es primordial en *La región más transparente*, pero no aparece todavía en *Manhattan Transfer*, pues el interés, surgirá en John Dos Passos hasta que viva en México los estímulos humanos, artísticos e ideológicos de la posrevolución. Incluye la Revolución mexicana en *El paralelo 42*, la primera novela de *U.S.A.*

Carlos Fuentes también concebirá una novela experimental que "pinte" narrativamente a México, su historia, sociedad, lenguaje: la "novela mural" o "nueva novela" dedicada a la Ciudad de México. Por el hecho de que la temática es mexicana en las obras de Fuentes, sus vínculos con el muralismo son más apreciables que en Dos Passos, cuyos nexos "originales" o inspiración dan lugar a cambios en su novelística. En conjunto, ésta influirá en Carlos Fuentes precisamente cuando funda su propia poética novelesca y decide escribir sobre la ciudad, la Revolución y la modernidad.

7. La novela mural

Ni Dos Passos ni Fuentes vivieron el movimiento que inspiró todo tipo de textos, conocidos como "novela de la Revolución mexicana".[23] El "género" que reúne testimonios, memorias, novelas, tiene entre sus cultivadores a algunos de los escritores más importantes de las prime-

23 Reunidos en los dos tomos de la antología preparada por Antonio Castro Leal, *La novela de la Revolución mexicana* (1960).

ras décadas del siglo XX (por ejemplo al mencionado Mariano Azuela, a Martín Luis Guzmán y José Vasconcelos; entre muchos más, a los de la antología de Antonio Castro Leal).

En el grupo que escribió sobre la Revolución mexicana porque la vivió, bien podría añadirse el nombre del poeta, escritor revolucionario y activista, John Reed, autor del reportaje *México insurgente* (1914).[24] Así como Fuentes leyó varios escritos de la "novela de la Revolución mexicana", vio los murales y frecuentó la obra de John Dos Passos, éste a su vez fue lector de John Reed.[25] Estas lecturas previas influyen en el modo de ver y representar a la Revolución mexicana (en la trilogía *U.S.A.* es fundamental el intertexto *México insurgente*).

Aunque Dos Passos y Fuentes no fueron testigos de los acontecimientos (1910-1920), sí les tocó vivir dos épocas definitivas de la posrevolución que definen su visión de la Revolución mexicana.[26] No es vano repetir que el momento y las circunstancias que vio John Dos Passos son muy diferentes a los de Carlos Fuentes décadas más tarde. Igual difieren las lecturas previas e intertextos, como se dijo arriba, pues las novelas de Dos Passos se convierten en intertextos de las de Fuentes.

---

24 El libro no se publicó en español hasta 1954. Nótese qué temprano apareció (*Andrés Pérez maderista* de Mariano Azuela se publicó en 1911 y *Los de abajo* del mismo autor en 1916, en El Paso, Texas). John Reed se adelantó a muchos también en la convivencia directa con los revolucionarios. La figura de Reed y su libro son fundamentales en la representación que de la Revolución mexicana hace John Dos Passos (sobre lo cual volveré más adelante).

25 El testimonio de John Reed o *México insurgente* es una narración interesente, escrita sobre el terreno que da información detallada, objetiva y sin embargo sensible a lo que acontece. Su mirada inteligente ahonda en los seres que participan en la Revolución mexicana, e impresiona la capacidad de asimilación y cómo era aceptado de inmediato por los mexicanos. El modo ágil, con estilo "periodístico" de un reportaje excelente, debieron impresionar al también periodista John Dos Passos, igual que el modo de "tejer" la narración (Gunn 1977: 32-33). Por otro lado, la visión objetiva, aunque empática de Reed, hombre de izquierda como Dos Passos, es semejante a la de este escritor. El reportaje de Reed documenta y además retiene la atención del lector al que transporta al lugar de los hechos.

26 Max Aub, en *Guía de narradores de la Revolución mexicana*, menciona a autores que no incluyó en su antología Antonio Castro Leal (p.ej., Juan Rulfo, Agustín Yáñez). Analiza la presencia de la Revolución y de los procedimientos de su narrativa y finaliza con Carlos Fuentes del que dice escuetamente: "[...] nacido en 1928, utilizará en su retórica elementos de esas raíces [...]" (Aub 1969: 64).

Además de que los distingue la importancia o la proporción del tema en sus obras, hay diferencias en cómo perciben las repercusiones de la Revolución mexicana. Podría hablarse del "optimismo objetivo" de Dos Passos, frente al "pesimismo objetivo" de Fuentes, que atestiguan momentos sucesivos de los resultados de la Revolución mexicana. Aunque esta afirmación debe matizarse. Los dos recurren al "objetivismo" o mirada desideologizada que no toma partido, para tratar el involucramiento o compromiso ideológicos individuales: con la vida, con la Revolución (hecha por seres comunes y corrientes con necesidades, ambiciones). Seleccionan a individuos poco confiables, incapaces de compromiso, que traicionan sus ideales, que por conveniencia, por azar, participan o se salen del movimiento.

El grado de desilusión que permiten entrever acerca de la sociedad, el hombre, la Revolución mexicana, presente en ambos, se debe a que Dos Passos no hace un balance de la Revolución mexicana, como lo hace de los Estados Unidos, y Fuentes sí. El principio y el fin de la posrevolución o mejor dicho del proceso de deterioro del movimiento, les dio dos puntos distintos de observación (una cuestión de matices y de grado). Dos Passos, miembro crítico de la "Generación perdida", es pesimista frente a su país y denuncia desilusionado sus males, pero se entusiasma ante los primeros atisbos de los logros de la Revolución en México en los terrenos de la educación y sobre todo del arte.[27] Sin embargo, su pertenencia a la "Generación perdida", que lo volvía escéptico ante la naturaleza humana, sus experiencias personales de las crisis en los Estados Unidos, de la Primera Guerra Mundial, permiten sugerir que hubiera llegado a coincidir por completo con la visión decepcionada y crítica de Carlos Fuentes. En el fondo es la misma

27 Sin embargo, sí pudo constatar algunos aspectos negativos aunque no los denuncia, pues se queda al nivel de los individuos poco heroicos arrasados por el vendaval de la historia que no otorga opciones (mientras que Fuentes sí hace un balance de la Revolución y de las estructuras socioeconómicas. La traición de sus personajes simbólicos afecta el curso de la historia y tiene consecuencias en el futuro del país). Dos Passos escribió: "[...] *Relief Map of Mexico*, publicado en *New Masses*, en abril (y recopilado en *In All Countries*, 1934), procede de las notas tomadas en la ciudad de México justo antes de su excursión a pie (1927); allí habla con simpatía, aunque en forma superficial, de 'Juan sin Tierra'. En Yautepec y Cuernavaca descubrió el gran fracaso de la revolución: El fantasma de Zapata vagaba aún sin paz; la tierra no había sido devuelta al pueblo y yacía ociosa" (Gunn 1977: 31).

visión, las diferencias de grado se deben, así, al momento histórico de observación, las circunstancias para hacerlo, como viajero o residente, y ,especialmente, que el objeto de decepción es el país de Fuentes y no el país de Dos Passos.

Fuentes denuncia el incumplimiento de las promesas de la Revolución, aunque valore la herencia cultural y estética de los comienzos posrevolucionarios. Captó el fin de las ilusiones[28] y la desesperanza de la muerte de la Revolución mexicana. A Fuentes le toca dar cuenta del éxito o del fracaso de la Revolución mexicana, pues pudo examinar los resultados concretos y a largo plazo de la etapa que a Dos Passos le tocó vivir. El escritor mexicano sí vive en el futuro que se construía entonces y en el que se soñaba, cuando el escritor estadounidense visitó México en dos ocasiones felices (1926-1927; 1932). Es el tiempo que Fuentes disecciona, cuando agoniza la utopía a mediados del siglo XX: *La muerte de Artemio Cruz.*

La visión de Fuentes se formó en la observación de las consecuencias del rumbo que tomó el país guiado por los ex-revolucionarios triunfadores y, literariamente, con la lectura de la gran narrativa de la Revolución que aportó una visión crítica, indiferente, dubitativa de la Revolución mexicana.

Por permitir que sus novelísticas recibieran el influjo del muralismo y de la novela de la Revolución mexicana, tanto Dos Passos como Fuentes revelan una valoración positiva: una convulsión necesaria, ensalzable como tal, generadora de cultura y de cambios. Son congruentes, entonces, con sus posiciones de izquierda a favor de los movimientos revolucionarios. Fuentes empieza a escribir *La muerte de Artemio Cruz* en Cuba, cuando la Revolución cubana entusiasmaba a las izquierdas.[29]

---

28 Me refiero sobre todo a las novelas *La región más transparente* (1958) y *La muerte de Artemio Cruz* (1962), aunque Fuentes ha seguido retratando las consecuencias de los asesinatos de los líderes (Madero, Zapata, Villa, Carranza) y de la traición a la Revolución mexicana.

29 Las fechas de su escritura al final de la novela: La Habana, mayo 1960/México, diciembre 1961. La dedicatoria también es muy significativa: "A C. Wright Mills, *verdadera voz de Norteamérica, amigo y compañero en la lucha de Latinoamérica*".

8. *Paint the Revolution!*

EMPIRE
As soon as we need oil
in Mexico
There'll be plenty of lads
glad to go
And wrest all the oil from
the Mexicans
And lay down their brave lives
again.
And as one soil's as good
as another
Wherever the Star Spangled
waves
It'll save us a great deal of bother
If we give or lads Mexican
graves.

Alfred Kreymborg[30]

Manhattan Transfer (1925) fue escrita y publicada antes del primer viaje de John Dos Passos a México. Esta novela no toma en cuenta a México ni a la Revolución mexicana, que sí son considerados en la trilogía *U.S.A.* (1930-1936). Sólo un mexicano es mencionado, uno de los numerosísimos habitantes de diferentes orígenes, para resaltar lo heterogéneo y cosmopolita de la población de Nueva York. México aparece como promesa, la tierra de ciertos sueños,[31] lejana, equivalente al Oeste americano de otros tiempos. El país aparece visto desde Jimmy Herf, periodista del *Times* que fantasea con viajar a México como corresponsal. México, la tierra prometida, representa la salida o escapatoria de una vida mediocre en tiempos difíciles (que anuncia al crack del 29 y a la "gran depresión" que lo siguió). *Manhattan Transfer* termina cuando el joven abandona Nueva York: "–Adónde va?/ –No sé [...] Bastante lejos" (Dos Passos 1961: 410).

La novela es un claro antecedente de la trilogía *U.S.A.* y la incógnita sobre el destino de Herf, como cierre final, remite al desaliento y huidas de la "Generación perdida". En *Paralelo 42,* los jóvenes perio-

30 Publicado en *New Masses* (1927), revista de extrema izquierda para la que escribía Dos Passos. Publicada durante 1926-1948.

31 "–Voy a librarme de todo esto –dijo Jimmy con aire sombrío– marchándome a México a hacer fortuna [...] Estoy perdiendo lo mejor de mi vida pudriéndome en Nueva York./ –¿Cómo vas a hacer fortuna?/ –El petróleo, el oro, robos en despoblado, cualquier cosa menos periodismo" (Dos Passos 1961: 192).

distas sí llegan a México, uno de ellos John Reed (en la vida real, Dos Passos cumple los deseos de Herf).

Paint the Revolution! es el primer escrito de John Dos Passos sobre México (1927). La nota periodística comenta los murales de Rivera, Montenegro y Orozco, su preferido, habla del pintor comunista Xavier Guerrero y sus paseos por Morelos. La mención de Hernán Cortés, de Tenochtitlan y de la ciudad de México abren el texto que después se refiere a las pinturas y describe el personal modo de trabajar de los artistas cuando pintan murales. Valora la intención de Diego Rivera de educar al pueblo y remite al contexto internacional (con nombres como Picasso, Renoir), para situar los esfuerzos de este nuevo arte. Nueva York es aludida constantemente, en una comparación de actitudes, para provocar la apertura ante las nuevas manifestaciones artísticas mexicanas. Menciona la historia de México, a Zapata. Con entusiasmo concluye, refiriéndose a todo lo expresado: "Si en México no hay una revolución, me gustaría saber qué es"[32] ("If it isn't a revolution in Mexico, I'd like to know what it is") (Dos Passos 1927).

Aunque breve, la nota expresa la impresión que en conjunto le produjeron los murales, los artistas, la revolución cultural. La publica de inmediato y todavía bajo este influjo concibe y empieza a escribir *U.S.A.*, sus novelas murales.

La trilogía esta integrada por las novelas: *The 42nd. Parallel* (1930), escrita después de la visita a México, *1919* (1932), y *The Big Money* (1936). *U.S.A.* abarca un panorama extenso, de 1900 a la década de los treinta, y está narrada desde una perspectiva pesimista: todo está destinado al fracaso. Las vidas de los personajes se entrecruzan mientras los grandes acontecimientos de los Estados Unidos y mundiales les impiden la realización completa. Es claro que para la escritura de esa obra magna de acuerdo a la inspiración que obtuvo de los muralistas, el conocimiento y práctica que tenía John Dos Passos de recursos y técnicas del expresionismo y del impresionismo europeos, más otros que creó, le permiten exitosamente escribir tres novelas sobre las "dos naciones" que constituyen los Estados Unidos de América. Un enorme mural dividido en tres partes que pinta más de tres

32 Una valoración positiva de la Revolución mexicana, por lo menos desde la empatía hacia los pobres, está en la biografía de John Reed, poética y muy personal. (Los fragmentos que se refieren a México y a la Revolución, se citan en este ensayo, en el capítulo no. 3. John Dos Passos, el artista viajero).

décadas de historia y que empieza con el siglo XX. Un verdadero tríptico en el que consigna todos los acontecimientos mundiales importantes y retrata a los Estados Unidos de América, cada vez más involucrado en el destino del mundo.

Para "pintar" el "tríptico de murales", *U.S.A.*, su proyecto más ambicioso, John Dos Passos incorpora, como se ha dicho, innumerables técnicas y procedimientos de las vanguardias europeas y de la gran novela mundial. Además, juega con diversos tipos de discursos, con interpolaciones diversas: de biografías de grandes personajes de la política, de las finanzas, inventores (Henry Ford, Thomas Edison); también montajes de noticias de periódicos, de titulares. Juega con la composición de la página, con la tipografía. Las novelas tienen diferentes modos y mecanismos de incorporar información de los contextos históricos, sociales y políticos. Todo interpolado entre las historias entrecruzadas de sus personajes.

Aunque ya había escrito una novela experimental muy compleja, *Manhattan Transfer,* en *Paralelo 42*, John Dos Passos empieza la combinatoria de elementos, de técnicas, de recursos tomados del cine, que producen la impresión de los movimientos de una cámara cinematográfica. Tomas fijas, interpolaciones, entrecruzamiento de historias individuales, titulares de periódicos, crean una representación que "transcurre" como un filme para el lector: *U.S.A.*, el gran mural del siglo XX.[33]

En la primera novela de la trilogía, *Paralelo 42*, integra menciones de México, noticias de la Revolución mexicana. Gradualmente introduce el tema de México y la Revolución. Comienza en "El ojo cinematográfico", que capta una escena en un tren en la noche, con un juego de puntos de vista muy interesante. Se describe la circunstancia, pero no a los personajes, sino lo que ven, escuchan, perciben, temen. El corto termina con el relato-recuerdo de un viaje en México, narrado desde la "objetividad" propia de Dos Passos, por una mujer a un niño,

33 Estos recursos, procedimientos, técnicas y estrategias narrativas formaron un legado para novelistas posteriores que aprendieron de John Dos Passos la creatividad para emplear innumerables lenguajes y estrategias narrativas. Carlos Fuentes es uno de los autores que sigue de cerca las enseñanzas de Dos Passos. Como advertí, no es el objetivo de este ensayo hacer una comparación cerrada entre las dos obras, pero es inevitable establecer la comparación propuesta por el tema que los acerca: la novela mural. Quizá posteriormente, sea posible ahondar en esta veta.

quizá su hijo. En la breve anécdota rememoración, la mujer recuerda otro viaje en tren y un incidente sin importancia, en el que aparece un mexicano, un *greaser*, como apodaban en los Estados Unidos a los vecinos del sur:

> [...] pero ahora la oscuridad es otra vez negra, la lámpara del tren, el cielo, todo tiene un matiz azul-negro, y Ella está contando una historia sobre Hacemucho, Antesdelaexposiciónmundial, Antesquetúhubierasnacido, y cuando fueron a Méjico en un coche particular de la nueva línea internacional, y los hombres disparaban sobre antílopes y grandes conejos desde el último vagón, y una noche Hacemucho Antesdelaexposiciónmundial Antesquetúhubierasnacido, una noche mamás estaba tan asustada por los tiros, pero todo iba bien, salvo el pequeño tiroteo. Habían estado disparando únicamente sobre un *greaser,* eso era todo. Eso pertenece al pasado (Dos Passos 1961: 434-435).

La visión de la clase privilegiada de los Estados Unidos, que Dos Passos conocía bien, queda en evidencia en el recuerdo de una cacería humana efectuada sin ética ni conciencia.

Las historias se alternan y entremezclan, combinadas con todos los discursos y textos. El personaje Mac de la primera historia (Fenian O'Hara Mc Creary, de origen escocés e irlandés) trabajó en un periódico; después de muchas peripecias, de viajar por todo el país, se instala en San Diego y se casa. El mundo de Mac es de periodistas y de izquierda. En su encuentro con Ben en un restaurante mexicano, éste le informa de los últimos tiempos de Porfirio Díaz. Hablan de la Revolución que parece inminente. Se menciona el asesinato de Madero. La novela permite deducir que la Revolución mexicana significó para los izquierdistas una puesta en escena de lo que anhelaban en teoría. Es tema frecuente en pláticas y discusiones. Mac llega a México en sentido contrario a los inmigrantes mexicanos que desde el siglo XIX cruzaban la frontera. Viaja hacia El Paso, cruza el puente internacional y entra en Ciudad Juárez, cuando "los bandidos estaban a punto de apoderarse de Juárez en cualquier momento, y disparaban contra todo norteamericano que veían" (Dos Passos 1961: 523-524).

Paralelo 42 por medio del recorrido de Mac, muestra el descontento de los estadounidenses ante la Revolución, que les impediría medrar con la facilidad a que estaban acostumbrados. El tema de la Revolución en general, promovido por la mexicana, en marcha, es traído a colación en las discusiones de los anarquistas que llega a conocer Mac en Juárez. Estos lo aceptan con camaradería de correligionarios y de amigos. Finalmente, en plena Revolución, Mac se traslada en tren a la ciudad de México.

Con la extensa "biografía" de Mac, Dos Passos narra una auténtica novela de la Revolución mexicana. La historia entra como testimonio de un estadounidense, testigo de la historia de los dos países vecinos, que va a ver la revolución social. Mac se integra a las costumbres mexicanas con rapidez, por lo cual su historia individual se cuenta como la de cualquier participante de la Revolución, pero en su caso ésta es vista desde su visión de estadounidense de izquierda que la vive como mexicano en México.

Otros personajes representan los diferentes intereses de los Estados Unidos que llaman a Zapata bandido, que van a luchar por sus compañías petroleras, que viven mejor que en su país y que quisieran invadir México para terminar con el peligro. Viajeros importantes cuyas vidas se entrecruzan en su país y en México.

El recurso de las canciones mexicanas[34] permite entrar en otra cultura, dar la atmósfera mexicana que se requiere. Dos Passos representa con una verosimilitud y autenticidad excepcionales los modos de vida de los mexicanos, a estos, a sus ciudades, costumbres y en medio de una revolución. La "biografía" de Mac también es un testimonio como *México insurgente* de John Reed. Diferente pero valioso también como narrativa de la Revolución mexicana.

En *Paralelo 42*, Dos Passos pinta un mural de la Revolución mexicana para entrecruzarlo con las otras historias. Es un fresco con claroscuros, sombras, pero imprescindible como parte de la complejidad del gran mural que representa a los Estados Unidos de América.

Puede decirse que la concepción de una novela inspirada en los murales mexicanos que John Dos Passos imaginó, sí se concreta en *U.S.A.* La trilogía es el resultado de un talento y un esfuerzo enormes, que aprovecharon las enseñanzas de una multitud de lenguajes artísticos. En sus tres novelas confluyen las dos herencias de la Revolución

34 Véanse los epígrafes de este ensayo. En el "Noticiario XIII" se dan noticias sobre la Revolución y se cita la famosa canción "La cucaracha": "Washington considera desgraciada, ilógica y antinatural la elección del general Huerta para presidente provisional de Méjico, como sucesor del presidente derrocado, Francisco I. Madero." [...] "600 AMERICANOS HUYEN DE LA CAPITAL/ *la cucaracha, la cucaracha,/ Ya no puede caminar;/ Porque no tiene/ Porque no tiene/ /Porque no tiene/ Marijuana que fumar*"(Dos Passos 1961: 600).

mexicana: el muralismo y la novela de la Revolución mexicana. Pero es *Paralelo 42* la obra que vincula a México y a John Dos Passos. La novela mural, entonces, originada como inspiración en la cultura mexicana posrevolucionaria, congruentemente, regresa a esas fuentes y produce una pintura sobre la primera revolución social del siglo XX.

Como John Dos Passos, atento a las nuevas manifestaciones artísticas, se apropia de todo aquello que pueda alimentar a su propio arte literario, Carlos Fuentes absorbe y asimila también una enorme cantidad de lenguajes, discursos, para concebir su "nueva novela". La obra de Dos Passos es fundamental en la búsqueda de herramientas para abordar su proyecto novelesco.

Así como "el muralismo es la expresión más acabada del nacionalismo cultural en busca de una identidad mexicana" (Pérez Gay 2002: 285), así la novela de Fuentes, sobre todo *La región más transparente*, expresa una preocupación nacionalista, replanteada en la década de los años cincuenta. La identidad mexicana, central en las expresiones culturales y filosóficas posrevolucionarias (los jóvenes del Ateneo de la Juventud inician la discusión), es incluida en esa primera novela como tema central. Por tratarse de una novela polifónica, todas las posiciones son consideradas y se examinan desde una perspectiva crítica que desmonta los excesos de la divulgación de la filosofía de lo americano (García Gutiérrez 1982: 9-83).

Cuando Carlos Fuentes nace imperaban el nacionalismo o nacionalismo cultural de la posrevolución, que debió conocer durante la niñez en las embajadas mexicanas que al representar a México, siguen de cerca la visión oficial del Estado. El respeto y admiración por el arte, la literatura y cultura mexicanos, presiden el proyecto novelesco de Carlos Fuentes, que incorpora en su primera novela tradiciones y manifestaciones mexicanas. Así como el muralismo parte del arte europeo para representar la historia, sociedad y el pueblo de México, la novela de Fuentes emplea todas las enseñanzas posibles para representar al país, su gente, su historia.

Los murales con el despliegue, extensión y símbolos de la historia, directa e indirectamente están relacionados con la gran narrativa de Carlos Fuentes que prolonga la novela de la Revolución mexicana.

Con *La región más transparente* y *La muerte de Artemio Cruz*, Carlos Fuentes pinta los primeros dos murales sobre el México moderno. Empieza la revisión crítica de los resultados de la Revolución mexicana, de la ciudad capital, destruida por el rumbo que eligieron los constructores de la modernidad. Las novelas sobre el tema cierran el ciclo de la novela de la Revolución mexicana y abren definitivamente el de la "nueva novela".

La muerte de Artemio Cruz , para muchos lectores la novela cumbre de la denuncia de Fuentes, hace "revivir" a Porfirio Díaz en Artemio Cruz, quien se vuelve réplica histórica del dictador en la modernidad. Fuentes emplea símbolos como el muralismo.

Esta novela mural muestra que ha habido una reiteración circular y que la Revolución mexicana no trajo verdaderos cambios, sino violencia y al final reajuste de intereses. En el proceso en que Artemio Cruz llega a la agonía (simbólica), se muestra cómo el hombre fuerte, el héroe de mentira, traiciona, se alejó de los ideales y de los suyos. Artemio, símbolo complejo, es el revolucionario que se transforma en hombre de empresa, traiciona a México porque entrega el país a los extranjeros por medio de sus negocios fáciles. El proceso o degradación implica una caída simbólica que empieza cuando no auxilia a un herido por salvarse para Regina. Artemio acepta ser honrado como héroe sin serlo y así, sin ética, inicia su carrera de triunfador. Paulatinamente pierde grandeza humana y los atributos de la heroicidad del revolucionario. En él Fuentes representa la desmitificación del revolucionario: un héroe caído. El tratamiento del tema de la Revolución mexicana en *La muerte de Artemio Cruz* destruye la epopeya como narración de acciones heroicas para dejar su sitio a la novela. En la narrativa mexicana, esta obra relata por un lado la muerte progresiva del héroe como tal (que empieza el día que traiciona por vez primera), la desmitificación del revolucionario mexicano, su degradación histórica. Por otro lado, discursivamente, muestra el paso de la crónica de la Revolución a la novela moderna o "nueva novela".

Con *La región más transparente*, Fuentes caracteriza el encumbramiento y aparición de los nuevos poderosos. Las dos novelas denuncian lo que pasó en la historia de México: el paso del campo a la ciudad, sin que se efectuara la revolución agraria o la planificación industrial o de lo urbano. Un país movido por la codicia y la corrupción de los constructores del México moderno.

La región más transparente y *La muerte de Artemio Cruz* manifiestan la tensión entre dos fases discursivas de la serie narrativa en México y atestiguan la historia de un modo distinto al testimonio de la novela de la Revolución mexicana y cercano al de las novelas de Dos Passos. En ambas novelas se representan las consecuencias de la degradación histórica del revolucionario o héroe arquetípico que se convierte en el hombre sin escrúpulos, constructor de la modernidad, y literariamente, su conversión en personaje de la "nueva novela". Federico Robles y Artemio Cruz son los símbolos de estas novelas murales.

El ascendiente del proyecto y de la obra de Dos Passos, en el proyecto y en la obra de Carlos Fuentes, son genéticos como el muralismo en el estadounidense.

John Dos Passos y Carlos Fuentes, con preocupaciones afines, conciben proyectos similares para representar a sus respectivos países. En mayor o menor medida, la Revolución mexicana y la novela de la Revolución mexicana influyen en ambos escritores, pero es el muralismo el influjo más enriquecedor. Los dos novelistas, abiertos a la intertextualidad, a la reescritura y al aprovechamiento de herencias culturales diversas para renovar el género novelesco, coinciden en pintar narrativamente al siglo XX por medio de la novela mural.

Bibliografía

Aub, Max (1969): *Guía de narradores de la Revolución mexicana*. México, D.F.: Fondo de Cultura Económica.

Castro Leal, Antonio (ed.) (1960): *La novela de la Revolución mexicana*. 2 tomos. México, D.F.: Aguilar.

Dos Passos, John (1927): "Paint the Revolution!". En: *New Masses*, 2, p. 15.

— (1961): *Novelas*. Barcelona: Planeta.

— (1966): *The Best Times*. New York: The New American Library.

— (2005): *Orient Express*. La Coruña: Ediciones del Viento.

Fuentes, Carlos (1962): *La muerte de Artemio Cruz*. México, D.F.: Fondo de Cultura Económica.

— ([1958] 1982): *La región más transparente*. Madrid: Cátedra.

— (1988): *Myself with Others*. London/Toronto: André Deutsch Limited.

García Gutiérrez, Georgina (1981): *Los disfraces: la obra mestiza de Carlos Fuentes*. México, D.F.: El Colegio de México.

— (1982): "Introducción". En: Fuentes, Carlos: *La región más transparente*. Madrid: Cátedra, pp. 9-83.

— (1995): "La escritura es la pintura de la voz". En: García Gutiérrez, Georgina (ed.): *Carlos Fuentes. Relectura de su obra: Los días enmascarados* y *Cantar de ciegos*. Guanajuato/México, D.F.: Universidad de Guanajuato/El Colegio Nacional/Instituto Nacional de Bellas Artes, pp. 28-31.

— (2000): "*Adán Buenosayres* y *La región más transparente*: primera aproximación comparativa". En: Corral, Rose (ed.): *Norte y Sur: la narrativa rioplatense desde México*. México, D.F.: El Colegio de México, pp. 57-70.

— (2001): "Carlos Fuentes desde la crítica". En: García-Gutiérrez, Georgina (ed.): *Carlos Fuentes desde la crítica*. México, D.F.: Taurus/UNAM, pp. 9-29.

— (2004): "Precisiones sobre lo fantástico en Carlos Fuentes: ciudad, poética, arte literario". En: Bubnoba, Tatiana/Puig, Luisa (eds.): *Encomio de Helena. Homenaje a Helena Beristáin*. México, D.F.: UNAM, pp. 243-261.

González Navarro, Moisés (1966): *Los extranjeros en México y los mexicanos en el extranjero 1821-1970*. Vol. III. México, D.F.: El Colegio de México.

Gunn, Dewey Wayne (1977): *Escritores norteamericanos y británicos en México (selección)*. México, D.F.: Fondo de Cultura Económica.

Monsiváis, Carlos (1976): "Notas sobre la cultura mexicana en el siglo XX". En: *Historia general de México*. Tomo 4. México, D.F.: El Colegio de México, pp. 333-476.

Pacheco, José Emilio (1958): "Carlos Fuentes. *La región más transparente*". En: *Estaciones. Revista Literaria de México*, 3, 10, pp. 193-196.

Paz, Octavio ([1950] 1987): "Los muralistas a primera vista". En: Paz, Octavio: *México en la obra de Octavio Paz*. Tomo III: *Los privilegios de la vista*. México, D.F.: Fondo de Cultura Económica, pp. 221-227.

Pérez Gay, Rafael (2002): "Siglo XX: letras y artes". En: Loaeza, Soledad (ed.): *Gran Historia de México ilustrada*. Tomo 5: *El siglo XX mexicano*. México, D.F.: Planeta DeAgostini/Conaculta/INAH, pp. 281-340.

Ulloa, Berta (1976) "La lucha armada (1911-1920)". En: *Historia general de México*. Tomo 4. México, D.F.: El Colegio de México, pp. 1-110.

Inke Gunia

El desgaste del discurso oficial de la Revolución mexicana en la literatura de los años 1960 y 1970: México y Alemania

1. México

Para explicar la relevancia del tema de la Revolución mexicana en la literatura mexicana de los años sesenta y setenta deseo regresar a las décadas de los años treinta a cincuenta, en las que se formaba una ideología nacional burguesa. Las posiciones articuladas en este contexto nutrían el discurso oficial del "nacionalismo revolucionario" y formaban el blanco ideológico contra el cual se dirigían las actitudes de muchos literatos mexicanos de los años sesenta y setenta. Puede partirse de la obra filosófica de Samuel Ramos, en particular, de *El perfil del hombre y la cultura en México*, publicada en 1934. Como discípulo de los ateneístas, ve en la burguesía surgida durante el Porfiriato el fundamento social de sus ideas. Con *El perfil del hombre y la cultura en México* trata de concienciar a sus lectores de que la negación del pasado histórico de México y el rechazo del elemento hispánico, así como de las tradiciones intelectuales del Porfiriato, tienen un efecto autodestructivo. Los complejos de inferioridad sufridos por la sociedad mexicana han promovido un exagerado individualismo, han dañado la solidaridad y, además, han provocado golpes de estado y revoluciones. Ramos aboga por la construcción de una imagen positiva de la nación mexicana. Los cambios deben ser iniciados por una minoría intelectual burguesa y sólo pueden ser efectuados dentro de una sociedad en la que la gran mayoría dispone de una educación media.

El pensamiento de Ramos, gracias también a la mediación del filósofo "transterrado" José Gaos,[1] se convirtió en punto de partida para una serie de análisis del carácter nacional, entre ellos los de Leopoldo

1 Gaos emigró en 1938 de España. Contribuyó a una recepción más amplia de las ideas de Ramos en México (Gaos 1939; 1940ª; 1940b).

Zea, discípulo de Gaos y promotor del Grupo Hiperión.[2] En 1947 Leopoldo Zea fundó la Facultad de Filosofía y Letras de la UNAM y con ello el "Seminario sobre Historia de las Ideas de América". En 1952 publicó su *Conciencia y posibilidad del mexicano* (1952), dirigió la colección "México y lo mexicano" editada por Porrúa y Obregón y, por otra parte, fundó el "Centro de Estudios sobre el Mexicano". La filosofía de lo mexicano de Ramos, Gaos y Zea le servía a la burguesía como fundamento para desarrollar una ideología justificativa de las posiciones del poder que había ganado en el campo social en el contexto de la Revolución.[3] La Revolución mexicana, según Zea, constituye un acto de justicia histórica, su desarrollo no se debe tanto a conflictos de clases sociales, sino al carácter nacional del mexicano, que requiere integración, que lucha contra la dependencia por su sed de libertad (Dessau 1973: 66). Estas publicaciones surgidas del ámbito académico no caían en saco roto en un tiempo en que Manuel Ávila Camacho (1940-1946) propagaba la "unidad nacional" y la "mexicanidad" como baluartes contra el comunismo y el fascismo.

Para el prestigioso historiador mexicano Ricardo Pérez Montfort (1999: 183) las tendencias unificadoras y homogeneizadoras de los gobiernos de las décadas de los veinte a cincuenta redujeron a estereotipos nacionales la difícil multiplicidad étnica y social del pueblo mexicano para hacerla "más o menos gobernable" y para servir a intereses comerciales. En la década de los cincuenta el discurso oficial del

---

2 De 1948 hasta 1953 existió el Grupo Hiperión. Sus integrantes, Emilio Uranga, Jorge Portilla, Luis Villoro, Ricardo Guerra, Joaquín Sánchez McGregor, Salvador Reyes Nevares, Fausto Vega y el mismo Zea realizaron ciclos de conferencias sobre temas como "¿Qué es el mexicano?" (1949), "El mexicano y su cultura" (1951), "El mexicano y sus posibilidades" (1952). En 1952 apareció el *Análisis del ser mexicano* de Emilio Uranga en la serie "México y lo mexicano" de la editorial Porrúa & Obregón.

3 "Un episodio importante de este periodo es su acercamiento [el de Zea, I. G.] a la vida política durante el sexenio del presidente Adolfo López Mateos (1958-1964), con su política de desarrollo y sus intentos de democratizar el Partido Revolucionario Institucional, en el cual había ingresado en 1954. Es cuando Zea empieza a colaborar como editorialista de opinión en el diario *Novedades* (1956). En 1958 funda el Instituto de Estudios del PRI y en 1960 se lo designa Director de Relaciones Culturales. Su paso por la política es entusiasta y termina con una marcada desilusión. El aparato del partido se interpone entre sus proyectos y la base popular que exige una auténtica democracia" (Página web dedicada a la biografía de Leopoldo Zea realizada por el Instituto Cervantes: <http://cvc.cervantes.es/actcult/zea/biografia.htm> (01.05.2009).

"nacionalismo revolucionario" se había convertido "en lugar común" de la elite burguesa en el poder, que "poco se identificaba con los planteamientos revolucionarios" originales (Pérez Montfort 1999: 178).

El continuo crecimiento económico, la industrialización y, por otra parte, la atmósfera de optimismo con respecto al progreso del país promovidas por el gobierno de Miguel Alemán Valdés (1946-1952) contribuyeron a un cambio de valores, sobre todo en las clases media y alta de los centros urbanos. La preocupación por "lo mexicano" se había desgastado y había sido reemplazada por un creciente interés en participar en lo que hoy llamamos "la cultura global". En el cuarto tomo de su obra *México. 50 años de Revolución*, el filósofo Emilio Uranga, uno de los integrantes del Grupo Hiperión, resume en 1962 que "el reflejo ideológico más adecuado de las realizaciones de la Revolución Mexicana" fue la definición en la filosofía de un "tipo más humano, de un ser humano con oportunidades para realizar su vida mucho mayores que las que permitía el porfirismo" (Uranga 1962: 524). Este humanismo, a comienzos de los sesenta, lo ve suplantado por otro humanismo "importado de las metrópolis" de las que depende económicamente la burguesía que lo vive: "De ahí el olvido en que hoy ha caído la llamada 'filosofía de lo mexicano'" (Uranga 1962: 524).

Ahora bien, un detenido examen de la literatura mexicana publicada en las décadas de los sesenta y setenta basada en el tema de la Revolución mexicana revela básicamente dos rasgos característicos: primero, la cantidad de textos en los que la Revolución mexicana es el tema central o uno de los temas principales había disminuido enormemente en comparación con las décadas anteriores, de los veinte a los cincuenta. Y, segundo, dentro de la línea de cuestionamiento de los presupuestos ideológicos de la Revolución mexicana, se nota una clara tendencia hacia el tratamiento satírico del tema. A la gran mayoría de los escritores de la época, en particular los de la contracultura juvenil nacidos a fines de los años treinta y comienzos de los cuarenta, la Revolución mexicana les interesaba como efecto de contraste histórico para su crítica social de las circunstancias actuales. Ante todo los sucesos del 2 de octubre de 1968 exigieron un cuestionamiento de los presupuestos de la Revolución mexicana. Para los escritores que con sus obras formaban parte de la mencionada contracultura juvenil, la Revolución mexicana y todo lo relacionado con el tema de la "mexicanidad" se habían estado homogeneizando en un recuerdo folklórico que se relacionaba con el discurso político oficial y la generación de los padres. De modo que debía ser criticado y desmitificado.

En comparación con décadas anteriores y en cuanto al género del ensayo filosófico, político o sociológico, se vio reducido el número de obras que tratan la temática de forma central. La Revolución mexicana aparece mencionada en contextos más amplios, como por ejemplo en el de los acontecimientos político-sociales de los años sesenta, que, a su vez, desencadenan nuevas discusiones sobre la mexicanidad, tema de especial interés para Octavio Paz. En 1970 publica su *Posdata* (1970), en donde prosiguen las reflexiones de *El laberinto de la soledad*. Los acontecimientos recientes, la Olimpíada y la matanza de Tlatelolco (así reza el título del primer ensayo de tres que integran el volumen *Posdata*) forman el punto de partida, el móvil para juzgar la realidad mexicana, dentro de la cual la Revolución mexicana juega un papel protagónico. Para Paz, la Revolución terminó entre 1940 y 1950 (Paz 1970: 49), y descarta además la denominación "Revolución", porque no es la consecuencia de un desarrollo económico, social, cultural, como es el caso de la Revolución francesa, sino de un "desarrollo insuficiente" (Paz 1970: 12). Después de su triunfo, los mexicanos tuvieron que abordar el problema del desarrollo, cuya resolución trajo consigo el sacrificio de sus principios sociales y políticos (Paz 1970: 94). Desde los años cincuenta el desarrollo y la industrialización representan los objetivos inmediatos del régimen. A diferencia de dictaduras personales e ilimitadas que desembocan en lo que llama la "explosión sangrienta" (Paz 1970: 52), el monopartidismo mexicano ha podido garantizar la paz y la estabilidad. El PRI funciona como una escuela para formar a los dirigentes políticos e institucionaliza además la dictadura limitada e impersonal (Paz 1970: 53). Como la rusa, la Revolución mexicana degenera en un régimen burocrático, paternalista y opresor (Paz 1970: 95). Para Paz es necesario que se reoriente el desarrollo económico dentro de un sistema auténticamente democrático para que pueda cumplir también una función social. En lo que describe como instrumentos del cambio, el movimiento estudiantil desempeña un papel muy importante. Se ha transformado en el vocero del pueblo (Paz 1970: 34), y en su protesta contra el PRI plantea claramente esta alternativa entre la democracia y la dictadura (Paz 1970: 35, 69). Sin embargo, el 2 de octubre de 1968 disipó todas las esperanzas de que el gobierno se independizara del sector privado y promoviera un desarrollo que conlleve la justicia social, y que integre al "México subdesarrollado o marginal" (Paz 1970: 93). Observa que el régimen ha terminado en lo que llama el "monólogo y el mausoleo" (Paz 1970: 31) y va perdiendo su capacidad para "absorber o desviar el descontento" (Paz 1970: 68). *Posdata* no sólo transporta la crítica al régimen político actual en México, sino también la llamada a la crítica y la autocrítica del Estado contemporáneo para provocar un cambio en dirección hacia la democracia (Paz 1970: 40, 97).

Cabría mencionar también aquí los ensayos *Fuerte es el silencio*, de Elena Poniatowska que, si bien publicados en 1980, fueron redactados a finales de los setenta. La destacada representante del *New Journalism* ya había reaccionado ante los sucesos sangrientos de Tlatelolco en 1971, al publicar un volumen que reúne los documentos de la historia oral relacionados con *La noche de Tlatelolco*. Sin embargo, por razones de espacio quiero dedicarme ahora a otro volumen de ensayos. Allí, la Revolución mexicana sólo aparece de forma esporádica, pero también en el contexto más amplio de la filosofía de lo mexicano. *La contracultura como protesta. Análisis de un fenómeno juvenil* (1975) es obra del sacerdote católico marxista mexicano Enrique Marroquín. Como otros intelectuales contemporáneos, diagnostica una fuerte tendencia hacia una "desnacionalización" y habla de la "generación derivada". De ahí que proponga revisar el significado del folclore:

> La música "folk" es aquella con la que el pueblo en determinado momento de su historia se siente identificado. Nuestra población urbana joven se siente más próxima al rock que a los mariachis, a John Lennon más que a Agustín Lara o Manzanero (Marroquín 1975: 31).

En otro lugar resume:

> En la actualidad, cuando Latinoamérica está redescubriendo su propia identidad, se está dando un resurgir del folklore. En estos momentos de nacionalismo descolonizador en lo político y en lo económico, una buena parte de la población, la más inquieta políticamente, mira hacia el sur más que hacia el norte. Prefiere la música tradicional y recela del rock, proveniente de la cultura dominante. Pero para ser populista no se precisa volver al corrido (Marroquín 1975: 31).

Para no dejarse criticar como manifestante del colonialismo cultural, aboga por un rock auténticamente mexicano y trata de anclar el actual tema del consumo de la marihuana entre los jóvenes en los tiempos de la Revolución: "aquel intenso movimiento popular" (Marroquín 1975: 32).

> En el frente, las soldaderas, las "marías" acompañaban siempre a sus "juanes". [...] De estos primeros "grifos", los modernos xipitecas tomarán la mayor parte de su argot, el rito de fumarla, y ese espíritu de comunidad que da toda droga (Marroquín 1975: 32-33).

Para la evaluación del género dramático hay dos estudios monográficos que pueden formar el punto de partida. Uno, publicado en 1982 por el dramaturgo Wilberto Cantón (1925-1979), quien también contribuyó con creaciones literarias propias al teatro relacionado con la Revolución. El segundo fue realizado por Fernando Carlos Vevia Romero en el Departamento de Investigación Científica y Superación Académica de la Universidad de Guadalajara (1991). Gracias a estos estudios se sabe de siete piezas teatrales del lapso temporal en cuestión en las que aparecen referencias a la Revolución mexicana: Luis G. Basurto: *El escándalo de la verdad* (1960),[4] Federico Schroeder Inclán: *Doroteo* (1960), Wilberto Cantón: *Nosotros somos Dios o La sangre derramada* (1962), Jorge Ibargüengoitia: *El atentado* (redactada entre 1958 y 1962, recibió en 1963 el "Premio Casa de las Américas", fue estrenada en 1975 y publicada en 1978), Héctor Alejandro Galindo Amezcua: *...Y la mujer hizo al hombre* (1965), llevada también al cine (1974), Elena Garro: *Felipe Ángeles* (1979). Tres de las mencionadas piezas teatrales emplean el motivo de la Revolución mexicana como tema central: *Doroteo* (1960), *Nosotros somos Dios o La sangre derramada* (1962), *El atentado* (1963/1975). En los dramas mencionados la Revolución aparece enfocada bajo distintas perspectivas: desde la perspectiva de los militares (*...Y la mujer hizo al hombre*) en conflicto entre, por un lado, la causa revolucionaria, y, por otro, sus ambiciones personales (*Felipe Ángeles,* nombre del personaje histórico, 1868-1919); desde la perspectiva de los caudillos revolucionarios (*Doroteo*, con referencia a Doroteo Arango, i.e. Pancho Villa); desde la perspectiva de los huertistas y antihuertistas (dramatizado como conflicto generacional en una familia acomodada en *Nosotros somos Dios o La sangre derramada*); con la intención de rechazar un

---

4 No me ha sido accesible el texto de esta pieza teatral. En lo que sigue me baso en los datos elaborados por Vevia Romero (1991).

gobierno revolucionario que se basa en el monólogo, la violencia y la represión (en parte esto es válido de *Felipe Ángeles,* también de *Nosotros somos Dios o La sangre derramada*); con la intención de denunciar que la Revolución mexicana se ha transformado en lugar común; para denunciar la apropiación de la Revolución mexicana para el provecho personal *(El escándalo de la verdad)*; con la intención de fortalecer la creencia en el triunfo de la Revolución *(Nosotros somos Dios o La sangre derramada)*; con la intención de glorificar a Pancho Villa (*Doroteo*) o para subrayar que la Revolución deba tener como fundamentos la verdad y la razón *(...Y la mujer hizo al hombre)*.

Dentro del género novelesco sabemos de obras como *Detrás del espejo* (1962), de Héctor Raúl Almanza, *La muerte de Artemio Cruz* (1962), de Carlos Fuentes, *Los relámpagos de agosto. Memorias de un general mexicano* (1965), de Jorge Ibargüengoitia, *La Revolución mexicana. Memorias de un espectador* (1971), de José Fuentes Mares, *Las rojas son las carreteras* (1976), de David Martín del Campo, o *Al cielo par asalto* (1979) de Agustín Ramos. En el campo de la cuentística el motivo de la Revolución mexicana representa el tema central en obras como *El principio del placer* (1972) de José Emilio Pacheco o en *Introducción al estudio del derecho mexicano* (1974) de René Avilés Fabila.

El mundo ficcional creado en *Los relámpagos de agosto*, novela que ganó el Premio "Casa de las Américas" (1964), guarda muchas referencias con el contexto político factual de finales de la década de 1920.[5] Recordemos que también es el caso en el drama *El atentado* (1963/1975), de Ibargüengoitia. En particular, se trata de la situación política posterior del asesinato del general Obregón, con la fracasada rebelión escobarista del 3 de marzo de 1929 y la creación del Partido Nacional Revolucionario (PNR) como instrumento para disciplinar las fuerzas heterogéneas de la elite política. Al final del libro, a más tardar, también el lector más "ignorante" se dará cuenta de la relación entre ficcionalidad y factualidad, puesto que en la "Nota explicativa

5 Como informa María Vargas (2006) a base de un artículo de Guillermo Sheridan, el título de la novela se refiere a los "relámpagos de agosto del Bajío, pueblo de Guanajuato, donde 'los relámpagos aparecen en distintos puntos cardinales en diferente [sic] meses del año. Esto dio vida a un dicho que se refiere a andar perdido o confundido, igual que los relámpagos'". Esta desorientación se refiere a los protagonistas militares de la novela.

para los ignorantes en materia de Historia de México" un narrador anónimo explica el papel dominante del ejército mexicano en aquella época.

El libro dirige una mofa cáustica contra los actores en el campo del poder político de aquel tiempo. El modelo narratológico del cual se sirve Ibargüengoitia es el de la autobiografía fingida. Asimismo, los préstamos de la novela picaresca, del *Lazarillo* y del *Buscón* son obvias tal como de las memorias revolucionarias, sean ficcionales o no. El narrador es el general Guadalupe Arroyo. El motivo de su narración reside en que se siente "vilipendiado, vituperado y condenado al ostracismo", de modo que quiere pulir su imagen dañada por otros durante el proceso revolucionario. Menciona una serie de textos o fuentes contra los que piensa escribir:

> las Memorias del Gordo Artajo, las declaraciones que hizo al heraldo de Nuevo León el malagradecido Germán Trenza y sobre todo la nefasta Leyenda que acerca de la Revolución del Veintinueve tejió [...] el desgraciado de Vidal Sánchez (Ibargüengoitia 1968: 9).

El tono burlesco y el blanco de la crítica del libro ya se manifiestan con las primeras palabras del narrador cuando éste se queja del reproche según el cual nunca había "pisado una escuela" y declara que terminó "la Primaria hasta con elogios de los maestros". La siguiente referencia al hecho de que le habían elegido como Secretario Particular de la Presidencia de la República por sus "méritos personales", su "refinada educación que siempre causa admiración" (Ibargüengoitia 1968: 11), desenmascara a los funcionarios del Estado como barbajanes, incultos, un tema que volverá a aparecer en el drama *...Y la mujer hizo al hombre* (1965), de Héctor Alejandro Galindo Amezcua. Los fracasos personales relatados por Lupe con franqueza despiadada forman el andamio accional que necesita el autor para espiar todos los rincones del campo político y arrojar el veneno contra los protagonistas del escenario político. Éstos son, en su mayoría, militares de alto rango, que no actúan en pro de la justicia social o de los ideales de la Revolución mexicana tal como lo aparentan, sino que su impulso radica únicamente en la idea de convertir el poder político en provecho material suyo.

> –¿Pero quién quiere elecciones libres? [...]
> Yo me escandalicé ante tanto descaro y le recordé los postulados sacrosantos de la Revolución.

> Él me contestó:
> –¿Sabes a dónde nos conducirían unas elecciones libres? Al triunfo del señor Obispo. Nosotros, los revolucionarios verdaderos, los que sabemos lo que necesita este México tan querido, seguimos siendo una minoría. Necesitamos un gobierno revolucionario, no elecciones libres (Galindo Amezcua 1965: 37).

En sus esfuerzos por apropiarse del poder, los sirvientes del Estado engañan, roban y matan sin escrúpulos. El hecho de que estén presentados como hazmerreíres, cuyas campañas militares se parecen más a juegos de guerra de niños, subraya el peligro que significa su actuación en el gobierno. Para ganarse las simpatías del pueblo trabajan la retórica del nacionalismo revolucionario y los estereotipos del folclore mexicano. Con ellos, la reforma agraria pasa a ser una confesión de labios, las insignias de la patria degeneran a requisitos para el carnaval, para una mascarada ante el pueblo ignorante:

> Juan Valdivia llegó a Vieyra el 23 de abril y en la estación echó un discurso elocuentísimo, prometiéndoles a todos sus simpatizadores Reforma Agraria y Persecución Religiosa, lo que nos costó perder el apoyo del antes mencionado hacendado. El populacho, en cambio, que habíamos llevado allí con muchos trabajos, pagándoles a dos pesos por cabeza, se mostró encantado y casi tuvimos un motín (Galindo Amezcua 1965: 49).[6]

La Revolución mexicana. Memorias de un espectador (1971), de José Fuentes Mares, sugiere ya desde el título una relación intertextual con la novela de Ibargüengoitia y con toda la tradición de la novela de la Revolución mexicana. Cierto es que el propio autor marca la ficcionalidad en la "Carta abierta al lector", al subrayar el carácter fictivo de la instancia del narrador homodiegético:

> Entre los muchos problemas que llegué a plantearme con motivo de este libro uno, sobre todo, me dejó sin dormir noches enteras, y ese fue el de responder a la pregunta de si uno mismo puede llegar a convertirse en ser imaginario. Mas ya que tienes el libro en las manos, y aun es posible que tengas la audacia de leerlo, verás que doy a la tal pregunta una respuesta afirmativa, pues estoy convencido de que nadie puede regatear a nadie el derecho tan legítimo, de escoger cuándos y dóndes sin más ley que su capricho (Fuentes Mares 1986: 13).

Sin embargo, aparte de este capricho narratológico, la novela dedicada al periodista y entonces director del *Excélsior*, Julio Scherer García, puede ser leída como un libro de historia, un poco al estilo de la *Tra-*

6 Asimismo, Juan Valdivia en traje de charro (Galindo Amezcua 1965: 67).

gicomedia mexicana (1990/1992/1998) de José Agustín. En un tono a veces conversacional, irónico-humorístico reconstruye los sucesos que constituyen la Revolución mexicana desde el estallido de las luchas en 1910 hasta 1965, o sea que, a pesar de no ser publicado el libro hasta 1971, y la bibliografía de las fuentes históricas al final del libro incluyendo monografías publicadas en 1969, calla el 2 de octubre de 1968. El balance al final de la obra constata que la Revolución mexicana "encontró la manera de producir sus propios anticuerpos" (Fuentes Mares 1986: 193), lo que acarreaba estabilidad social, económica y política durante décadas. Han contribuido a este efecto la escasa profundidad doctrinal del PRI y la formación de lo que llama "una fina sensibilidad" de los políticos mexicanos "en diaria consulta con la experiencia" (Fuentes Mares 1986: 193). Hoy día, o sea, en 1965, la estabilidad ha devenido en algo muy frágil, una observación que confirmaría Paz en *Posdata* (1970). El narrador denuncia la creciente burocratización del sistema político, que corre paralela a la corrupción y entraña el peligro de que los políticos dejen las "responsabilidades en manos de oficinistas" (Fuentes Mares 1986: 194). Otro defecto detectado constituye lo que llama el "bovarismo" de los dirigentes, que se resisten a enfrentarse a los males de la realidad y se construyen una versión propia de la realidad: "Como si los astrónomos ignoraran la cara oscura de la luna por el hecho de no verla al mismo tiempo que la cara iluminada" (Fuentes Mares 1986: 194). Ante esta situación, el narrador ve crecer en el pueblo la conciencia del engaño gubernamental y con ello la posibilidad de un cambio político que, según su opinión, puede desencadenarse con mucha probabilidad entre la clase media del norte:

> La mentira no vale como verdad a fuerza de propalarse, y tampoco el derroche de grandes palabras sirve para negar la diaria comprobación de los hechos evidentes [...]. El hilo fino que aún sustenta nuestra estabilidad puede romperse, y el rompimiento puede llegar a producirse en el norte, como en 1910. En el norte late ya el riesgo creciente de la clase media, cuya insurgencia podría arrastrar a los obreros y campesinos (Fuentes Mares 1986: 195).

La Revolución como un suceso que forma parte de un pasado entonces muy remoto es la imagen que transportan aquellos textos que están narrados desde la perspectiva de un adolescente. *El principio del placer* es el título de un relato que forma parte de un volumen de cuentos homónimos (1972) de José Emilio Pacheco. Se trata de un diario ficticio de un adolescente, Gabriel, que le confiesa al libro sus pensamientos más íntimos. Un día escribe sobre las noticias regionales de unos campesinos que se niegan a desocupar sus tierras para la construcción de otra presa del sistema hidroeléctrico. En este contexto, menciona lo poco que sabe sobre su padre, que debe intervenir en el conflicto y –por lo que sugiere el texto– debe ser un militar de alto rango. Jorge casi no habla con su padre, pero un día éste menciona su pasado revolucionario: "[...] una vez me contó que era muy pobre y se metió a la Revolución hace como mil años, cuando tenía más o menos mi edad" (Pacheco 1972: 23). En otro pasaje el joven relata un suceso que vivió al volver de la escuela y que le impresionó enormemente. Por primera vez vio a un hombre muerto a tiros por su esposa y asocia estas imágenes con lo poco que sabe del pasado revolucionario de su padre: "No sé cómo le habrá hecho mi papá en la Revolución, aunque me contaba que al poco tiempo de andar en eso uno se acostumbra a ver muertos" (Pacheco 1972: 17-18). Jorge también revela al diario la historia de su primer amor con una chica de clase baja, quien no es aceptada por su familia debido a su origen humilde. Jorge compara el trabajo del padre de Ana Luisa, vendedor ambulante de remedios contra todo tipo de dolores, con el de su padre y llega a la amarga conclusión: "[...] debería avergonzarme de mi padre que se ha ganado la vida matando gente" (Pacheco 1972: 37).

La Revolución, así se desprende de estos textos, se ha transformado en un suceso histórico y sólo sobrevive como recuerdo de la generación de los padres: "hace mil años", así el comentario de Jorge. Las fórmulas reiterativas del discurso oficial han perdido su relevancia porque no se ha podido cumplir con las metas propuestas. "Si en México la mayoría de la gente es tan pobre ¿de dónde sacarán, cómo le harán algunos para robar en tales cantidades?", se pregunta Jorge al saber de una amiga de sus hermanas que va estudiar en Suiza y un compañero suyo cuyo padre "se hizo millonario que está por acabar" y el cual internará a su hijo en una academia militar de Illinois (Pacheco 1972: 55).

La actitud irreverente frente a la autoridad estatal que ha perdido completamente su credibilidad es el tema de *Introducción al derecho mexicano* (1974), de René Avilés Fabila. El narrador homodiegético informa en tono conversacional sobre un pleito callejero en el cual se destroza un teléfono público y que termina en la cárcel ("un vulgar pleito callejero, como los que ocurren a todas horas en México, donde el machismo es la línea", Avilés Fabila 1974: 77). La historia narrada pretende ser contemporánea a la realidad factual de principios de los años setenta y alude al clima de la violencia que reinaba en México después de las huelgas de obreros, manifestaciones estudiantiles, la matanza de Tlatelolco (1968) y las campañas de prensa que infamaron la imagen de la juventud, en particular del estudiantado. En el relato ficcional, la patrulla de la policía sorprende a los jóvenes y los detiene "por robo, ataques y agresiones, destrucción de propiedad federal, daños a terceros, insultos a las autoridades"; "Con esto les darán unos añitos de condena y seremos inflexibles, enemigos de la sociedad, parásitos" (Avilés Fabila 1974: 77). Los jóvenes se burlan de los agentes del orden, pero al final los dejan salir mediante la suma de 10.000 pesos, acto que subraya otra de las enfermedades del sistema político: la corrupción. En la despedida los policías repiten la letanía del servicio del buen ciudadano por la patria:

> A ver jóvenes. Espero que esta situación no se repita. Ustedes son decentes y honorables, a leguas se nota, piensen en Dios y en la familia. Es mejor que trabajen infatigables por la patria, por la sociedad. La interrumpí antes de que nos ofreciera credenciales del abominable PRI (Avilés Fabila 1974: 80).

En la lírica pueden citarse algunos de los textos que integran *Mediodía* (1975), de Parménides García Saldaña. Para el joven autor, que reúne a los 31 años sus textos en el mencionado volumen, la Revolución mexicana también representa un suceso histórico muy distante de la actualidad mexicana de los años 1960 y 1970. Se trata de una obra difícil de clasificar genéricamente. Tiene la forma de un guión para un programa de música rock en la radio protagonizado por un grupo de rock que lleva el expresivo nombre "Los Herederos de la Transa". Los textos transportan un tono de desilusión y resignación respecto a las formas de vida que antes de la fecha traumática del 2 de octubre de 1968 se habían propagado como las únicas alternativas a la realidad hostil y destructora. Se han perdido las perspectivas y esperanzas de un futuro mejor, de modo que las referencias a la Revolución mexicana se interpretan como puro sarcasmo. Es así como en el texto titulado "Esa negra mora", que canta sobre una chica que "da el amor/ a todos, sin pedirles nada, sin quitarles nada" y que el hablante, uno de los miembros de los "Los Herederos de la Transa", elogia añadiendo "en los tiempos postrevolucionarios". Termina la canción con una estrofa de "La Cucaracha" cantada por el coro de las "nenas".

En "Recordando los viejos tiempos", un "Rock ranchero", el yo lírico recuerda los años del movimiento insurreccional de la juventud bajo el pendón de Stalin, Mao y Lenin en pro de "justicia, libertad, verdad". Cita al líder agrario Rubén Jaramillo, "discípulo de Emiliano Zapata", que fue asesinado junto con su familia en 1962:

> Y quise dedicarme a la revolución
> y fui miembro del Movimiento
> de Liberación Nacional
> y participé en manifestaciones;
> pero la gente tuvo miedo,
> la gente no quiso seguir;
> los líderes más radicales,
> se volvieron oradores
> del partido del Poder
> (García Saldaña 1975: 78-79).

En "Yo sólo estoy en el pavimento..." un yo lírico, tirado sobre el pavimento, describe la vida en la gran ciudad que aparece habitada de gente que, infatigablemente, está "buscando donde la vida empezó a fallar". En la ciudad reinan la hipocresía, las intrigas, la ambición de poder de la gente, el interés personal, y cita a una noble, "La Condesa", que en su casa suele comentarles a otras damas sobre su pasado:

> Ella, noche a noche comenta
> a las damas invitadas a su hogar
> que la Hacienda que tenían los que la incendiaron
> ya renovada y adaptada a la idiosincrasia nacional
> habitan ahí desde que la revolución triunfó
> (García Saldaña 1975: 99-100).

Este yo lírico también ve a la gente reír al escuchar la retórica del gobierno:

> [...] defenderemos los postulados de la revolución
> mexicana. Los defenderemos siempre. Defenderemos
> los sagrados postulados de libertad y justicia social
> que nuestros antepasados nos han heredado
> (García Saldaña 1975: 99).

En otro texto la actitud irreverente se articula por parte de un hablante que actúa de guía de turistas y que al hablar del pasado mexicano caricaturiza a sus protagonistas:

> [...] la CIA que es toda la burguesía desde los tiempos de notables y científicos a los lados de Perfidio Díaz & Frieds [sic] que fue el dictador que la Revolución Mexicana derrocó, damas y caballeros, turistas from across the river [...] (García Saldaña 1975: 111).

2. Alemania

Pasamos ahora a la imagen de México y la Revolución mexicana en los debates de los intelectuales políticos alemanes de las décadas del sesenta y setenta.

El 27 de enero de 1966 se estrenó en el "Zoo-Palast" de Berlín Oeste la película *Viva María!* dirigida por Louis Malle (*Lexikon des Internationalen Films* 1990: t. VIII). La película pertenece al género de la comedia y está protagonizada por dos artistas de *striptease* de un circo ambulante que se comprometen con la Revolución mexicana: la una, anarquista irlandesa interpretada por Brigitte Bardot, la otra, una marxista francesa, interpretada por Jeanne Moreau. El 29 de enero, un grupo de estudiantes, entre ellos Rudi Dutschke y Dieter Kunzelmann, fue a Berlín a ver la película. Estos hombres estaban comprometidos con la organización de estudiantes SDS (Unión Socialista Alemana de Estudiantes) y, por otra parte, estudiaban la obra de Ernst Bloch y la Teoría Crítica neo-marxista de la así llamada "Escuela de Francfort",[7] así como las obras de, por ejemplo, Theodor W. Adorno, Max Horkheimer o Herbert Marcuse. Los miembros de la SDS luchaban por una sociedad anti-autoritaria y radical-democrática. En sus memorias de los años de la "Kommune I" ("La Comuna I"), Ulrich Enzensberger (2004: 60) nos informa sobre el impacto que tuvo la película entre los jóvenes intelectuales alemanes, quienes se mostraron entusiasmados con la idea de la combinación entre lucha política y diversión, y fundaron el grupo "Viva Maria" que quería distanciarse de los "marxistas con corbata" y los consejeros sindicalistas de la SDS en Berlín.

7 "Frankfurter Schule", un grupo de intelectuales que pertenecían o se movían en el ámbito del Instituto de Investigaciones Sociales de la Universidad de Francfort del Meno.

Dutschke vio la película por lo menos cuatro veces, y Kunzelmann afirma:

> La película constituyó para todos nosotros la confirmación de que, desde las metrópolis, debíamos apoyar dentro de nuestras posibilidades y con todos los medios disponibles a los movimientos guerrilleros de los países del Tercer Mundo (Enzensberger 2004: 60).[8]

En un artículo sobre la relación entre *Viva María!* de Malle y los comienzos del movimiento estudiantil del 68 en Alemania, Paco Prückner explica la recepción positiva de la película por la juventud alemana. En aquellos años, Latinoamérica, y en particular la Revolución cubana, representaba uno de los complejos temáticos de la izquierda europea. La dirección de la marcha, el futuro, se veía en la clase de los trabajadores y campesinos. Asimismo, en la película se proclama la descomposición de las viejas estructuras sociales (por ejemplo, la rebelión contra la imagen burguesa de la mujer) y políticas, una idea que cuadraba con el espíritu rebelde de la época. Además, la ya mencionada combinación entre diversión y violencia agradaba a una minoría de los jóvenes intelectuales de la SDS. Con motivo de las últimas noticias de la guerra de Vietnam, algunos estudiantes dejaron la actitud principalmente pacifista (recuérdense las acciones de fijar carteles contra la política exterior del gobierno alemán en Munich y Berlín) (Prückner). El entonces miembro de la junta directiva nacional de la SDS, Bernd Rabehl, menciona también en un artículo publicado en 1968[9] la fusión de dos tendencias de la lucha revolucionaria, el anarquismo y el marxismo, encarnadas por Brigitte Bardot y Jeanne Moreau (Rabehl 1968: 86), lo cual contribuyó a la acogida positiva de la película. Eran estas dos tendencias las que habían provocado una separación entre los miembros de la SDS (Rabehl 1968: 86). La banda sonora de la película se transformó en el signo distintivo en el contexto de detenciones o manifestaciones. Del grupo "Viva Maria" surgió un año más tarde la famosa Comuna 1, la primera comunidad de inquilinos con intereses socio-políticos.

---

8 "Der Film war für uns eine Bestätigung, daß wir in jeder Weise die Guerilla-Bewegung in den Ländern der Dritten Welt unterstützen müssen mit unseren Möglichkeiten und Mitteln von den Metropolen aus" (Enzensberger 2004: 60).

9 El artículo apareció enmarcado por un ensayo sobre el comunismo marxista ("Kommunismus. Marx. Verlorene Söhne", pp. 78-94).

Poco antes de la Olimpíada de 1968 en México, precisamente el 8 de enero de 1968, la revista alemana de tendencia izquierdista *Der Spiegel* publicó un ensayo político sobre México ("Mexiko. Das Gesetz der Mestizen", Kogelfranz 1968) que provocó serias críticas entre algunos mexicanos preocupados por la imagen de su patria en el extranjero. El diputado mexicano Guillermo Morfín calificó al autor de este artículo, Siegfried Kogelfranz (*1934), como "un engendro asqueroso del neofascismo", y para el historiador Alberto Morales Jiménez, Kogelfranz "es, sin duda, uno de los sobrevivientes ruinados del régimen de Hitler". El entonces canciller alemán, el conservador Ludwig Erhard, tuvo que calmar las ondas de la agitación durante su visita en México. Aclaró: "La revista *Der Spiegel* suele interpretar negativamente todo lo positivo y bueno en una nación" (Anónimo: 1968a). Kogelfranz empieza su ensayo con una comparación muy polémica de los Juegos Olímpicos bajo el régimen de Hitler en 1936 y los Juegos de Tokio en 1964, que coronaron el renacimiento del país de sus cenizas y borraron la vergüenza de la guerra y de la capitulación, con los Juegos de México. Sin embargo, los laureles no los esperarían los equipos, sino el país, así argumentaba el autor alemán. Sigue con un balance que presenta a México como un país en que la conquista española, las dictaduras y los veinte años de Revolución han sembrado y cultivado violencia y brutalidad. Psicológicamente hablando –aquí Kogelfranz cita al mexicanista estadounidense Frank Tannenbaum– el mexicano tiene una actitud patológica frente a la vida. Imprevisibles actos de violencia, violaciones de derechos o muertes repentinas pesan sobre la vida del mexicano. Cada novedad en la historia mexicana termina en una catástrofe, así sucedió también con la Revolución mexicana en la cual Pancho Villa y otros degollaron a millones de hombres. La mayoría de los mexicanos se han puesto de acuerdo con respecto a la Revolución: nunca más una revolución sean cuales sean las metas o ideales. Este es el consenso que mantiene unida la nación. De modo que el trauma es la base de la estabilidad actual, y lo que el autor llama la "ley del mestizaje", la unión de los contrarios, de lo inconciliable. Menciono sólo un ejemplo de las paradojas del sistema político que enumera Kogelfranz: según la Constitución de 1917, México profesa el socialismo, teóricamente, pero practica el capitalismo. La institución que posibilita y tolera estas paradojas es el PRI, que, cumpliendo con la ley del mestizaje, es una coalición de grupos políticos diferentes que debe evitar la lucha por el poder entre las distintas fuerzas.

La masacre de Tlatelolco y los Juegos Olímpicos acrecentaron el interés en México por parte del campo literario alemán. En los ensayos políticos, la imagen de la Revolución mexicana como primera revolución socialista sirve como contraste con las fuertes medidas de represión efectuadas contra los movimientos estudiantiles calificados como "las revueltas más vehementes de la historia mexicana reciente" (Anónimo 1968b; Anónimo 1970). Se hace mención del monopartidismo y de los poderes casi absolutistas de sus presidentes. El autor de un artículo titulado de modo provocador "México conocerlo y amarlo" con el subtítulo intercalado que dice "prisioneros" y la foto de manifestantes con la cara contra la pared, lamenta que México, 59 años después de la Revolución, sufre de arteriosclerosis.

En un tono de fuerte sarcasmo, la Revolución mexicana es citada en el número 35 (Anónimo 1972a) de la revista. Esta vez, con referencia al machismo mexicano, que –según el autor alemán– encarnaba Zapata. El héroe revolucionario nunca se quitó las armas, amó los caballos rápidos, los gallos de pelea, a las mujeres bellas, los naipes y bebidas picantes. Se entregó al vicio con 22 mujeres. Cada mexicano se presenta como "muy macho". Sin embargo, el presidente Echeverría decretó una ley para el control más rígido de las armas y presentó un programa para el control de natalidad, dirigido, sobre todo, a los machos jóvenes de los barrios pobres. El machismo se articula en relaciones poligámicas que pueden encontrarse desde las clases más bajas a las más altas. El machismo, nutrido por los héroes revolucionarios, es un fenómeno que el autor, apoyándose en citas de Octavio Paz y de la obra del antropólogo estadounidense Oscar Lewis, relaciona con la violencia. México muestra las cifras más altas de criminalidad. El artículo defiende la idea según la cual la Revolución mexicana y sus héroes son responsables de ciertas formas de conducta transmitidas por varias generaciones hasta el presente y que resultan perjudiciales para la convivencia social. Concretamente, un machismo al cual es inherente la violencia.

En el número 51 (Anónimo 1972b), *Der Spiegel* informa sobre la visita de Salvador Allende a la Ciudad de México y recurre a una imagen del contexto revolucionario: durante 66 horas la gente se sentía en las calles de la Ciudad de México como otrora se habrán sentido sus abuelos cuando Emiliano Zapata y Pancho Villa entraron a la capital. Allende también es un revolucionario, agrega el autor, si bien un revolucionario pacífico, fue saludado con un "¡Viva la Revolución!" por los mexicanos. El recuerdo de los orígenes de la Revolución, claro está, le sirve al autor de contraste con la situación actual. La presencia de Allende –así el autor– suscitó el mismo efecto que un chubasco que llena el lecho desecado de un río. Explica que se trata de una visita a la patria de la primera revolución socialista en el continente, sólo que desde hace más que una generación el impulso revolucionario ha sido rezumado por la corrupción y las ideas libertadoras se han cuajado en un sistema autoritario. La décima parte de los miembros de las clases pudientes se ha apropiado de más de la mitad de los ingresos nacionales; la cuarta parte de los mexicanos aptos para el trabajo no tiene un trabajo o no le alcanza para sobrevivir; el 70% de todos los niños mexicanos sufre de las consecuencias de la desnutrición. La protesta de estudiantes y grupos guerrilleros de campesinos desesperados contra la omnipotencia del PRI fue reprimida. El presidente Echeverría trata de independizarse económicamente de los EE.UU. y va en busca de nuevos mercados en Japón, Europa y el Tercer Mundo, y anuncia la reducción de facilidades de inversión para extranjeros. El artículo cierra con una referencia a la crítica de la derecha contra la política de Echeverría, una crítica que se articuló por medio de páginas enteras de anuncios en los que le desean suerte al pueblo chileno en su lucha contra el socialismo teñido de comunismo.

Bajo el título "Kunst: Marx en la pared", *Der Spiegel* comenta el 18 de noviembre de 1974 una exposición sobre el arte de la Revolución mexicana en el castillo de Charlottenburgo en Berlín Oeste (Anónimo 1974). La exposición estuvo organizada por la *Neue Gesellschaft für bildende Kunst* (Nueva Sociedad para el Arte Visual), clasificada por el autor como la falange de la izquierda en el campo cultural de la ciudad partida en dos. Asimismo, subraya que el arte de la Revolución mexicana goza de fama mundial, pero es conocido sólo fragmentariamente. En la ocasión fueron expuestas fotografías de los murales de la Revolución mexicana sacadas por una delegación de miembros de la sociedad alemana, así como obras de arte gráfico, es decir, ilustraciones que aparecieron en revistas, hojas volantes y carteles. En este contexto se hacen referencias a las sátiras de calavera de José Guadalupe Posada, el periódico "El Machete" o los trabajos del Taller de Gráfica

Popular (TGP). El autor menciona además a Diego Rivera, José Clemente Orozco y David Alfaro Siqueiros como representantes de un realismo alegóricamente elevado que agita contra la guerra, contra el clero y la colonización, y contra el lujo de la burguesía. Los artistas provocaron en un país en que de facto gobierna un partido sólo nominalmente revolucionario. El gobierno toleraba e incluso protegía a los muralistas. A Rivera se le permitían sus ataques contra las debilidades de la Revolución mexicana en el Palacio Nacional, pero en el aeropuerto se destruyeron las pinturas de Juan O'Gorman porque muchos de los retratos de los malvados tenían semejanzas con jefes de gobierno de Estados aliados y aparecieron citas "inmorales", esto es, del manifiesto comunista. Recientemente se le permitía a O'Gorman pintar el régimen de terror de Porfirio Díaz en el Museo Nacional de Historia y Siqueiros, a quien habían tomado preso varias veces en el pasado, podía pintar un muro de un hotel. El autor finalmente elogia estas obras de arte que hacen sombra al realismo socialista de los países del Pacto de Varsovia. ¿Cuáles son las lecciones que le servirán al visitante de esta exposición respecto a un arte progresista en nuestro país? Según los autores del catálogo de la exposición, esta pregunta la tiene que contestar el visitante.

Cierro mi exposición con tres artículos más de la revista *Der Spiegel*. Estos tratan los temas de la expropiación de latifundistas, la reducción del poder de la Iglesia y el comportamiento anti-constitucional de la policía. El primero, del 6 de diciembre de 1976, informa sobre las ocupaciones de tierra en el vasto área de agricultura del Valle del Yaqui (Sonora) por 25.000 campesinos armados. El autor ve aquí a los fantasmas de Pancho Villa y Emiliano Zapata que resucitaron 60 años después de la "sangrienta revolución campesina" (Anónimo 1976). También habla de la primera revolución socialista del continente americano, que desembocó en corrupción y un sistema autoritario. Esta vez, el gobierno de Echeverría actuó en pro de los campesinos: expropiando a 74 latifundistas y repartiendo alrededor de 100.000 hectáreas de tierra a 8.000 campesinos. El trabajo del nuevo presidente José López Portillo, según el autor, es el más duro en los 47 años de la historia del régimen monopartidista del PRI. En primer lugar, debe impedir que la clase alta transfiera su capital al extranjero y atraer a inversionistas extranjeros. El periodista alemán describe al cesado presidente Echeverría como un hombre que se esforzó por reavivar los antiguos ideales de la Revolución mexicana. Quería aflojar las riendas de la dependencia económica de los Estados Unidos y contrajo relaciones diplomáticas con 65 Estados para evitar la dominancia de superpotencias sobre las pequeñas naciones. Para este efecto, México introdujo en la ONU la carta de las obligaciones y los derechos económicos de los Estados. El autor menciona además la creación del SELA (Sistema Económico Latinoamericano), la realización de un programa ambicioso de infraestructura y el decreto de leyes en el marco de una reforma agraria. Los propietarios de las tierras, con frecuencia se trataba de antiguos generales, gobernadores, diputados y senadores del PRI, sabían que sus propiedades violaban la ley, pero confiaban en su influencia política hasta que Echeverría decretara la expropiación. El corresponsal agrega que Echeverría había solicitado la candidatura al puesto del Secretario General de la ONU, pero sus enemigos políticos lo hicieron caer en descrédito.

El artículo del 29 de enero de 1979 (Anónimo 1979a) trata de la primera visita al extranjero del Papa Juan Pablo II. Ésta iba a llevarle a México, a la junta de los obispos latinoamericanos. El autor describe la situación particular de la Iglesia en México, donde no tiene propiedades y debe alquilar sus templos del Estado. A los curas, sea cual fuera la clase a la que pertenecen, no les es permitido criticar el poder estatal ni desde el púlpito ni en privado. Además, menciona la Constitución mexicana formulada en 1917, después de lo que llama "el triunfo de la primera revolución campesina en aquella parte del mundo". En los tiempos de la Revolución mexicana la Iglesia estaba íntimamente hermanada con los ricos y fue uno de los más grandes latifundistas en el Estado. Además, había bendecido el movimiento contrarrevolucionario de los Cristeros. La Iglesia bendecía al explotador y engañaba a los explotados.

El 5 de marzo de 1979 se comenta la relación entre la policía y la población mexicana. El autor critica el comportamiento anti-constitucional de la policía mexicana y menciona la Revolución mexicana. La describe como la primera revolución de los pobres subyugados contra los señores feudales en Latinoamérica. A diferencia de su colega del artículo anterior, se expresa con reservas respecto al desenlace de la Revolución. Dice que alcanzó un "éxito regular". La subyugación de los débiles por los fuertes es un rasgo característico de la sociedad mexicana. Y sigue una cita de Octavio Paz: "Para el mexicano sólo hay dos posibilidades en la vida, o emplea la violencia contra otros o sufre de la violencia" (Anónimo 1979b).

Bibliografía

Anónimo (1968a): "Hausmitteilung". En: *Der Spiegel*, 15, p. 5.

— (1968b): "Mexiko. Unruhen. Größte Fiesta". En: *Der Spiegel*, 40, pp. 114-117.

— (1970): "Mexiko: Häftlinge. Leben und lieben". En: *Der Spiegel*, 5, p. 105.

— (1972a): "Mexiko: Grausames Spiel". En: *Der Spiegel*, 35, pp. 91-92.

— (1972b): "Mexiko: Gemeinsame Sprache". En: *Der Spiegel*, 51, pp. 87-90.

— (1974): "Kunst: Marx en la pared". En: *Der Spiegel*, 47, pp. 171-173.

— (1976): "Mexiko: Eine Zeitbombe vor der Explosion?". En: *Der Spiegel*, 50, pp. 128-130.

— (1979a): "Papst in Puebla: 'Ihr Bischöfe, steigt herab'". En: *Der Spiegel*, 5, pp. 96-100.

— (1979b): "Mexiko: Geißel des Volkes. Polizisten verletzen systematisch die Verfassung ihres Landes". En: *Der Spiegel*, 10, p. 155.

Avilés Fabila, René (1974): "Introducción al derecho mexicano". En: Agustín, José/ Avilés Fabila, René/Torre, Gerardo de la: *De los tres ninguno*. México, D.F.: Federación Editorial Mexicana, pp. 67-80.

Cantón, Wilberto ([1966] 1962): *Nosotros somos Dios o La sangre derramada: pieza en 2 actos*. Ed. por Samuel Trifilo y Luis Soto-Ruiz. New York/London: Harper & Row.

— (ed.) (1982): *Teatro de la Revolución mexicana*. Selección, introducción general, situación histórica y estudios biobibliográficos de Wilberto Cantón. México, D.F.: Aguilar.

Dessau, Adalbert (1973): *La novela de la Revolución mexicana*. México, D.F.: Fondo de Cultura Económica.

Enzensberger, Ulrich (2004): *Die Jahre der Kommune I. Berlin 1967-1969*. Köln: Kiepenheuer & Witsch.

Fuentes Mares, José (1986): *La Revolución mexicana. Memorias de un espectador*. México, D.F./Barcelona/Buenos Aires: Grijalbo.

Galindo Amezcua, Héctor Alejandro (1965): *...Y la mujer hizo al hombre; pieza en tres actos divididos en seis cuadros*. México, D.F.: Ecuador 0° 0' 0".

Gaos, José (1939): *De la filosofía en México* (Letras de México), 2, 1.

— (1940a): "Reseña de *Hacia un nuevo humanismo*, de Ramos". En: *Letras de México*, 2, 20, pp. 1-2, 8.

— (1940b): "Reseña de *Hacia un nuevo humanismo*, de Ramos". En: *Noticiero Bibliográfico*, 1, 25, pp. 1-8.

García Saldaña, Parménides (1975): *Mediodía*. México, D.F.: Joaquín Mortiz.

Garro, Elena (1979): *Felipe Ángeles*. México, D.F.: UNAM.

Ibargüengoitia, Jorge ([3]1968): *Los relámpagos de agosto*. México, D.F.: Joaquín Mortiz.

— (1978): *El atentado*. México, D.F.: Joaquín Mortiz.

"Instituto Cervantes: Página dedicada a Leopoldo Zea". En: <http://cvc.cervantes.es/actcult/zea/biografia.htm> (01.05.2009).

Kogelfranz, Siegfried (1968): "Mexiko. Das Gesetz der Mestizen". En: *Der Spiegel*, 2, pp. 45-57.

Lexikon des Internationalen Films (1990). Editado por Katholisches Institut für Medieninformation e.V./Katholische Filmkommission für Deutschland. Reinbek bei Hamburg: Rowohlt.

Marroquín, Enrique (1975): *La contracultura como protesta. Análisis de un fenómeno juvenil*. México, D.F.: Joaquín Mortiz.

Pacheco, José Emilio (1972): "El principio del placer". En: *El principio del placer*. México, D.F.: Joaquín Mortiz, pp. 9-66.

Paz, Octavio ([1983] 1970): *Posdata*. México, D.F.: Siglo XXI.

Pérez Montfort, Ricardo (1999): "Un nacionalismo sin nación aparente. (La fabricación de lo 'típico' mexicano 1920-1950)". En: *Política y Cultura*, 12, pp. 177-193.

Poniatowska, Elena (1980): *Fuerte es el silencio*. México, D.F.: Era.

Prückner, Paco: "Die lustvolle Revolution. 'Viva Maria' – eine Revolutionskomödie und die Anfänge der deutschen 68er-Bewegung". En: *Schnitt* <http://www.schnitt.de/213,1084,01>, (05.09.2008).

Rabehl, Bernd (1968): "Karl Marx und der SDS". En: *Der Spiegel*, 18, p. 86.

Ramos, Samuel ([1951] 1934): *El perfil del hombre y la cultura en México*. Buenos Aires: Espasa-Calpe.

Uranga, Emilio (1962): "LXVI. El pensamiento filosófico". En: Torres Bodet, Jaime et al.: *México. 50 años de Revolución*. Tomo 4: *La Cultura*. México, D.F.: Fondo de Cultura Económica, pp. 523-555.

Vargas, María (2006): "*Los relámpagos de agosto* de Jorge Ibargüengoitia". En: *La Tatuana. Revista de literatura – cultura – arte latinoamericano y peninsular*, 3 (<http://bama.ua.edu/~tatuana/numero3/chilerelleno/vargas.pdf>; 19.05.2009).

Vevia Romero, Fernando Carlos (1991): *Teatro y Revolución mexicana*. Guadalajara, Jal.: Universidad de Guadalajara.

Michaela Peters

México insurgente: la Revolución mexicana en el reportaje de John Reed y la película de Paul Leduc

En la película *Reed: México insurgente*, producida por Paul Leduc en 1970,[1] una voz en *off* introduce al protagonista John Reed (1887-1920) como "periodista, escritor y activista político" (2:24-2:30). De este modo, ya desde el inicio se destaca el formato del documental cinematográfico que estructura a la película: Leduc recurre al género de un homenaje dirigido al corresponsal estadounidense del *Metropolitan Magazine*, como ya lo señalaron, entre otros, Judith y Jonathan Hess (Hess/Hess 1974: 1-4). Se nos presenta al personaje histórico de John Reed, quien en el invierno de 1913 a 1914 había pasado cuatro meses con las tropas revolucionarias en el norte de México, dando testimonio de la guerra civil entre las tropas de Pancho Villa y del General Huerta, quien había usurpado al poder tras el asesinato de Francisco I. Madero (Garcíadiego 2008: 237).

El director mexicano obviamente se basa en el reportaje que Reed había publicado en 1914, justamente después de haber regresado de México.[2] Si partimos del hecho de que Paul Leduc forma parte de los cineastas de vanguardia (SEP 1988: 33-35), no hay que ir lejos para constatar las innovaciones estéticas ya nombradas por Weidenfels, que de manera convincente dan prueba del afán artístico del director (Weidenfels 1973: 3). En la persona de Leduc se une, sin embargo, el pensamiento de vanguardia con el compromiso social, como subrayan Pérez Murillo y Cascón Becerra:

> Leduc pertenece a esta generación [del 68]. Filmó en 1968 los 'Comunicados del Comité Nacional de Huelga' universitario. [...] Las escasas películas posteriores del director mantienen ese compromiso social, abor-

---

1 García Riera (1974: 15), Ayala Blanco (1986: 202) y Pérez Murillo/Cascón Becerra (2002: 201) indican esta fecha, aunque circulan distintas indicaciones que datan la película en los años 1972 hasta 1973.

2 El reportaje se publicó por primera vez en inglés en 1914 en los Estados Unidos y no se tradujo al español hasta 1954 (Rodríguez Cruz 2007: 2).

dando temas como la situación de los indios otomíes o de los jóvenes marginales mexicanos (Pérez Murillo/Cascón Becerra 2002: 201-202).

En lo siguiente, hemos dirigido la mirada hacia los discursos inherentes en el homenaje cinematográfico a John Reed, que también testimonia las condiciones de vida del pueblo mexicano en esta época decisiva de la Revolución. Dado que el reportaje de John Reed constituye el punto de partida de la película de Leduc, analizaremos en primer lugar las características de la obra del corresponsal estadounidense y su visión de los sucesos históricos. En segundo lugar, intentaremos un análisis de las transformaciones realizadas en la versión cinematográfica, para aclarar la visión de la Revolución mexicana que nos presenta el cineasta mexicano.

Vista de cerca, la biografía de John Reed, nacido el 22 de octubre de 1887 en Portland (Oregon) en una familia burguesa, aunque inconformista, muestra que el ser calificado de activista político se debe a una evolución personal de Reed, que se produjo sobre todo tras su estancia en México (Buch 2005: 9-10). Estudió en Harvard y fue miembro del "Cosmopolitan Club" de los estudiantes pudientes, sin interesarse aún por la fundación del "Socialist Club" de su universidad. Se graduó en Harvard en 1910 y frecuentó la vida bohemia de *Greenwich Village*. Durante su trabajo en el *American Magazine* se produjo la conversión de John Reed de un bohemio romántico a un reportero comprometido con la causa social. Aparentemente, John Reed había desarrollado su conciencia social durante una huelga de obreros estadounidenses en 1913 sobre la que informaba a los lectores de su periódico (Buch 2005: 14-16).

Meses después, en diciembre del mismo año, viajó como corresponsal del *Metropolitan* hacia El Paso para informar sobre la Revolución mexicana. Durante su viaje por el norte de México da testimonio de la victoria de la División del Norte, con la que Pancho Villa, en su marcha hacia el sur, toma Torreón, una ciudad estratégicamente importante. Puntos culminantes de la estancia de Reed en México son sobre todo el encuentro con Pancho Villa y Victoriano Carranza.

El libro *México insurgente* está lejos de ser una mera documentación neutral y objetiva. John Reed presenta sus testimonios con cierta libertad de autor, dado que casi todos los hechos se cuentan sin referencia a fechas explícitas y tampoco nos enteramos de todos los lugares exactos en los que habían ocurrido las anécdotas referidas. La obra se divide en seis partes de distinta extensión: 1. *La guerra en el desierto*, 2. *Francisco Villa*, 3. *Jiménez y Punto al Oeste*, 4. *Un pueblo en armas*, 5. *Carranza: una estampa*, 6. *Noches mexicanas*. Al leer las primeras páginas se percibe que el objetivo de este libro no reside en la documentación de los hechos históricos, sino en la representación de una visión de conjunto.

Al considerar que el género del reportaje exige *qua definitionem* una elección de los hechos observados por el autor que no pueden ser presentados en su totalidad, queda muy claro que la disposición de los hechos llega a ser una visión subjetiva. Lo que John Reed presenta es un libro que aparentemente se basa en su estancia en México durante la Revolución, pero en el que, como dan prueba los manuscritos redactados por él y que se encuentran en la biblioteca de Harvard, el autor no sigue ni las estaciones de su viaje, ni respeta la cronología de los hechos históricos, como menciona Hans Christoph Buch (Buch 2005: 23). Debido a la dramaturgia del libro, el autor cuenta en el epílogo sobre una fiesta mexicana con una procesión y la representación de un auto sacramental que había presenciado al principio de su viaje. Incluso en una anécdota falsifica los hechos verdaderos sobre la forma en que conoció a Villa: en *México insurgente* Reed cuenta cómo sobornó al comandante Antonio Montoya para acceder al caudillo revolucionario, ofreciéndole su reloj. En realidad, esta anécdota ocurrió de forma ligeramente distinta: fue un contrabandista de armas, con el nombre de McDonald, quien estableció el encuentro entre Reed y Pancho Villa, y a quien se le pagó por sus servicios con un fusil con silenciador (Buch 2005: 23). Sin duda, este cambio del objeto regalado se debe a la supuesta recepción por parte del lector.

No obstante, prescindiendo de los hechos verdaderos, la calidad literaria del libro sobrepasa en gran medida los límites de una documentación, puesto que muestra ciertos rasgos de la novela de aventura o –tomando en consideración la evolución personal del protagonista– del así llamado *Bildungsroman*. A pesar de la crueldad de los hechos presentados, el estilo del libro resulta ser muchas veces casi poético, sobre todo en las descripciones atmosféricas de la naturaleza, como muestra la cita siguiente:

> El sol se quedó suspendido un momento sobre la cresta de las rojas montañas de pórfido, y después se ocultó tras ellas; la turquesa cúpula celeste se tiñó con el polvo naranja de las nubes. Entonces todas las leguas ondu-

> lantes del desierto destellaban y se acercaban bajo la suave luz (Reed 2007: 272).

Recientemente, Rafael Rodríguez Cruz confirma esta tesis, subrayando que "[...] el lenguaje de esta obra es poéticamente exquisito [...]" (Rodríquez Cruz: 2007: 5), lo que se debe sin ninguna duda a la formación literaria de Reed en Harvard. Aparte del estilo poético del libro, cabe mencionar que hasta la estructura narrativa puede ser calificada de literaria. Hay un narrador en primera persona que presenta los hechos siguiendo una determinada dramaturgia, con el uso de analepsis y prolepsis. Los capítulos llevan títulos metafóricos como "El león de Durango se casa", "Noches blancas en la Zarca", "Los cinco mosqueteros", "El sueño de Pancho Villa", "Un reloj providencial" o "La primera sangre". Un estilo a veces costumbrista cuando se introducen textos de corridos mexicanos dentro del relato o se cuentan anécdotas mediante una presentación casi teatral gracias a los diálogos de las personas involucradas (p.ej. la descripción del duelo en la madrugada, Reed 2007: 383-384).

Cuatro temas destacan sobre todo en el reportaje literario[3] de John Reed: en primer lugar, reflexiona sobre la función del reportero en una guerra (temas correlacionados con este tema son las nociones de la verdad histórica y la libertad); en segundo lugar, ejemplifica las relaciones interculturales tras la descripción del contacto directo con representantes del pueblo mexicano y sus caudillos; y, por último, la descripción de la Revolución mexicana que sigue dos aspectos: por un lado, la carencia de organización de las tropas revolucionarias lideradas por un caudillo como el general Urbina, cuyo mando resulta ser muy volátil; por otro lado, el sufrimiento del pueblo mexicano, que padeció hambre y seguía viviendo bajo las condiciones de vida más duras.

Dado que la evolución personal del corresponsal se encuentra en el centro de la versión fílmica de Leduc, nos concentraremos en el aspecto de la función del reportero en una guerra, lo que resulta ser muy revelador también en el reportaje de Reed, el primer corresponsal de guerra en el sentido moderno de la palabra. Después de haber atravesado el Río Grande, John Reed acompaña a las tropas del general

3 Jorge Ayala Blanco subraya el carácter literario de la obra de Reed con las palabras siguientes: "inmortal reportaje novelado" (Ayala Blanco 1986: 202).

Urbina. Según su propio entendimiento, la función del corresponsal en una guerra reside en el hecho de que se haga eco de la verdad y es justamente lo que el general Urbina le recomienda en el momento de la despedida, cuando con tono alegre le dice: "Que tenga buen viaje –dijo–; escriba la verdad" (Reed 2007: 286). Sin embargo, su función como observador a veces despierta la sospecha de los soldados revolucionarios. Cuando estos últimos le preguntan a Reed si iba a pelear con ellos, contesta:

> No –le dije–. Yo soy un corresponsal. Tengo prohibido pelear.
> Es mentira –gritó–. No pelea porque tiene miedo. Ante los ojos de Dios nuestra causa es justa.
> Sí, lo sé. Pero tengo órdenes de no pelear (Reed 2007: 300).

Y la incomprensión del soldado Julián Reyes llega por fin al insulto: "¡Cobarde! ¡Huertista!" (Reed 2007: 300). Solamente tras la intervención de su futuro amigo Longino Guereca, logra salvarse de la situación el corresponsal estadounidense. Longino le defiende con las palabras siguientes:

> Julián Reyes, tú no sabes nada. Este compañero viene desde muchos kilómetros por mar y tierra para decirles a sus paisanos la verdad de la lucha por la libertad. Va a la guerra sin armas, él es más valiente que tú, porque tú tienes un rifle. ¡Ahora sal y ya no le molestes! (Reed 2007: 301).

En esta primera fase del encuentro de Reed con los revolucionarios mexicanos, se observa que ambas partes tienen un especial interés en la alteridad del que está enfrente. Un interés que sigue sobre todo los estereotipos culturales que crean cierta distancia entre el *Mister* norteamericano y el pueblo mexicano. Con algunas anécdotas, el corresponsal atiende los clichés más conocidos de las relaciones entre los mexicanos y los estadounidenses, p.ej. cuando debe dar prueba de que resiste bien las bebidas alcohólicas. En una escena que tiene mucho que ver con un rito de iniciación y en la que Reed logra beber media botella de sotol, no solamente atrae la curiosidad de los soldados sino que también se gana su respeto y su confianza: "Era imposible que algún porfirista pudiera tomar tanto sotol de un trago" (Reed 2007: 289).

Aunque el tiempo sea breve para un intercambio cultural, por lo menos está presente el deseo de saber más sobre el Otro, como en el caso de un coronel que le dice:

> Amigo, siento que no hayamos tenido tiempo para platicar. Hay muchas cosas que quiero preguntarle de su país, si es cierto, por ejemplo, que en sus ciudades los hombres están completamente paralizados de las piernas y no montan a caballo por las calles, sino que se mueven en automóviles (Reed 2007: 452).

Se nota el sentido de la ironía que Reed describe como rasgo típico del ser mexicano. En otra anécdota nos enteramos de la dicotomía entre ciudad y campo, civilización y barbarie, vista la sorpresa que experimenta un coronel cuando el reportero le cuenta que en las carreteras de Nueva York no hay ganado (Reed 2007: 456). Lo revelador de esta relación efímera consiste en el hecho de que el coronel se muestra capaz de vencer los abismos nacionales, a pesar de que su propio hermano fue asesinado en los Estados Unidos por un estadounidense. Confiesa su incomprensión acerca de la antipatía con la que muchos estadounidenses suelen acoger a los mexicanos, y expresa, en cambio, su gran simpatía por John Reed y muchos de sus compatriotas.

Sin embargo, el buen ejemplo de un intercambio cultural resulta ser más que una anécdota fugaz, vistas las adversidades de la vida bajo la Revolución. Si partimos del hecho de que en *México insurgente* encontramos varias anécdotas similares, podemos deducir que el texto da prueba de que sí sería posible superar el abismo de los estereotipos culturales mediante el contacto directo con los individuos de las diferentes culturas. Es el mensaje que transmite el autor estadounidense como hilo conductor de toda la obra.

Tras el encuentro con los revolucionarios mexicanos, la alteridad que Reed había sentido al inicio de su viaje se pierde cada vez más, hasta que finalmente declara la causa revolucionaria como suya, lo que resulta ser muy obvio a partir del momento en el que habla de "nosotros". En cambio, los soldados le otorgan familiarmente el nombre de "Juanito", lo que da prueba del intercambio intercultural recíproco entre el pueblo mexicano y el corresponsal estadounidense. Lo que Reed presenta ante todo es un homenaje al pueblo mexicano que, a pesar de las condiciones de vida más adversas, no pierde su optimismo y su sentido de ironía.

Si recordamos que la escena introductoria de la película de Paul Leduc comienza con el elogio del activista político que puso su vida al servicio de la causa social, se crea un horizonte de expectativas en relación con el homenaje de John Reed. Sin embargo, ciertas condiciones externas legitiman el poner en tela de juicio esta tesis, de tal manera que en lo siguiente nos centraremos en el análisis del protagonista homenajeado en la versión cinematográfica.

La película se estrenó casi sesenta años después de la publicación del reportaje *México insurgente*. El director Paul Leduc, fundador del Grupo Cine 70 –es decir del Nuevo Cine de México–, había sido inspirado por el cine de autor de la *Nouvelle Vague* durante su estancia en París en los años 1964 y 1967 (http://filmreference.com/Directors-Ku-Lu/Leduc-Paul.html). De vuelta a México, fiel a los principios estéticos del Nuevo Cine, Leduc realiza la película *Reed: México insurgente*, a pesar de los pocos medios económicos que están a su disposición.

Jonathan Weidenfels calificó la obra cinematográfica de Leduc como una especie de cine documental que recuerda a las famosas crónicas semanales de la *Wochenschau* durante la Segunda Guerra Mundial (Weidenfels 1973: 3). La película fue rodada en blanco y negro, y teñida en sepia posteriormente,[4] lo que provoca hermosos efectos: el balanceo del campo de trigo, la luz de un sol tan vivo u otras partes coloreadas de rojo, que simbolizan el amanecer; el verde, haciendo referencia a la tarde en la escena de una danza, para dar solamente algunos ejemplos. Tras el uso simbólico de los colores, se trastoca el ritmo del tiempo y se crea una atmósfera específica mediante escenas montadas a veces como meros fragmentos. Estos fragmentos se distinguen por la duración variable del espacio temporal. De este modo se transforma la atmósfera creada por el ya mencionado estilo poético en la película.

Largos planos, como por ejemplo el carro en el que Reed llega a México, comunican según Weidenfels la sensación de un gran silencio y cumplen con la función expositora de introducir al héroe dentro de la naturaleza simbólica típica de los *western*, un silencio que de repente resulta ser quebrado por el asalto de los Colorados (Weidenfels 1973: 3). Por consiguiente, los largos planos cambian con los *crescendi* emocionantes, y representan la estructura de la película que por la tensión intenta fijar el interés del espectador y por los largos planos

4 Hess constata: "That the entire film is tinted sepia suggests that the director's aim was to recall the past, accurately" (Hess 1974: 3).

persigue la meta de escenificar la evolución del protagonista John Reed.

La atmósfera creada en los largos planos obviamente deja lugar a las reflexiones del público. Como por ejemplo en la escena en la que el carro de avituallamiento para los revolucionarios con el que Reed llega a México se detiene, de repente, enfrente de un revolucionario solitario casi muerto de hambre que tiene en sus manos un rifle. En una larga escena que en los *western* habría creada cierta tensión, se escenifica lentamente la caridad del comerciante que –según la conversación mantenida con Reed antes del encuentro con el soldado– está interesado únicamente en el provecho económico que significa la Revolución para él. Lo que destaca en esta escena es un aspecto estructural significativo para toda la película: no hay una interpretación unidimensional de los hechos, sino que de una manera muy sutil se nos presenta una visión pluridiscursiva.

Esta técnica se emplea en la puesta en escena del protagonista John Reed, quien sin duda es homenajeado por su compromiso social. Sin embargo, se mezclan ciertas incongruencias en la descripción de su carácter y su manera de actuar, con lo que el discurso de homenaje se confronta con el reverso de la medalla: las debilidades de un hombre idealista que a veces pierde de vista las cosas realmente importantes.

El primer indicio para una interpretación ambivalente del papel del corresponsal consiste en el hecho de que el intelectual muestra ciertas inhabilidades en cuanto a la vida entre las tropas revolucionarias. Esto se nota p.ej. con ocasión del asalto de los Colorados, cuando el reportero queda solo y atrás porque finalmente no hay un caballo para él, de modo que debe huir corriendo (0:66ss.). En otra escena, ofuscado por el alcohol, John Reed da testimonio de su gran respeto por el valor de los revolucionarios, a los que admira tanto más cuánto que reconoce que él nunca llegaría a ser tan valiente como ellos, lo que le lleva casi a una crisis personal en la conversación con su amigo Longino Guereca (0:34:00ss.).

Otro aspecto es el afán por encontrar la verdad histórica que representa el motivo primordial por el que Reed había llegado a México. Sin embargo, la película se inicia con una larga escena que muestra un grupo de refugiados mexicanos entrando en la ciudad estadounidense de El Paso. El enfoque de la cámara alterna entre el silencioso grupo de los refugiados, cuyas caras hablan del tormento que padecieron, y la cara asustada de John Reed, que se queda algo inseguro al lado de la calle. El carácter todavía está muy lejos del homenajeado activista político, como lo demuestra un pequeño detalle: cuando Reed observa a un soldado estadounidense de los Federales que roba dos candelabros a los refugiados sin que nadie hiciera caso del asunto, Reed aparta la vista y se marcha (0:01:58-0:02:10).

No obstante, a lo largo de su estancia en México, Reed cambia y juega el papel del reportero como testigo de la verdad histórica. Un aspecto que está puesto en escena de manera muy lúcida al final de la película es cuando las tropas revolucionarias asaltan las tiendas de un pueblo para llevarse todo lo que necesitan. El espectador ya no se sorprende por la reacción de Reed, que rompe el escaparate de una tienda para tomar una cámara. Recordemos que el corresponsal había perdido la suya cuando huyó del ataque de los Colorados al principio de su estancia con el general Urbina. Este aparato, lejos de significar un valor material, ahora llega a ser el arma del reportero en su función de transmitir la verdad sobre la causa revolucionaria a los lectores. Además, también da testimonio de la evolución de un intelectual con sus reservas hacia un activista político que se solidariza con el pueblo mexicano (Hess 1974: 7-8).

Pero echemos un vistazo a la escenificación de los momentos que representan el valor cívico del reportero homenajeado, p.ej., con ocasión de su encuentro con Victoriano Carranza en Nogales (1:08:00-1:10:46). Lo que sobresale en esta escena es la gran discrepancia entre la viva y turbulenta atmósfera entre los revolucionarios en el campo y la sinceridad con que entran en contacto con el extranjero Reed, por un lado, y la atmósfera fría y distanciada en Nogales donde el reportero finalmente encuentra a Carranza, por otro. Por supuesto, Leduc hace alusión al bien conocido tópico del contraste entre el campo y la ciudad, entre la barbarie y la civilización, y, sobre todo, del abismo entre el intelectual y el pueblo. La situación representada parece casi absurda: el gran líder de la Revolución mexicana reside aislado en una habitación oscurecida, protegido por un ayudante ceremonial que no solamente avisa a los reporteros cómo deben comportarse en la así llamada entrevista con Carranza, sino que hasta censura las preguntas de los corresponsales de manera inflexible.

Si Reed osa contravenir a las reglas establecidas por el secretario alzando la voz, es únicamente para dirigirle a Carranza una pregunta acerca del caso Benton, un hacendado británico fusilado por los revolucionarios (Pérez Murillo/Cascón Becerra 2002: 203). Este asunto enturbió especialmente las relaciones de México con Inglaterra en aquella época. Como era de esperar, Carranza contesta muy agudamente que se le prohibe una intervención en las relaciones británico-mexicanas por parte de los Estados Unidos. Lo revelador de esta escena consiste en el hecho de que con ocasión de la única audiencia con el líder de la Revolución, Reed reduce su afán de encontrar la verdad histórica para satisfacer los deseos de sus lectores estadounidenses del *Metropolitan Magazine*. En vez de aprovechar la ocasión para reflejar las cuestiones progresistas del pueblo mexicano sobre la reforma agraria o el derecho electoral, fracasa en el intento de asumir la responsabilidad del intelectual para el pueblo.

Por consiguiente, la puesta en escena del encuentro de Carranza con los corresponsales extranjeros desvela algo más que un análisis científico de uno de los grandes problemas de la Revolución mexicana: la distancia entre la elite intelectual del gobierno y el pueblo, el que elogia no sin razón a sus propios héroes: Zapata y Pancho Villa. Con éste último Reed había pasado la mayor parte de su estancia en México. Tanto el reportaje como la película rinden homenaje al líder del pueblo, que por experiencia propia había aprendido las reglas de la revolución y de la guerra. Se escenifica a Villa como un líder paternal muy cercano al pueblo, que no solamente está dispuesto a mandar en la guerra sino que también sabe enseñar a los soldados en la vida cotidiana entre las batallas (1:13:30-1:15:08).

En la versión cinematográfica se representa de manera muy significativa el contraste entre el líder de la elite intelectual, Carranza, y el líder del pueblo, Pancho Villa. Mientras a Carranza se le caracteriza como distanciado, aislado y hostil, Pancho Villa aparece como un líder muy carismático y abierto. Tras la estructura dramática de la película se subraya esta impresión, dado que se presenta a Pancho Villa justamente después de la escena en Nogales con Carranza. No yerra en el intento, al presentar a Pancho Villa en una escena muy emocional en que el líder del pueblo rinde la escolta de honor asistiendo al entierro del general Don Abraham González en Chihuahua en febrero de 1914 (1:10:49-1:12:00). Por consiguiente, la caracterización de Pancho Villa culmina en un homenaje al líder del pueblo, el cual sobresale especialmente cuando se le contrapone a su antítesis, Carranza.

Este contraste entre el intelectual y el pueblo se refleja por un lado en la antítesis entre Reed y el pueblo mexicano y por otro en la antítesis entre Carranza y Pancho Villa.

Rodada en un momento crucial de la historia mexicana, dos años después de la masacre de Tlatelolco del 2 de octubre de 1968, la versión cinematográfica del reportaje *México insurgente* de Reed por parte de Paul Leduc instrumentaliza el género del homenaje fílmico para presentar una crítica subversiva de la Revolución mexicana.

La película se realiza precisamente cuando en México termina la etapa del milagro mexicano (1940-1970), y después de los sucesos en la Plaza de las Tres Culturas en la Ciudad de México, cuando también aumentaba el control sobre los medios de comunicación (Aboites Aguilar 2008: 286). Es justamente el momento en el que el cineasta Paul Leduc lanza una película a primera vista candorosa: un homenaje de John Reed, el corresponsal comprometido por la causa social. Un análisis a contrapelo revela, sin embargo, la crítica subversiva que se dirige tanto hacia uno de los problemas preponderantes de la Revolución, es decir, el abismo entre las elites intelectuales y el pueblo por un lado, y la situación precaria de la población empobrecida en el campo por otro, reclamando así la realización de las reivindicaciones relacionadas con la reforma agraria.

Sesenta años después de la publicación del reportaje de John Reed, en una época en la que los discursos sobre la Revolución ya están envueltos de una aura mítica, el cineasta Paul Leduc enfrenta la bruta realidad al discurso mítico de la Revolución. La visión oficial, sin embargo, seguía sirviéndose del mito de la Revolución, prometiendo un mejoramiento de la situación social del país en un futuro no determinado (Zimmering 2005: 32-34).

Mediante el uso de nuevas técnicas estéticas, la película transmite una crítica que no se nota a primera vista. De este modo, el reportaje literario de Reed, que ya había propuesto una imagen polifacética de la lucha por la libertad del pueblo mexicano y de las controversias de los líderes de la Revolución, se transforma en la versión cinematográfica de Paul Leduc en imágenes que llegan a ser armas de una lucha por la causa social y aúnan tanto el afán por una nueva estética como el compromiso social.

Bibliografía

Aboites Aguilar, Luis ([5]2008): "El último tramo, 1929-2000". En: Escalante Gonzalbo, Pablo (ed.): *Nueva historia mínima de México*. México, D.F.: El Colegio de México, pp. 262-302.

Ayala Blanco, Jorge (1986): *La condición del cine mexicano*. México, D.F.: Posada.

Buch, Hans Christoph (ed.) (2005): *John Reed. Eine Revolutionsballade. Mexico 1914*. Con ilustraciones de José Guadalupe Posada, traducido del inglés por Ernst Adler y Matthias Fienbork, con una nota biográfica y un epílogo de Hans Christoph Buch. Frankfurt am Main: Eichborn (<http://filmreference.com/Directors-Ku-Lu/Leduc-Paul.html>, 12.05.2009).

García Riera, Emilio (1974): *Historia documental del cine mexicano, vol. 15 (1970-71)*. Guadalajara, Jal.: Universidad de Guadalajara.

Garcíadiego, Javier ([5]2008): "La Revolución". En: Escalante Gonzalbo, Pablo (ed.): *Nueva historia mínima de México*. México, D.F.: El Colegio de México, pp. 225-261.

Hess, Judith/Hess, John (1974): "Between History and Homage in *Reed: Insurgent Mexico*". En: *Jump Cut. A Review of Contemporary Media*, 1, pp. 1-4 (<http://www.ejumpcut.org/archive/onlinessays/JC01folder/InsurgentMexico.html>, 12.05.2009).

Pérez Murillo, María Dolores/Cascón Becerra, Juan Aquilino (2002): *La memoria filmada: América Latina a través de su cine*. Madrid: IEPALA.

Reed, John (2007): *México insurgente*. En: Turner, John Kenneth/Reed, John: *México bárbaro/México insurgente*. México D.F.: Grupo Editorial Tomo.

Rodríguez Cruz, Rafael (2007): "Un río de corriente rápida: John Reed y la insurgencia mexicana, 1913-14". En: <http://www.rebelion.org/noticia.php?id=50662> (12.05.2009).

SEP (Secretaría de Educación Pública) (ed.) (1988): *Hojas de cine. Testimonios y documentos del Nuevo Cine Latinoamericano*. México, D.F.: UNAM.

Weidenfels, Jonathan (1973): "Paul Leducs *Reed – México insurgente*". En: <http://www.art-in-society.de/AS3/Reed.html> (12.05.2009).

Zimmering, Raina (2005): "Mythenwandel und politische Transition in Mexiko". En: Zimmering, Raina (ed.): *Der Revolutionsmythos in Mexiko*. Würzburg: Königshausen & Neumann, pp. 27-44.

Filmografía

Leduc, Paul (director) (1970): *Reed: México insurgente*. México, D.F.

Zuzana Pick

Cine y archivo: algunas reflexiones sobre la construcción visual de la Revolución

Los eventos políticos y las victorias militares, los logros o fracasos de héroes míticos, y los actos de valentía o violencia cometidos por (o contra) el pueblo que caracterizaron los años entre 1910 y 1917 conforman la Revolución, una gran narrativa reconstruida meticulosamente y selectivamente en las décadas de 1920 y 1930. Porque fue pintada, fotografiada y filmada por mexicanos y extranjeros, y siguiendo la pauta de Enrique Florescano, entiendo la Revolución como una acumulación de imágenes y mitos. Estas imágenes y mitos constituyen la narrativa nacionalista y modernista de México, y forman parte de un extenso archivo visual cuyo significado, valor y uso apunta a la relación entre las tecnologías visuales y los diversos modos de representar a México y su Revolución.

Este texto es una versión modificada del capítulo con el que concluyo el trabajo que la Universidad de Texas en Austin publicará en 2010 con el título de: *La construcción de la imagen visual de la Revolución mexicana: cine y archivo.* Esta presentación incluye comentarios sobre escenas de las siguientes películas: *Viva Zapata!* (Elia Kazan, 1952), un film valorado en México y otros lugares como la incursión más lograda de Hollywood en el género revolucionario; *Río Escondido* (Emilio Fernández, 1947), una obra clásica vinculada por su factura estética y su discurso al muralismo y a las artes gráficas; *El Compadre Mendoza* (Fernando de Fuentes, 1933), un apreciadísimo film que integra al escenario revolucionario, y con intención critica, el cuadro de costumbres; y *The Fugitive* (*El Fugitivo,* John Ford, 1947), una co-producción EE.UU.-México que ilustra el impacto de procedimientos modernistas de apropiación, traducción e intercambio intercultural en la construcción de la imagen visual de México y su Revolución.

Acudiendo al pasado para reflejar el presente de una nación y la construcción de una identidad, el archivo visual de la Revolución se manifiesta en múltiples formas: a través de las imágenes históricas que han sido utilizadas para documentar, celebrar y mitificar los episodios, personajes y escenarios de la Revolución, y que el cine ha evocado e reinterpretado. Junto a las imágenes de trenes recorriendo desiertos y valles, cargados de gente y municiones, de cadáveres putrefactos y edificios destruidos, se encuentran numerosas fotografías de campesinos y soldados, soldaderas y niños, de líderes militares y políticos. Ya sea que vistan cananas, sombreros y huaraches o uniformes de campaña, todos encaran directamente al observador, afirmando su identidad y su protagonismo histórico. Estos retratos ejemplifican hasta qué punto la producción de la cultura visual de la Revolución fue un proceso colectivo en el cual estuvieron igualmente implicados los productores, sujetos y consumidores de la imagen.

En este sentido, este archivo es más que un testimonio histórico. Su poder simbólico, retórico y afectivo reside en su capacidad de representar la Revolución como evento y discurso. Esta capacidad se debe, en buena medida, a la plena conciencia sobre el papel de los medios masivos de comunicación en la representación de la dinámica socio-cultural generada por los hechos y sus participantes. Por consiguiente, este archivo es una construcción mediática que incluye una dosis igual de documentación y mitificación, recuperación y traducción, reciclaje y mercantilización de las imágenes icónicas de la nación, principalmente aquellas relacionadas con el pueblo y su tierra que preceden la Revolución y/o que fueron reelaboradas en el periodo post-revolucionario.

Un ejemplo sintomático de estos procesos es *Viva Zapata!* porque utiliza el archivo con un propósito ideológico. El film integra la fotografía de Pancho Villa y Emiliano Zapata tomada por los Casasola en diciembre de 1914, e incorpora a su discurso la historia tras esa imagen. Mediante la recreación del encuentro de los líderes revolucionarios en el Palacio Nacional, el film visualiza el potencial corruptor del poder a través de la invitación que Villa extiende a Zapata para que pose junto a él en la Silla Presidencial y la negativa inicial del segundo a aceptar semejante sugerencia. La representación del proceso que dio a luz una de las imágenes más populares e icónicas de la Revolución sirve para criticar el autoritarismo, y por extensión, el comunismo. Basado en un guión de John Steinbeck, dirigido por un notorio anti-comunista, y producido durante la Guerra Fría, *Viva Zapata!* es más un film sobre la democracia estadounidense que un film sobre México. Con un carismático Marlon Brando en el papel protagónico, Zapata fue reconfigurado sobre el modelo del héroe trágico americano. Al ignorar su postura radical hacia la Reforma agraria y su defensa de los derechos indígenas de propiedad, el film lo retrata como un idealista traicionado y derrotado por el dogmatismo y el oportunismo.

Debido a la restricción del Sindicato de Trabajadores y Técnicos del Cine presidido en ese momento por Gabriel Figueroa, Kazan no pudo filmar en México y optó por locaciones alrededor de Roma, un pueblito en Texas fundado por rancheros mexicanos en el siglo XVIII cerca del Río Bravo y Ciudad Miguel Alemán (Tamaulipas). Allí Kazan aprovechó al máximo la arquitectura y los paisajes para ambientar su película. A raíz de esta decisión, el diseño visual del film favorece lo pintoresco y mezcla las maneras de representar el entorno físico y la cultura campirana que son propias tanto al imaginario de Estados Unidos como al de México.

Esta apropiación de elementos considerados "típicos" y "auténticos" en ambos lados de la frontera complica el interrogante de qué constituye "México" en las películas de Hollywood que abordan directa o indirectamente la Revolución. La preponderancia de temas e imágenes contrastantes (pero a veces complementarias) que representan a México como un país al mismo tiempo brutal y primitivo tiene una larga genealogía. Esta dicotomía reaparece durante la Revolución en los reportes de diplomáticos, activistas políticos y periodistas estadounidenses, y en los noticiarios fílmicos, films de ficción y tarjetas postales que produjeron camarógrafos y fotógrafos. Si bien estos visitantes moldearon la opinión pública y se convirtieron en cronistas de la Revolución, fueron incapaces de entender la violencia y la confusión ideológica reinantes y recurrieron a los estereotipos del bandido y el *greaser* popularizados desde 1847 en las novelas de serie. Así los prejuicios dominantes mermaron las dinámicas sociales, culturales y políticas de la Revolución.

Para convertirse en memoria colectiva y, antes de que la tenaz repetición en el cine y otros medios transformara los temas visuales y la iconografía del periodo en cotizada y ansiada mercancía, el archivo visual de la Revolución tuvo una misión eminentemente pedagógica. Conforme al proyecto de reconciliación nacional del Estado postrevolucionario, incidentes y personajes históricos fueron reconfigurados con el propósito de glorificar el heroísmo y el sacrificio de las masas, validar el patrimonio indígena y transformar al mestizo en modelo icónico de identidad. Semejante a la tarea asignada al muralismo, el archivo sirvió para integrar las experiencias colectivas y subjetivas de diversos sectores (etnias, clases y géneros), y para crear una identidad e historia únicas. Como explica Desmond Rochfort, el muralismo apeló a la tradición y

> [...] a los mitos e ideas formulados antaño durante las guerras de independencia. Eran esos los orígenes del prevalente "indigenismo" y la exaltación de los insurgentes. En esta instancia, la Revolución representó una recuperación y reconsideración de tradiciones menguantes, así como una negación del positivismo liberal de aquella (Rochfort 1991: 15).

El segmento inicial de *Río Escondido* ilustra la convergencia del muralismo y el cine y ratifica el nacionalismo como pedagogía. La trama sonora, la cinematografía y el montaje vinculan al espectador y el personaje de la maestra, interpretado por la espléndida María Félix, convirtiéndolos a ambos en discípulos de una lección de historia mexicana. Sobre las tomas de Rosaura parada en la entrada del Palacio Nacional, una voz femenina en *off* proclama: "Sí, yo soy la campana [de Dolores] que llamó a la libertad a tu pueblo", y luego en el patio central una voz masculina en *off* le ordena: "Sube por esa escalera". En la secuencia siguiente, la cámara revela "Historia de México" (1929-1935), el magnífico grupo de murales de Diego Rivera y la narración declara: "Esta es la historia de tu pueblo, la historia del pueblo de México". El punto de vista subjetivo de las tomas, aun en aquellas en que se perfila la cabeza de la actriz, la posición y el movimiento de la cámara captan el ascenso de Rosaura y reproducen las acciones de los millares de mexicanos y extranjeros que han hecho el mismo trecho. Mientras tanto, la voz en *off* explica los episodios sangrientos y gloriosos, e identifica los personajes pintados por Rivera. Concluye diciendo:

> En un mar de confusiones la patria se desgarra y sufre en la sangrienta lucha de la revolución social por la dignidad humana, por la verdad que está en sus campos, en sus fábricas y en sus hijos [...]

y recurre a una metáfora que designa a estos últimos como

> tiernas semillas que siembran las manos tiernas de los maestros en los surcos fecundos de las escuelas para germinar en los hombres fuertes del mañana, almas limpias que han de forjar el futuro glorioso de la patria.

Esta asociación orgánica del muralismo y el cine en *Río Escondido* va mas allá de la citación porque tiene como efecto incorporar al espectador como agente y sujeto del discurso postrevolucionario.

Uno de los temas dominantes del cine de la Revolución es la cultura rural de México. Ésta adquirió popularidad en ambos lados de la frontera debido a que legitimaba la cultura popular y acrecentaba la nostalgia por periodos más pacíficos. La eliminación de indicadores de la experiencia urbana y moderna en films nacionales y extranjeros es el resultado de la reedificación de tradiciones del pasado indígena, colonial y rural. En los años 30 y 40 los medios masivos de comunicación fueron indispensables para la re-codificación de modelos de identidad y nación, la mayoría creados en el siglo XIX. Como los otros *mass media*, el cine adoptó estos modelos, casi siempre mezclando elementos autóctonos y foráneos. Al igual que en los años 20, la celebración del folclor, la etnicidad y la cultura rural en los films mexicanos tenía como objetivo rectificar los estereotipos racistas y las ingenuas invenciones de Hollywood. No obstante, tal como escribe Erica Segre, Hollywood

> popularizó o recicló estereotipos (pese al escrutinio de los censores mexicanos) que para el creciente público cinéfilo se convirtieron en familiares encarnaciones de la vigente *mexicanidad* de la retórica política y cultural (Segre 2007: 90).

Una característica del género revolucionario en la década de 1930 es la reconversión de "lo pintoresco". Influenciado por el romanticismo europeo y su nostálgica predilección por lo primitivo, "lo pintoresco" se popularizó en México primero mediante los álbumes ilustrados; sobre todo los cuadernos de viaje de Karl Nebel (1836) y Pietro Gualdi (1841), y luego por la fotografía (François Aubert, Hugo Brehme, Antonio Garduño, entre otros). La compilación gráfica *Los mexicanos pintados por sí mismos* (1853-1855) fue determinante en la creación y diseminación de los cuadros y los tipos mexicanos (Segre 2007: 37-39). Si bien la intención de esta obra y otras similares fue la de "reclamar la cultura local de la aparente condescendencia de los comentarios extranjeros", nos explica Erica Segre, "su iconografía no fue formalmente ingenua ni simplemente propagandística, sino más bien se caracterizó por una aguda conciencia crítica" (Segre 2007: 41). Esta tendencia se revela en los primeros films mexicanos de la década de 1930, sobre todo en la inclusión sistemática de interludios musicales protagonizados por conocidos artistas que interpretan corridos, rancheras y bailes folclóricos. Considerado todavía una novedad, el sonido fue puesto al servicio de la representación de la cultural campirana y del historicismo. La puesta en escena teatral evoca el cuadro de costumbres, integrando así al escenario revolucionario el ambiente festivo y el disfrute de lo familiar que caracteriza las viñetas de la vida doméstica y callejera pintadas por José Agustín Arrieta (1802-1874.)

Mientras que la traducción al cine de los retratos de la cotidianeidad del siglo XIX aspira mayormente, como en el pasado, a idealizar la tradición y representar la unidad nacional, algunas veces estas imágenes adquieren una intención crítica. *El Compadre Mendoza*, por ejemplo, usa los temas y la iconografía de la hacienda para revelar las ambigüedades y fisuras de sus estructuras sociales y afectivas. Al centrar la trama en las crisis morales y traiciones del hacendado Mendoza, el film subvierte dos ideas dominantes del discurso y la representación de la Revolución. La primera, concibe la Revolución como una ruptura con el positivismo del Porfiriato; la segunda como un cataclismo social. A modo de ilustración, el film muestra la boda de Don Rosalío en una secuencia de montaje que incluye escenas dentro de la casa y en las dependencias. El encuadre, la iluminación y el sonido subrayan actitudes y sensibilidades distintas, revelando diferencias en los modos de interacción social y comportamientos que van más allá de la posición de clase. Al regocijo comunal y el afecto entre rancheros y soldados que disfrutan de las canciones, el baile y el trago, el film contrasta la reserva y el sopor de los huéspedes del hacendado que, como él mismo dice, parece "que estuvieran en un velorio". Sólo las órdenes del oficial huertista y la promesa de protegerlos de los zapatistas despiertan a los músicos y los invitados de la apatía. Las visualizaciones de lo pintoresco, incluyendo esta escena musical, subrayan las diferencias y el conflicto de clase y cuestionan la visión idílica de México y el nuevo contrato social impulsado por la historiografía postrevolucionaria.

Con su característica combinación de expresiones locales y foráneas, el modernismo mexicano hizo de la cultura rural un índice y expresión de autenticidad, y sus temas e iconografía fueron idealizados por el arte oficial o cuestionados por las vanguardias artísticas más radicales. Estas propiedades explican las afinidades entre las artes visuales y el cine, y aparecen en el proyecto inconcluso del soviético

Sergei M. Eisenstein. Según he notado anteriormente, este proyecto es el resultado de una serie de intercambios y conversaciones transculturales. Otro film que ilustra esta idea es *The Fugitive* de John Ford. Dirigido por un estadounidense, basado en la novela de un escritor británico y fotografiado por un mexicano, el film revela las incompatibilidades y tensiones intrínsecas al modernismo. Gabriel Figueroa reinventa el México rural que Graham Greene describió como miserable, inculto y fanático en la crónica de su viaje *Caminos sin ley* (1939) y en su novela *El poder y la gloria* (1940).

Es interesante considerar cómo Gabriel Figueroa negocia esta paradoja. El impulso modernista de su cinematografía otorga un significado simbólico a los personajes y a los paisajes que éstos habitan. Los recursos estilísticos convierten la historia de un sacerdote acosado por la policía y que duda de su vocación en una parábola sobre la fe, la renovación y el martirio. En la escena del bautizo al inicio de la película, por ejemplo, las composiciones minimalistas en profundidad de campo y los efectos de claroscuro de la iluminación recalcan los rostros y los gestos de los hombres, mujeres y niños reunidos en la capilla. Con un cántico como único elemento sonoro, la escena enfatiza lo intangible de la liturgia y dignifica la religiosidad popular. Esta estética evoca al mismo tiempo la visión primitivista y romántica de la cultura rural que caracteriza las representaciones extranjeras de México y los procesos selectivos propios a la construcción de la identidad en México en las décadas de 1930 y 1940. Por eso el uso de ambientes, canciones y episodios folclóricos confieren autenticidad a la película y refuerzan el sobrevalorado concepto de lo mexicano.

La preeminencia de lo típico se extiende a las escenas que tratan del anticlericalismo y la persecución religiosa, en particular aquella donde el ejército ataca un mercado. Tanto el montaje como el encuadre confieren un valor simbólico al paisaje y los objetos. Con los cerros rocosos de Tepotztlán como trasfondo a la embestida de los soldados, las tinajas, sombreros y animales ubicados en el primer plano durante el allanamiento de los puestos dramatizan dinámicamente la fuerza arrolladora y el pánico de los campesinos. Aquí todos los elementos apuntan a la representación de un México a la vez bucólico y cruel, donde el indígena es siempre víctima y el uniformado es agente de violencia. Este uso de temas arquetipos es fundamental al designio de la película. Por una parte, *The Fugitive* señala una intencionalidad y reciprocidad artística a través de la participación de Dolores del Río, Pedro Armendáriz y Miguel Inclán, Emilio "el Indio" Fernández y Figueroa. Por otra parte, el aporte de estas figuras icónicas de la que entonces se denominó escuela mexicana de cine sirve para conciliar lo cultural con las exigencias del mercado, específicamente con las expectativas de lucro creadas por la asociación entre "Argos y Films", los "Estudios Churubusco" y la "RKO".

Puesto que el estilo de Figueroa combina el impulso vanguardista de la estética de Eisenstein con los imperativos comerciales de la industria cinematográfica, esta colaboración con John Ford lo establece como agente de la línea genealógica que se confirma en las siguientes décadas. Como ya se ha notado en relación al film de Elia Kazan (y podría elaborarse a propósito de *The Wild Bunch* [*La Pandilla Salvaje*] de Sam Peckinpah, 1967), el archivo visual es sujeto a apropiaciones y reconfiguraciones de acuerdo con objetivos históricos, políticos y culturales. Ya sea utilizado en forma de referencias o recodificado, los temas e iconografía emblemáticos apuntan al encuentro y a la colisión entre el historicismo y la mitificación, que dan al imaginario de la Revolución un valor patrimonial, ideológico y mercantil, y que refuerzan las dimensiones transnacionales del archivo.

El intercambio y la traducción son también elementos clave en la formación de lo que gran parte de los investigadores del cine y otros comentaristas han denominado el estilo clásico mexicano, comúnmente asociado con la obra del dúo Fernández-Figueroa. El deseo de dignificar la Revolución se manifiesta a través del didactismo propio del melodrama, los personajes emblemáticos, la tonalidad y la simetría formal en las imágenes que como en *Río Escondido*, por ejemplo, proviene de la litografía y específicamente de la obra de Leopoldo Méndez. El diseño visual de esta película demuestra hasta qué punto la austeridad estética del arte gráfico inspiró a Figueroa porque, como apunta Segre,

> el apocalíptico binarismo del blanco y negro, con sus composiciones simples y estilizadas, representaba un antídoto a las mistificaciones del "color local" y las distorsiones creadas por la preferencia de los extranjeros hacia lo pintoresco (Segre 2007: 94).

Los temas e iconografía que surgieron de esta búsqueda de una estética "genuinamente" nacional llegaron a representar a "México" (como fabricación) y amplificaron el prestigio cultural del cine (Segre 2007: 109-110).

A modo de conclusión quisiera apuntar que mi acercamiento al género revolucionario es un intento de ir más allá de las lecturas que examinan los films nacionales estrictamente en términos de complicidad con el discurso oficial o con la percepción, afectada por lacerantes estereotipos, comúnmente manifiesta en films extranjeros. A modo de alternativa he considerado las convergencias entre el cine y el vernáculo visual de la modernidad mexicana; es decir, cómo el cine adoptó y adaptó el repertorio de imágenes nacionalistas que, antes de ser reconstruidas para la pantalla en las décadas de 1930 y 1940, fueron moldeadas y circuladas a través de las artes visuales y los medios masivos de comunicación. La perdurabilidad de formas históricas de representar la nación y la identidad me estimularon a reflexionar sobre las múltiples mediaciones que operan en las representaciones fílmicas de la Revolución. Si el cine ha recodificado los temas visuales del archivo, los significados que emergen de su uso son inestables y, como tal, están sujetos a diversas interpretaciones y revisiones.

Traducción de Julio Valdés

Bibliografía

Rochfort, Desmond (1991): *Mexican Muralists: Orozco, Rivera, Siqueiros*. San Francisco: Chronicle Books.

Segre, Erica (2007): *Intersected Identities: Strategies of Visualization in Nineteenth and Twentieth Century Mexican Culture*. New York/Oxford: Berghahn Books.

Rowena Sandner

Erotismo, exotismo y aventura: La Revolución como espectáculo en *Viva María!* de Louis Malle

> Nos ocurre todavía hoy en día decir que esta historia la hemos soñado. Nos parecía imposible, quimérica encontrar un día ese sueño en imágenes durables, fijado en celuloide. Demasiado caro, demasiado particular, una locura (Carrière 1965: 71).[1]

Hablando de sí mismo y del director, tales palabras del guionista hacen adivinar que *Viva María!* fue un proyecto extraordinario, "una de las aventuras más curiosas del cine francés" (Carrière 1965: 71). Como se mostrará en el siguiente análisis, se trata de una película insólita sobre la Revolución mexicana que ni siquiera menciona explícitamente el evento histórico. Ya por eso ocupa una posición excepcional entre las representaciones cinematográficas de la Revolución mexicana. El foco del análisis consiste primero en la caracterización de *Viva María!* como una "película de espectáculo" en la que se hace teatro en diferentes niveles. Partiendo de esa base se analiza, en segundo lugar, la representación teatral del espectáculo de la Revolución para indagar, en tercer lugar, a partir de la puesta en escena extraordinaria, acerca de un posicionamiento de esa película dentro de un "nuevo debate de alteridad". El análisis es precedido por comentarios sobre la producción de la película y una sinopsis. La tesis es que la imagen de la Revolución mexicana que presenta esa película cumple, ante todo, la función de una auto-exotización del mundo occidental, con lo que se desprende del propio evento histórico y se deshace del contexto mexicano.

1. La idea básica y la producción de *Viva María!*

Como ocurre muy a menudo en su filmografía, Louis Malle quería hacer una película totalmente diferente a la que acababa de terminar,

1 Todas las traducciones de citas en alemán y francés son mías.

El fuego fatuo (*Le Feu Follet*, 1963), una adaptación literaria en forma de tragedia oscura en blanco y negro que fue, según el cineasta, una experiencia bastante deprimente. La idea que tenía en la mente para su nuevo proyecto era entonces todo lo contrario: un gran espectáculo, una película de aventuras, una película exótica, una comedia, rodada en pantalla grande y en color (French 1998: 74). Ya durante el rodaje para *El fuego fatuo*, Malle escribió dos páginas que contenían los elementos básicos de *Viva María!*: dos mujeres, un teatro de variedades errante y un país lejano. Pero fue sólo en Spoleto, en mayo de 1964, y poniendo en escena *El caballero de la rosa* de Richard Strauss, que la historia de "las dos Marías" adquirió forma concreta. Allí, el joven cineasta, de 32 años de edad, descubrió "la riqueza y la ambigüedad del mundo del espectáculo, la separación imposible entre la realidad y la ficción, el estuco y la piedra, la cara y la máscara" (Carrière 1966: 6), y le encantó ese universo desconocido de ópera, "los artificios, los colores, el movimiento, la pasión, la magia del mundo del espectáculo" (Billard 1965: 67).

En vista de esa concepción básica, resulta muy claro que el enfoque de Louis Malle no consistía en un tratamiento serio de la Revolución mexicana, sino en una gran comedia bufonesca o –como especifica Jean-Claude Carrière, quien escribió el guión junto con Louis Malle– en la "ilusión cómica" de los dos guionistas. Ese acercamiento individualista e improvisado, incluso *ad hoc*, es típico de Malle y se puede observar en todas sus películas (Hawkins 2005: 38).[2] A los guionistas les sirvieron como inspiración las revistas de viajes francesas de finales del siglo XIX y de principios del siglo XX, especialmente

2 Por la diversidad de géneros, estilos y temas en su obra tampoco se puede ubicar a Malle como cineasta de la *Nouvelle Vague*, ya que la heterogeneidad de su obra no permite ninguna clasificación en cualquier escuela o estilo, lo que él mismo refusó. No obstante, en sus primeras películas, ante todo en *Ascensor para el cadalso (L'Ascenseur à l'Échafaud)* de 1957, anticipó temática y estilísticamente mucho de lo que más tarde debiera ser reconocido como el estilo de la *Nouvelle Vague* de forma que a Malle le conviene, como tantas veces, el papel de precursor de ese movimiento sin haber formado parte del círculo de directores en torno a los *Cahiers du Cinéma* como François Truffaut, Jean-Luc Godard, Claude Chabrol y otros. De ahí las calificaciones de Malle como "european outsider" (Hawkins 2005), "the elusive one" (Jean-Claude Carrière 2006) o "el rebelde solitario" (Billard 2003). Para la ambigua relación entre exclusión y auto-isolación de Louis Malle con respecto al movimiento de la *Nouvelle Vague* cf. Frey (2004: 2-11), Hawkins (2005: 35-40) y Billard (2003: 216-218).

el *Journal des Voyages*, *Le Tour du Monde* y *Le Monde Illustré*, en las que se encuentran grabados y descripciones más o menos imaginarias de América Latina como una región "sin fe ni ley donde todo será posible, burlesco y trágico a la vez, sin lógica, sin freno ni rima ni razón" (Carrière 1966: 6). Las portadas de esas revistas demuestran la gran afinidad entre ellas y la película en el modo de representación, es decir, están bien coloradas e ilustradas.[3] De esa concepción básica resulta también el carácter de bufonada y de "*comic-strip* poco psicológico" (Schlöndorff 1966: 25) de *Viva María!* Como ambos guionistas habían sido marcados en su juventud de manera decisiva por esas revistas (French 1998: 79), estaban de acuerdo en que la película que tenían en mente debiera ilustrar "los sueños de erotismo, de exotismo y de aventura de un adolescente europeo al principio del siglo XX" (Carrière 1966: 6).

El concepto inicial de la película consistía entonces en un sueño. El resultado, sin embargo, fue una película mucho más realista, aunque con elementos irreales, fantásticos y, a veces, quijotescos. Por esa variedad de tonos, la película no se deja subsumir a ningún género. Es más bien una parodia que mezcla diferentes géneros cinematográficos. Ante todo es una comedia, incluso una comedia de la Revolución, pero incluye también elementos de una película de aventuras, de un *western*, de un *musical* y, sobre todo, del así llamado *buddy film*, uno de los géneros más populares en Hollywood durante los años 40 y 50. Contrariamente a esas películas de Hollywood que siempre mostraban a hombres en los papeles de "mejores amigos", Louis Malle tenía la visión de mostrar a mujeres en la misma situación en que, por ejemplo, se encuentran Gary Cooper y Burt Lancaster en la película *Vera Cruz* (1954), de Robert Aldrich. Esa película, situada en el México del emperador Maximiliano, constituye la mayor influencia fílmica en *Viva María!* (Southern/Weissgerber 2006: 91),[4] que a la vez fue pen-

3 La primera revista publicó por ejemplo los *Viajes extraordinarios* de Jules Verne antes de su aparición en forma de libro.

4 Southern/Weissgerber distinguen dos tipos de "female bonding films" y califican a *Viva María!* como precursor del subgénero de los "buddy films of feminist substitution", entre los que cuenta por ejemplo *Thelma & Louise* (1991), de Ridley Scott. En contraste a los "buddy films of feminine evocation" que celebran una "feminidad clásica" –como precursor menciona a *The Women* (1939), de George Cukor, ejemplos posteriores incluyen *Rich and Famous* (1981), igualmente de George Cukor, y *Fried Green Tomatoes* (1991), de Jon Avnet– esas pe-

sada como un pastiche de tales películas sobre compinches (un "*western* en faldas", como lo ha denominado Malle).[5]

Malle admite que el intento de combinar la resurrección de fantasías de la niñez con una parodia de las películas de aventuras tradicionales constituyó el mayor problema durante el rodaje ya que convirtió a *Viva María!* en una verdadera película de aventuras con cientos de figuras y, por consiguiente, en un gran espectáculo en el que finalmente predominan los elementos realistas sobre la proyección de fantasías (French 1998: 79). El director lamentó en repetidas ocasiones esa evolución que tomó la película, afirmando que la intención del guión radicaba en algo mucho más exigente y variado, lo que se perdió en parte por las condiciones difíciles del rodaje y la escasez de tiempo que, sobre todo al final de la película, exigió muchos compromisos (French 1998: 80-81).

Así, la realización misma de la película representó una gran aventura para todos los participantes. Los costos de la coproducción franco-italiana, rodada enteramente en México, cofinanciada y distribuida por *United Artists* y producida por Louis Malle y Oscar Dancigers, llegaron a dos millones de dólares (Schlöndorff 1966: 25), un presupuesto excepcional para una película francesa en esa época. Pero no son solamente los costos que convierten a *Viva María!* en un proyecto de gran ambición.

El equipo fílmico también estaba compuesto por especialistas en sus respectivas áreas: Jean-Claude Carrière, por ejemplo, quien escribió los diálogos, es uno de los guionistas franceses más importantes, que había trabajado ya antes de 1965 con directores como Pierre Étaix, Jacques Tati y Luis Buñuel (de ahí la riqueza imaginativa, el carácter bufon, las influencias surrealistas y el humor excesivo, a veces hasta negro y subversivo, que caracterizan a los diálogos y la acción de *Viva María!*). Como asistentes de la dirección figuran Volker Schlöndorff, Mañuel Muñoz y Juan-Luis Buñuel, hijo de Luis Buñuel, quien, por su parte, trabajó en la gran mayoría de sus películas mexi-

---

lículas intentan borrar por completo todos los elementos de una "feminidad clásica" propagando desde una perspectiva feminista la igualdad de los sexos (Southern/Weissgerber 2006: 95).

5 Cf. la información de prensa de United Artists que se encuentra en su versión alemana *(Presseinformation)* en el archivo del DIF (*Deutsches Filminstitut*, Instituto Alemán de Cine) en Francfort del Meno.

canas con Oscar Dancigers como productor. De similar renombre son Henri Decaë (fotografía), Georges Delerue (música), Bernard Evein (ambientación), Ghislain Uhry (vestuarios y asesoría de coloración) y Lee Zavitz (efectos especiales).

La sensación, sin embargo, se encuentra en el reparto: "el fenómeno Bardot-Moreau" (Bobet 1965: 8). Reunir como protagonistas a las dos grandes estrellas del cine francés de la época, Brigitte Bardot y Jeanne Moreau, implicó sin duda un reto y un riesgo, ya que fue la primera vez que las dos trabajaron juntas. El interés de la prensa internacional, incluso mundial, por ese dúo famoso fue tal que a veces el equipo fílmico se veía acompañado por otros equipos de televisión y unas decenas de fotógrafos (Carrière 1965: 73).[6] No obstante ese verdadero espectáculo de medios que convirtió la producción misma en todo un evento, la lucha entre las dos divas –o rivales según la prensa– que había sido anunciada incluso antes del rodaje finalmente no tuvo lugar.

2. Sinopsis

Bardot y Moreau personifican –como los hombres en los *buddy films* tradicionales– a caracteres muy distintos. La primera desempeña el papel de Mary Fitzgerald O'Malley, proveniente de una familia irlandesa con larga tradición de disidentes políticos, quien aprende involuntariamente desde muy joven el 'oficio' de terrorista y el manejo de la dinamita al asistir a su padre en su lucha libertaria contra el Imperio británico. La segunda personifica a una actriz de teatro, también de nombre María y proveniente de París, que con su compañera, Justine, forma un dúo de cantantes en un teatro de variedades que pasa por América Central.

Es ahí donde se encuentran, ya que Mary –o María II según el guión– llega en su permanente fuga con el padre hasta allá. Las primeras escenas sirven de prólogo y siguen, acompañadas de una canción en *off* que comenta al estilo de una balada las escenas, el rastro de su lucha y de su fuga que les dirige desde Irlanda en 1891 a Londres

6 Aparte de la vasta cobertura periodística hubo una amplia campaña publicitaria en Francia y en los Estados Unidos, incluyendo la publicación de la trama de *Viva María!* en forma de historieta en el diario *France Soir* y la venta de ropa y de chucherías bajo la etiqueta de *Viva María!* al estilo de Disney (Sadoul 1965: 1).

(1894) y a Gibraltar (1901) para llegar finalmente a América Central (1907). Allá termina bruscamente su historia común: al preparar la explosión de un puente, el padre resulta mortalmente herido por soldados ingleses y da una última orden a su hija que entretanto se ha convertido de la niña de seis años en una bella mujer. Ella, como siempre, obedece atormentadamente y hace explotar el puente junto con su padre ya agonizante y los soldados ingleses. Es sólo ahora cuando aparecen los créditos que abren la trama de la película. La canción, habiendo establecido una atmósfera entre mito y cuento fantástico (Southern/Weissgerber 2006: 93), cesa, pero la acción continúa durante la muestra de los créditos: se ve a la chica, sola y desesperada, que, sin saber adónde ir, se refugia en la selva, encontrándose cara a cara con una boa. Finalmente, oye el ruido de un tren que pasa, corre y logra subirse al último vagón, siguiendo su camino en el techo del tren donde por fin puede descansar un poco. Llegada de este modo a una pequeña ciudad, será testigo del fin, igualmente brusco, de la compañera de la otra protagonista, que se suicida después de haber sido abandonada por su amante inglés. Así, al principio de la película ambas protagonistas se encuentran sin su pareja respectiva y se reúnen, primero para realizar sus *shows* en el teatro, y segundo para hacer la Revolución.

La película está, por lo tanto, temáticamente divida en dos partes de casi igual duración: una primera en la que predominan las escenas del teatro de variedades y una segunda en la que predomina el aspecto de la Revolución. La acción continúa de la manera siguiente: adoptada por Maria I (Jeanne Moreau) como su nueva compañera, María II (Brigitte Bardot) empieza su introducción al mundo del espectáculo con una torpeza. Se le desgarra su vestido, demasiado apretado, e involuntariamente, inventa ante un público entusiasta el *strip-tease*. Ese "gran descubrimiento", como lo denomina Diogène en la película, forma, de ahora en adelante, una parte integral de su programa y convierte a las dos Marías en la sensación de toda la República de San Miguel en poco tiempo.

Un día son testigos del saqueo de un pueblo, y María II, disparando a uno de los saqueadores, hace que toda la compañía de teatro sea atrapada y llevada a la hacienda de Don Rodríguez, un terrateniente potente que aterroriza al pueblo. Entre los prisioneros se encuentra Flores, cabeza de la Revolución y admirador de María I. Enamorándose ella también, pasan una noche juntos. Al día siguiente, las dos Marías son llevadas a la hacienda y, mientras los otros prisioneros ya prevén su prematuro fin, ellas se sirven de sus números de teatro para confundir a Don Rodríguez y escaparse. Se apoderan de su ametralladora, con la que se consigue la liberación de todos los prisioneros. Cuando Flores resulta mortalmente herido, son las dos Marías las que continúan la lucha en su nombre. Convertidas en revolucionarias, tienen tanto éxito como antes, pero el clero las hace prisioneras otra vez mediante un truco. El intento de torturarlas con instrumentos que datan todavía de la Inquisición fracasa, al igual que el intento de ejecutarlas, ya que la compañía de teatro viene, junto con los insurgentes, en el último momento para liberarlas. Después de celebrar la victoria con todo el pueblo, regresan a su país para seguir cada noche con su *show*.

3. Primera fase del espectáculo: teatro – vodevil – ilusión cómica

Como se puede deducir de la sinopsis, el teatro juega un papel fundamental en la película de Louis Malle. El director le dedica la primera parte de la película, de 45 minutos. A nivel formal, se trata de una autorreflexión medial, lo que siempre es el caso cuando el teatro aparece en el cine, sea en forma de una adaptación de una pieza de teatro, en forma de una película sobre el teatro o en una mezcla de las dos, como ocurre en *Viva María!* En los diversos números de vodevil, Malle evoca el cine de atracciones del primer cine mudo en el que las convenciones de representación del teatro de vodevil se habían transferido a la pantalla.

A través de la mezcla de distintos medios, Malle juega con los respectivos modos de percepción. Este juego se efectúa de varias maneras. Sobre todo en el primer número, que ocupa un espacio importante con una duración de casi diez minutos, se revelan diferentes niveles de percepción. La escena se sitúa en un bar con un público poco cultivado, ruidoso y bebedor. El espectador lo ve filmado a través de un gran espejo (con fisura) en la pared del bar, lo que introduce la ilusión mediante la *mise-en-abîme*. En el primer plano del reflejo se ve al público, al fondo se ve el escenario en el que Diogène ejecuta su programa.

Al principio, el público no toma nota de la magia del ilusionista Diogène. Sólo cuando éste empieza a sacar monedas del cuerpo de su asistente y esposa, se muestra de repente interesado. Tres hombres se precipitan sobre el escenario y voltean a la mujer para sacarle el dinero. Esa escena indica, desde un principio, que el público toma en serio la ilusión. Incluso interviene activamente en la ilusión del escenario, cambiando así la acción. Cuando Diogène hace salir de su sombrero de copa una paloma que vuela por el bar, un hombre del público saca su revólver y le dispara. Las carcajadas del público sólo enmudecen al ver a Diogène bajar del escenario con cara de entierro. Pero éste demuestra su magia otra vez, le saca la bala a la paloma y la resucita, ganándose el asombro y el aplauso del público. A través de tales escenas, que demuestran una falta de distancia con lo que ocurre en el escenario por parte del público y con eso una recepción no estética sino realista de la ilusión del teatro, Malle establece nuevas fronteras de lo real para su película siguiendo su concepto básico con el fin de que ya no se pueda diferenciar entre el juego y la seriedad, entre el escenario y el mundo, entre la ilusión y la realidad.

Las escenas de teatro con las dos Marías tematizan ese nuevo estatus de la realidad de la película, jugando aún más con la percepción del espectador. También fortalecen el paralelismo con el cine de atracciones por su erotismo, ya que el atributo principal de la atracción consistía en dirigirse a su público de manera emocional y explícitamente no intelectual. Atendía ante todo al voyerismo de un público predominantemente inculto (Gunning 1990).

Aparte del cine de atracciones, Malle recoge en los números de vodevil una tradición teatral, la de los *Café-Concerts*, los *caf'conç*. Proveniendo de París en la mitad del siglo XIX, se habían establecidos también en los Estados Unidos y en México, por ejemplo en el Café-Concert Can-Can. Esos Café-Concerts, en que actuaban estrellas de diferentes naciones, todavía existían en 1965, como demuestra un programa de febrero de 1965, intitulado *Las tandas del Can-Can*, en que se precisa: "El espectáculo que presenta cada noche el Café-Concert CAN-CAN reproduce los grandes éxitos del pasado extraídos de la revista musical, la opereta, la zarzuela y del teatro de variedades", equiparándose a las grandes revistas de París (Lido, Folies-Bergère, Moulin Rouge) y de Las Vegas (Stardust, Tropicana, Dunes).[7] Conforme a esas tradiciones, la compañía de teatro en *Viva María!* también incluye diferentes nacionalidades ofreciendo un programa de una gran diversidad y un gran colorido así como un agudo sentido del humor. Malle decora los números de las dos Marías con diversos *gags* como, por ejemplo, el del público exclusivamente masculino que al ver a las dos Marías desnudándose lo hace igualmente (otro indicio de la falta de distancia entre el público y el escenario).

Aparte de los efectos sensacionalistas, esas escenas sirven también para llevar adelante la transición intermedial entre el teatro y el cine. Esa transición se va aumentando poco a poco a medida que van transcurriendo las seis intervenciones teatrales de las que la primera y la última son las más largas. Mientras que en las primeras escenas de vodevil, la audiencia dentro del teatro es visible y audible para el espectador de la película, desaparece totalmente en la última escena del vodevil. Ahora las dos Marías actúan ante un trasfondo negro que llena toda la pantalla, frente a la cámara, estableciendo así una perspectiva de segunda persona con el espectador de la película. La audiencia del teatro, sin embargo, y con ella el marco interior, desaparece, por lo que el espectador de la película se convierte en la audiencia del cabaré, y la realidad del cabaré se redefine como 'la escena' misma (Southern/Weissgerber 2006: 98).

Pero Malle no sólo juega con la percepción, sino también una vez más con la ilusión haciendo desaparecer y aparecer una y otra vez a las dos Marías, que terminan multiplicándose por medio de espejos. La extracción de ciertos números de revista como entidades propias dentro de la película provoca una ruptura en la narración fílmica que pone de relieve el carácter ilusorio de toda la película. Aparte del juego intermedial, ese carácter ilusorio se evoca igualmente por la intro-

7 En el programa se presentan artistas internacionales, entre otros France Pommery, una cantante francesa del Lido de París, Belinda Corel, cantante y actriz española de los teatros de revista de Madrid, y Renée Winters, cantante y actriz norteamericana que ha figurado en comedias musicales del Broadway. El repertorio de los números se compone de números franceses, españoles, mexicanos, italianos, rusos, cubanos y muchos más. Ese programa lo ha guardado Volker Schlöndorff en su ejemplar del guión que se encuentra en el depósito Volker Schlöndorff del DIF (*Deutsches Filminstitut*, Instituto Alemán de Cine) en Francfort del Meno. Aparte de ese depósito hay mapas de la película en el archivo de texto y el archivo de fotos del DIF conteniendo un gran número de críticas, material de prensa, fotografías, etc.

ducción de elementos surrealistas que terminan muchas veces en *gags* puramente visuales. Por ejemplo, un hombre sale sentado en su caballo de los excusos de caballeros y atraviesa el bar sin que nadie se moleste. Esas representaciones exageradas pueden ser vistas como simple parodia del género del *western*, pero también como imágenes que muestran de manera obvia el grado de falsedad e ilusión de lo representado en la pantalla. El hecho de que no se limitan a los números de revista y la puesta en escena teatral implica que esa concepción especial de la realidad llena de ilusiones también se refiere a la realidad fílmica, lo que tiene una gran importancia con respecto a la representación de la Revolución.

4. Segunda fase del espectáculo: la Revolución

No obstante, hay que constatar que la ruptura a la mitad de la película que la divide a primera vista en dos grandes partes, vodevil y Revolución, no es la única, aunque sea la más obvia. En la segunda parte suceden también *gags* visuales y pequeñas intra-historias como por ejemplo la historia de amor entre María I y el revolucionario Flores. Por lo tanto, la película se compone en conjunto de toda una serie de pequeños espectáculos, y entre los que figuran un mito de los libros ilustrados, un número de *strip-tease*, diversos *gags* y –entre otros– una historia de la Revolución como historia dentro de la historia (Southern/Weissgerber 2006: 97).

Con esa estructura dramática, Malle sigue el concepto del teatro de vodevil y rinde homenaje al estilo de cabaré de finales del siglo XIX, en que se combinaban diferentes "mini-historias" o "mini-actos" con el fin de entretener al público de diversas maneras. Tampoco cambia la ambientación de la primera parte al estilo del fin de siglo, aunque se transfiere, debido al cambio de la acción, más a los exteriores. Conforme a ese estilo, en la primera parte hay unas referencias en parte directas a la pintura impresionista, por ejemplo en la escena del *bal*, que es una réplica casi exacta de la pintura *Le Moulin de la Galette* de Auguste Renoir, o en el interior de la roulotte de María y María en que dominan diferentes tonos de marrón al estilo de Manet (Potonet 1966: 5).

La atmósfera básica de la película sigue siendo entonces la misma, aunque el *plot* cambia al *subplot* de la Revolución. En el plano estilístico del filme, eso supone una transición del modo de representación. Se terminan, por ahora, las escenas de cabaré y surgen, de forma creciente, escenas de acción, con lo que *Viva María!* se vuelve parcialmente una película de aventuras. Ese cambio de modo se introduce por la única escena totalmente libre de elementos humorísticos en toda la película: la escena del saqueo del pueblo.

Se ve, primero a través de la perspectiva de los comediantes en la colina, después de muy cerca, cómo se maltrata a los sanmiguelianos prendiendo fuego a sus casas, dándoles latigazos y cazándolos hasta capturarlos con lazos. Ese tratamiento inhumano pone en acción a María II, pero más bien por intuición espontánea que por una conciencia política. Esa conciencia ya faltaba en la primera parte de la película, dado que la ayuda a su padre en su compromiso político se llevaba a cabo por parte de la niña de mala gana y de manera inconsciente. Resulta claro que la participación en los actos terroristas de su padre no se atribuye a una propia conciencia política sino a una falta de opciones. Aún más, María I no ha demostrado hasta ahora ninguna perspectiva política, interesándose más por la moda actual de París. Sin embargo, es a través de esa escena que se puede notar un brote de conciencia política en las dos protagonistas que va aumentando a partir de ese momento. El que esa escena no contenga elementos humorísticos sirve entonces para dar más credibilidad al giro mental de sus dos protagonistas.

El cambio mental, no obstante, se efectúa mucho más tarde, cuando se abre el combate armado. Lo que sigue al saqueo del pueblo son primero las secuencias en la hacienda de Don Rodríguez, y éstas se caracterizan por diversos *gags* visuales y elementos surrealistas. Así, las dos Marías se sirven de su talento, aparecen y desaparecen como en escena hasta hipnotizar al terrateniente. Entonces el teatro con sus habilidades 'vence' –en el mundo ilusorio de Malle– otra vez a la realidad fílmica. Conforme a ese estilo, se critican el sistema de latifundios y la explotación de la población mediante algunas escenas cómicas. Por ejemplo, Don Rodríguez se denomina un "hombre moderno" que tiene electricidad, mientras que afuera un puñado de pobres tiene que poner en marcha manualmente y bajo latigazos el 'generador', que consiste de una gran rueda de madera.

En ese momento, todavía no se puede hablar de una verdadera solidarización con los revolucionarios y mucho menos de motivación política alguna. Al contrario: el motivo de las "dos señoritas de París" consiste únicamente en el amor por el revolucionario Flores, interpretado por George Hamilton, quien tampoco escapa a una representación exagerada e irónica, ya que Malle evoca, en las pocas escenas en que se le puede ver, una analogía con Jesucristo. Con su muerte, la Revolución está a punto de caer. María I, que aseguró a su amante seguir con la lucha, pronuncia un gran soliloquio delante del pueblo, un fragmento de *Julio César* de Shakespeare ("¡Romanos, compatriotas y amigos!"), y logra con énfasis, *pathos* y gestos reanimar a la gente que empuña las armas en seguida. Eso no sólo implica que la Revolución, en la película, se introduce mediante la retórica, sino que se inicia gracias a una buena actuación por parte de una comediante, como el ilusionista Diogène apunta acertadamente: "Es su gran escena."

El hecho de que se trata de una actuación se refleja también en el plano visual: María I, actuando desde la escalera que se convierte en su escenario, se sitúa en frente de su público, los aldeanos.[8] Existe, como en el teatro tradicional de ilusión, una distancia bien definida entre el 'escenario' y la 'audiencia' que sólo al final del discurso se disipa, al avanzar María I a grandes pasos a través de la muchedumbre para dar más énfasis a sus palabras. En este momento, el juego de la ilusión establecido al principio de la película en las escenas del teatro de vodevil se invierte. La compañía de teatro se muestra sorprendida y en parte impresionada –Madame Diogène incluso llora– por la actuación de María I, mientras los hombres del pueblo la toman en serio. Al no saber que se trata de una actuación, la ilusión se vuelve –otra vez– realidad, lo que al final sorprende también a la actriz misma.

De ese modo, la metáfora del teatro se utiliza también con referencia a la Revolución, que, a fin de cuentas, se realiza a causa de un engaño, o bien, de una serie de coincidencias más o menos absurdas, como por ejemplo el mencionado discurso del drama de Shakespeare. Sigue una larga secuencia de 'combate', llena de *gags* visuales y referencias intertextuales, entre otras a los filmes de Tarzán, cuando María

---

8 El posicionamiento del cuerpo de Flores, ya muerto, en el pozo de la plaza mayor constituye un paralelo con *Viva Zapata!* (1952), de Elia Kazan, en que el muerto Zapata (Marlon Brando) también es expuesto en la plaza mayor. Hay diversos paralelos con esa película, que se perciben incluso en los *trailers* en los cuales Malle sigue de manera casi exacta el modelo de Kazan.

II salta, colgada de una liana, de un árbol tropical al otro. Con visible divertimiento se logra vencer a los hombres de Rodríguez.

A partir de ahora, la Revolución es representada como un gran y divertido espectáculo con las dos Marías como protagonistas. Mientras que María I recibe a delegaciones extranjeras y concede entrevistas a reporteros, María II reencuentra su fascinación por la dinamita y hace explotar alegremente diversos lugares de la República. La plaza central del pueblo se convierte en el campamento base de los revolucionarios, donde el resto de la compañía de teatro aborda importantes funciones: el grupo de acróbatas alemanes, con Werther a su cabeza, instruye a los reclutas, el "Great Rodolfo" entrena a los francotiradores, el ilusionista Diogène se encarga con su esposa de la enfermería. Tal organización y realización de la revolución se refiere a ciertas imágenes de alteridad, ya que resulta que la Revolución solamente se logra gracias a la ayuda de las dos Marías y el resto de la compañía de teatro, mientras que los sanmiguelianos mismos juegan un papel subordinado, incluso un papel de figurantes.

5. Perspectivas de alteridad

Si se entiende la alteridad como un proceso multilateral e histórico, esa película revela perspectivas y cambios de alteridad complejas con referencia a Francia y México. El hecho de situar la acción en un país imaginario, la República San Miguel, se debe, según el guionista Jean-Claude Carrière, a una petición por parte de los co-productores "para no alborotar recuerdos demasiado históricos" (Carrière 1966: 6).

No obstante, es obvio que se trata de la Revolución mexicana y que el mito mexicano de la Revolución se desconstruye en varios niveles. Primero, son dos mujeres las que substituyen a los héroes masculinos de la Revolución. Con eso, la película intenta confirmar la igualdad constitucional y la sinonimia de los sexos. Pero no sólo son mujeres –interpretadas además por los dos símbolos sexuales de los años 60 en Francia–, sino dos comediantes poco heroicas. Sobre todo al principio de la película, María II se libera de todo tipo de moral anticuada empezando su iniciación sexual con tres hombres a la vez. Tal actitud sigue los conceptos del feminismo clásico y anticipa, ideológicamente, la revolución sexual de fines de los años 60 y comienzos de los 70, aunque una lectura proto-feminista de la película parece verse contradicha por las secuencias de *strip-tease* que implican una cosificación de la mujer, reduciéndola a sus atributos físicos femeninos. Esa lectura anti-feminista, sin embargo, se relativiza con vista a la segunda parte, en la que las dos Marías se liberan por completo de sus papeles iniciales, y teniendo en cuenta el tono satírico de la película. Incluso se puede leer la segunda parte como reacción crítica a la primera, lo que la vuelve todavía más irónica, acercándola a una sátira social (Southern/Weissgerber 2006: 94).

En segundo lugar, se desconstruye el mito de la Revolución, ya que son los europeos los que la realizan, al componerse la compañía de teatro de franceses, ingleses y alemanes. Eso implica a primera vista una especie de auto-mitificación y sitúa la película dentro del discurso clásico de la alteridad, es decir, que se emplea el discurso de la propia superioridad y de la exotización del Otro. Pero esa lectura tampoco se puede justificar. Es cierto que la imagen que Malle pinta de México está exotizada y la que pinta de los mexicanos, al igual, estereotipada por los elementos folklóricos y las imágenes de mariachis con sombrero y bigote. Pero su retrato en la primera parte de la película, donde el público del cabaré se presenta lujurioso, tonto, sórdido, vulgar y bebedor, cambia bruscamente con el inicio de la segunda parte de la película que revela el tratamiento inhumano de los sanmiguelianos. De esa manera, Malle no sólo obliga a la audiencia a reexaminar su propio deleite en los estereotipos raciales de las primeras secuencias, sino que también critica el racismo inherente en una dictadura que relega a los hombres a tal patética capa social (Southern/Weissgerber 2006: 96).

Por otra parte, se observa una auto-ironía que resulta tanto de la presentación de clichés nacionales –los ingleses, por ejemplo, se quejan de la calidad del té– como de caracteres grotescamente agudizados, como por ejemplo el "Great Rodolfo" con su fusil encorvado para disparar a la vuelta de la esquina o el hombre fuerte, Werther, quien con su fuerza teutónica puede alzar un vagón. Finalmente, dicha ironía resulta también de los vestidos y trajes con gran colorido que no se limitan a las escenas del teatro de vodevil. Los acróbatas, por ejemplo, llamados "Los Turcos", visten trajes enteros, en escena de color verde-menta con flores y volantes, fuera de escena de color rosa antico, el "Great Rodolfo" viste un traje muy británico, el ilusionista Diogène su redingote, etc. Sus nombres y sus acentos forman parte de la identidad que representan en sus respectivos papeles y que conlleva clichés europeos. De esa manera se evoca el carácter *pop art* o bien de *comic strip* de toda la película,[9] se establece un contraste entre Europa y Latinoamérica, se muestran dos perspectivas diferentes sin que la una sea superior a la otra ni más o menos exótica.

Junto con los elementos surreales, esa auto-ironía desconstruye la perspectiva de una alteridad 'clásica' en el sentido de una superioridad occidental. Al presentarse también de manera bastante 'exótica', ocurre más bien una transferencia de imágenes de lo propio y del Otro, y con eso una mezcla de culturas. A través del modo teatral de la película, a través del teatro dentro de la película, en el sentido propio de la palabra, Malle juega con papeles de expresión estereotipada. En especial, eso se puede percibir al final de la película cuando las dos Marías, ya de regreso en Francia, actúan en vestido de mexicanas, mientras que en México actuaban siempre como francesas, exhibiendo el mito de París con sus vestidos de "Folies-Bergère".

Con la auto-exotización se relaciona la recepción de la película en el mundo occidental. Realizada en el año 1965, *Viva María!* anticipó el movimiento del 68 en el contexto europeo. Aunque el ímpetu en la Revolución no haya sido la intención explícita del director, como afirmó él mismo, la película sí se ha recibido de esa manera en Europa.[10] El filme tuvo una especial resonancia en Alemania, donde *Viva María!* se convirtió, sobre todo para los estudiantes del movimiento radical, en una película de culto. Vieron en el comportamiento de las protagonistas dos posibles actitudes frente a la revuelta: María I, la diplomática, busca soluciones por el camino legal y quiere cambiar a la sociedad sin violencia, y María II, la mujer de acción, defiende la lucha armada y el terrorismo (French 1998: 80).

---

9 Esa influencia seguramente se debe al contacto personal de Louis Malle con William Klein, el inventor de la fotografía y del *cine pop art*, quien trabajó como consejero artístico para una película anterior de Louis Malle, *Zazie dans le métro* (1960).

10 *Viva María!* salió el 22 de noviembre de 1965 en Francia, y casi un mes después, el 18 de diciembre, en los Estados Unidos. De enero a junio de 1966 se proyectó también en Alemania, Italia, Bélgica y Dinamarca (Southern/Weissgerber 2006: 92). En la España franquista fue censurada por "burlarse de la Iglesia católica y violar las buenas costumbres", como anota irónicamente un diario alemán (*Rhein-Ems-Zeitung*, 22.02.1967; archivo de texto del DIF).

La fascinación por la película fue tal que de inmediato se fundó el "Grupo Viva Maria" en los cines alemanes en enero de 1966 en torno a un núcleo de Dieter Kunzelmann, Fritz Teufel y Rudi Dutschke. Con *Viva María!*, Malle se convirtió –una vez más– en el precursor de los jóvenes izquierdistas que se solidarizaron e incluso se identificaron con los movimientos de la liberación en Latinoamérica (por ejemplo en Cuba), que protestaron contra la guerra en Vietnam y que rebelaron contra las autoridades. En ese ambiente, *Viva María!* constituyó la ilustración –en el mero sentido de la palabra– de sus sueños políticos y de la idea romántica de que todo puede ser posible y de que la revolución incluso puede ser divertida.[11]

De esa manera, la película no sólo fue toda una revelación al reunir el conjunto de las ideas de Malle –pasándose él por alto, incluso burlándose libremente de todo tipo de convenciones, sean de género, de moraleja o de sexo–, sino funcionó como verdadero motivo para entrar en acción de la misma manera provocadora, excéntrica, dadaísta. La combinación de lo cómico y lo superficial con aspectos sociocríticos en *Viva María!* correspondió perfectamente al deseo de romper con viejas estructuras establecidas, normas burguesas y con toda forma de *political correctness*. La película anticipa en este sentido las formas de acción y la cultura de protesta específicas de una parte del movimiento del 68 en la Alemania Fedral,[12] formas que se caracterizaron, conforme al modelo de la película, sobre todo por su frescura, su falta de respeto frente a la autoridad y su orientación en la diversión, siguiendo Brigitte Bardot como ícono de la Revolución (Prückner 2008: 108).

11 "Una revolución hay que pasarla bien" se convirtió en el eslogan de los estudiantes izquierdistas así como la canción de la película en su melodía que silbaban después de sus arrestos en manifestaciones en los corredores de la prisión para mantener contacto y animarse (Prückner 2008: 109).

12 Me refiero a los estudiantes radicales de la "Alianza de Estudiantes Socialistas Alemanes" (*Sozialistischer Deutscher Studentenbund*, SDS) y, particularmente, a un grupo núcleo que fundó, en enero de 1967, la famosa "Comuna 1" ("Kommune 1") para vivir sus ideas libertarias. Los recuerdos de ese grupo los ha publicado Ulrich Enzensberger en su libro *Los años de la Comuna 1 (Die Jahre der Kommune I. Berlin 1967-1969)*. Con la fundación de la "Comuna 1" terminó la fase del "Grupo Viva Maria" (Prückner 2008: 109). Cf. también la contribución de Inke Gunia al presente volumen.

En esa interpretación marxista o anarquista, respectivamente, la película ya no tiene mucho que ver con el evento histórico de la Revolución mexicana. En un plano más general, se relaciona con diferentes patrones de conducta que se deducen de los distintos comportamientos de las dos Marías. Sin embargo, se puede constatar que las dos Marías se vuelven una, lo que implícitamente indican sus nombres idénticos y lo que se vuelve explícito en algunas escenas, sobre todo en el número de vodevil ya mencionado en el que aparecen y desaparecen las dos Marías por medio de trucos, cantando: "Una es lo mismo que dos. Y dos son solamente una".[13] Al igual que en la escena de la hacienda de Don Rodríguez en que el movimiento de cámara provoca una confusión de las dos. Siguiendo ese juego ilusorio, las dos Marías, a lo largo de la película, cambian sus papeles. En la primera parte de la película, la revolucionaria María II se convierte en comediante, y en la segunda parte la comediante se convierte en revolucionaria. Así, el desarrollo de las dos protagonistas refleja el concepto básico de la película, la mezcla de realidad e ilusión. Al fin y al cabo, esa fusión significa que toda revolución, aunque victoriosa, no es más que un mero teatro.

Según Malle, la película tuvo gran éxito en los países socialistas, en los que el filme se consideró una metáfora del estalinismo (French 1998: 80). Él admite que tales repercusiones van mucho más allá de lo pretendido, que nunca había sido tan complejo. Aunque quedó sorprendido por esas reacciones, es obvio que, por lo menos, utilizó la burlesca como medio de crítica ideológica. La segunda parte, por ejemplo, se caracteriza por un fuerte anti-clericalismo, al igual que por un anti-militarismo aparente al ofrecer versiones caricaturescas del Padre Superior y del presidente, lo que al final y en un plano más general lleva consigo un amplio anti-autoritarismo. De igual manera contiene alusiones al racismo y al capitalismo de los Estados Unidos, por ejemplo en las escenas en que los monjes actúan como miembros del "Ku-Klux-Klan" o la dinamita lleva los colores de la bandera americana. Los Estados Unidos fueron, por lo tanto, el país en que la película, que por lo demás fue un gran suceso comercial,[14] tuvo menos

13 En el original, la canción se rima: "De deux choses l'une, deux jambes ou deux yeux. C'est toujours par deux qu'on cherche fortune. Mais blondes ou brunes, à Paris font mieux: Une égale deux. Et deux n'en font qu'une...".

cula, que por lo demás fue un gran suceso comercial,[14] tuvo menos éxito.

6. Conclusión

Al componerse de elementos y estilos provenientes de diferentes medios y géneros, *Viva María!* se convierte en un pastiche. Asimismo, representa una versión extraordinaria de las adaptaciones fílmicas de la Revolución mexicana, en primer lugar porque no se trata de una película histórica, es decir, la Revolución mexicana como evento histórico no juega ningún papel. La función que cumple la Revolución en la película se reduce al trasfondo o marco necesario para quedarse en la estructura del *buddy film*. Las dos mujeres protagonistas, asumiendo los papeles tradicionales de hombres, tienen que enfrentar juntas diversos peligros (los cuales ofrece fácilmente el contexto de la Revolución) para que el lazo emocional que las une se pueda establecer al final de la película. Por eso, la acción se hubiera podido desarrollar en cualquier república bananera de las que el imaginario de San Miguel representa el prototipo.

En consecuencia, el exotismo que la película emite en abundancia, sólo proviene en parte del entorno. Por otra parte, también se muestra inherente a la propia cultura. El propio exotismo se nota en una representación estereotipada, grotescamente deformada y caricaturizada debido a la introducción de un nivel secundario de ilusión: el teatro dentro de la película. De esa manera, la película reflexiona y exhibe, en diferentes niveles de ilusión y con múltiples quiebras, lo propio como algo sumamente exótico y extraño que, en cuanto a su exotismo,

---

14 En Francia, *Viva María!* fue premiado con el "Grand Prix du Cinéma Français" como mejor película francesa (1965). En 1966, Brigitte Bardot recibió la "Étoile de cristal" así como, en 1967, el "Bambi" en Alemania. Jeanne Moreau recibió en 1967 el "Bafta Award" como mejor actriz extranjera. La recepción por parte del público fue únicamente positiva, la recepción por parte de la crítica no fue unánime dependiendo de la orientación ideológica de las revistas. Hubo críticas menos favorables en *Le Nouvel Observateur* y, especialmente duras, en los *Cahiers du Cinéma*, mientras que *L'Humanité*, la *Tribune Socialiste* y *Combat* publicaron críticas favorables. En la *Bibliothèque du Film* (BIFI) en París existe un fondo Louis Malle que contiene todas las críticas francesas y más material sobre *Viva María!* así que un fondo Pierre Billard que igualmente contiene documentos sobre la película.

no difiere mucho del Otro. Sin embargo, existe otra perspectiva como contraste y como ejemplo de otra forma de exotismo.

Ese doble juego con perspectivas e ilusiones se efectúa de manera cómica, hasta surrealista, basándose en un acercamiento iconoclasta. Conforme a ese procedimiento, se observa una gran falta de respeto en cuanto a la representación de la historia o bien de mitos históricos, lo que convierte a *Viva María!* en precursora del subgénero de los *italo-* o *spaghetti-western*. Estos se caracterizan igualmente por una falta de respeto en cuanto a mitos o héroes y, en su última fase, por el uso excesivo de ironía y burla.

La película, en conjunto, ofrece muy diversas lecturas: aparte del pastiche intermedial, por ejemplo, se ofrece una lectura como sátira proto-feminista o como sátira anti-capitalista. En vista de ese potencial, la calificación como puro comercio –un reproche que a menudo vino de la crítica extranjera– seguramente es una consideración demasiado simple. Justamente por su diversidad, la película escapa a una sola lectura, más aún si se la quiere entender en su sentido propio. Al respecto, el guionista Jean-Claude Carrière ha escrito: "México no es cartesiano. Al entrar en contacto con él, habíamos olvidado que lo fuimos nosotros mismos" (Carrière 1966: 6).

Bibliografía

Billard, Pierre (1965): "Ave Maria y Maria". En: *L'Express*, 13, 756, pp. 66-69.

— (2003): *Louis Malle. Le rebelle solitaire*. Paris: Plon.

Bobet, Jean (1965): "Un bateau vivre". En: *Les Lettres Françaises*, 29.04.1965, pp. 1 y 8.

Carrière, Jean-Claude (1965): "La véritable histoire de *Viva Maria*". En: *L'Express*, 13, 726, pp. 70-75.

— (1966): "L'illusion comique". En: *L'Avant-Scène*, 56, pp. 6-8.

— (2006): "Louis Malle, the Elusive One". En: Southern, Nathan/Weissgerber, Jacques (eds.): *The Films of Louis Malle: A Critical Analysis*. Jefferson: McFarland & Co., pp. 1-2.

French, Philip (ed.) (1998): *Louis Malle über Louis Malle*. Berlin: Alexander.

Frey, Hugo (2004): *Louis Malle*. Manchester: Manchester University Press.

Gunning, Tom (1990): "The Cinema of Attractions: Early Film, its Spectator and the Avant-Garde?". En: Elsaesser, Thomas/Barker, Adam (eds.): *Early Cinema: Space, Frame, Narrative*. London: BFI, pp. 50-62.

Hawkins, Peter (2005): "Louis Malle: A European Outsider in the American Mainstream". En: Everett, Wendy (ed.): *European Identity in Cinema*. Bristol: Intellect, pp. 35-40.

Potonet, Jean-Paul (1966): "*Viva Maria!* Fiche filmographique IDHEC 224". En: *Films et documents*, 243.

Prückner, Paco (2008): "*Viva Maria!* Eine Revolutionskomödie und die Anfänge der deutschen 68er-Bewegung". En: *Forum Kommune: Politik, Ökonomie, Kultur*, 26, 5, pp. 108-109.

Sadoul, Georges (1965): "Que viva Bardot!". En: *Les Lettres Françaises*, 09.12.1965, pp. 1, 20-21.

Schlöndorff, Volker (1966): "Zauberlehrling in Mexiko. Die Geschichte des Films *Viva Maria!*". En: *Die Zeit*, 08.07.1966, p. 25.

Southern, Nathan/Weissgerber, Jacques (2006): "Viva María – 1965. Only a Paper Moon". En: Southern, Nathan/Weissgerber, Jacques (eds.): *The Films of Louis Malle: A Critical Analysis*. Jefferson: McFarland & Co., pp. 90-100.

Filmografía

Viva María! (1965). Dirección: Louis Malle. 117 min., color, 35 mm. Producción: Nouvelles Éditions des Films, Les Productions Artistes Associés, S.A. (Paris), Vides Cinematográfica (Roma). Francia, Italia.

Margarita de Orellana

La guerra secreta de Hollywood contra la historia, o de cuando Pancho Villa bailaba tango

Al dedicarme durante ya muchos años al tema de la Revolución mexicana Pancho Villa se convirtió en una de las figuras principales de mi trabajo. Uno de los objetivos de mi estudio consistía en analizar de manera amplia y rigurosa la mirada de los estadounidenses sobre la Revolución a través del cine durante parte de la contienda de 1911 a 1917. Pensaba que el cine era un testigo especial que ameritaba ser estudiado, un tipo de historiador que obligaba a reflexionar sobre su propia manera de hacer historia: ¿cómo contaba la historia de lo que iba sucediendo en ese momento? ¿Qué razones impulsaron a estos cineastas a filmar esta revolución? ¿Sería este hecho un fenómeno pionero en lo que más tarde sería la filmación de las guerras en el mundo? ¿Cuál sería hoy la relación entre esas primeras imágenes documentales de la guerra y la CNN o la BBC filmando las guerrillas en Nicaragua, la guerra de las Malvinas o la guerra en Afganistán? Este aspecto de la Revolución mexicana podría incluso valorar la relación entre los combatientes, esa suerte de actores, con estos productores de representaciones. Y al mismo tiempo también el estudio de los mecanismos que hoy siguen estando en uso para narrar los acontecimientos y que son también parte de la historia.

En esta investigación Villa fue una figura útil para analizar este fenómeno, sobre todo porque con él se inician algunos de los hechos inéditos que conciernen a los medios masivos de comunicación y la realidad que pretenden reflejar. Estos hechos que entonces resultaban novedosos y raros hoy son moneda corriente. Como jefe revolucionario, Villa fue el primero en acercarse a los camarógrafos de cine para ser filmado. Sin proponérselo, este general revolucionario se convirtió en una estrella de cine prehollywoodense (después surgirían muchos más generales de todas las nacionalidades y de diversas guerras). Villa firmó además el primer contrato de exclusividad con una compañía de cine estadounidense para ser captado por las cámaras durante sus campañas, tanto en las películas documentales y de noticias como en un film de ficción. Francisco Villa fue el primero en darse cuenta de que el cine le podía ser de gran utilidad para la promoción de su imagen y de su lucha y que al mismo tiempo podía convertirse en una gran fuente de recursos para su ejército. También fue uno de los primeros escándalos que de esta índole se dieron en la prensa en Estados Unidos. ¿Cómo era posible que un ser tan controvertido aceptara hacer un trato tan lucrativo en un momento tan difícil?

En 1914 Villa había permitido que por 25.000 dólares la compañía "Mutual Film Corporation" siguiera sus pasos en la guerra "mexicana". Su gente se había dado cuenta de que los diferentes corresponsales de cine extranjeros solían pagar buenas sumas de dinero a los diversos protagonistas de este conflicto, ¿por qué entonces no hacer un trato a largo plazo para obtener sustanciosas cantidades de dinero para su causa? Con este contrato se conseguiría no sólo una buena suma, sino que esa productora sería la única que proyectaría estas imágenes a un público extranjero que deseaba saber qué pasaba del otro lado de la frontera sur de su país.

Es importante destacar que los tiempos favorecían a Villa en ese momento debido a que era visto con simpatía por el gobierno de Estados Unidos, porque además de estar ganando batallas respetaba las propiedades e intereses norteamericanos en territorio mexicano, es decir, los estadounidenses creían que Villa podía ser un factor de estabilización del país y de restauración de la situación social.

Debido a su creciente popularidad, la "Mutual" decidió, además de tomar las escenas documentales, realizar una película de ficción que se llamó *The Life of General Villa*. Creían que al contar la trágica historia de este supuesto justiciero, el público estadounidense comprendería las razones por las cuales este Robin Hood mexicano había tomado las armas. La película se filmó en unos estudios de cine y a ella se le agregaron después las tomas que habían hecho del verdadero Villa en diversos lugares de México. Esta novedosa película se estrenó en Nueva York en 1914 y después no se tenían más noticias de ella.

Durante mi investigación tuve la oportunidad de ver varios noticieros de esa época y leer todos los periódicos corporativos como el "Movie Picture World", que servía sobre todo a los distribuidores de cine que deseaban llegar al máximo posible de salas en todo el territorio norteamericano. En los diarios estadounidenses y mexicanos encontré bastante información reveladora, así como también en revistas especializadas como el *Photoplay* y el *Reel Life*. Debido a que me interesaba estudiar al cine como un documento histórico recurrí a las diversas historias mexicanas y extranjeras sobre la Revolución para contextualizar estas imágenes, así como también visité diversos archivos en Inglaterra, Washington D.C. y Francia. Hasta los años 70 pocos colegas se habían ocupado de ver al cine como fuente histórica, de examinar su manera de contarnos el pasado y de verlo también como objeto de la historia. No basta considerar al cine como algo que afirma o confirma la veracidad de un acontecimiento porque hay mucho más que eso en cada imagen del pasado que se produce. Están en juego mecanismos sociales especiales, voluntades de representación, efectos involuntarios de la imagen, estrategias de poder algunas veces sólo comerciales y otras veces políticas, elaboraciones estéticas, etc. Todo esto tiene que ser tomado en cuenta por el historiador para que valga la pena el análisis y la interpretación del cine. Bajo esta perspectiva empecé a estudiar una buena parte de las películas estadounidenses que se hicieron durante la Revolución. Sin embargo, quizá lo que más me llamó la atención fue la relación entre Pancho Villa y estos productores de representaciones, un aspecto que plantea lo que constituye un problema fundamental de la historia, y por lo tanto de la historiografía.

Por otra parte, mi análisis también se fue desarrollando a través de las películas de ficción que se realizaron de 1911 a 1917 y que en realidad fueron las más reveladoras. Edgar Morin decía en 1981, después de asistir a un festival de cine "de lo Real" en París, que el cine de ficción es en principio menos mentiroso que el cine documental debido a que el autor y el espectador saben, al verlo, que la verdad se encuentra en su imaginación. En cambio, el cine documental disfraza la ficción y su valor imaginario detrás de una imagen que pretende ser reflejo de lo real y que al mismo tiempo también es imaginación, negada en este caso. Ahora bien, sabemos que la realidad social se falsea al estar frente a la mirada de los otros y sobre todo delante de una cámara, y que la realidad social se expresa a través de roles. Y por eso en política el nivel imaginario es más real que lo real, motivo por lo que para todo historiador es importante la cautela en el análisis tanto de documentales como de ficción. De esta manera fui viendo más tarde otras películas estadounidenses sobre la Revolución mexicana, tratando de entender la verdad de su imaginación.

Lo que nunca imaginaba es que esta investigación me llevaría a trabajar de asesora en una producción hollywoodense sobre la historia de esta relación tan particular del cine y la historia, más de 85 años después de que Villa fuera filmado por esta compañía estadounidense.

El film en cuestión se llamó *And Starring Pancho Villa as Himself* y tuvo como actor principal a Antonio Banderas. El director fue Bruce Beresford, un experimentado cineasta australiano, y el guionista Larry Gelbart. El argumento fue escrito por uno de los productores ejecutivos, Joshua D. Maurer. Y su relato estaba basado, en parte, en algunos de los documentos que yo había investigado para realizar mi tesis doctoral en 1982. ¿Por qué estos productores se interesaban en revivir esta historia hasta el año 2002? Una historia que habían olvidado y a la que otros historiadores no habían dado ninguna importancia. Se trataba de una ficción que narraba la historia de la representación de Pancho Villa que había realizado la "Mutual Film Corporation" en 1914, y como toda ficción de este tipo, condimentada con violencia, romance, venganzas, persecuciones, crueldad etc. Los diálogos eran muy ágiles, a veces humorísticos y otras veces melodramáticos y un tanto retóricos. La super producción fue filmada en México utilizando también técnicos y actores del país.

La primera pregunta que me hice fue el por qué contrataban a historiadores para supervisar este trabajo si en una obra histórica hollywoodense se permiten todo tipo de libertades: ¿qué podía aportar una historiadora a una obra que se interesaba más en los mitos que en una obra de historia? ¿Por qué preocuparse de la verdad de su contenido? ¿Pensarían que gracias a los comentarios de los historiadores sería una historia más convincente por estar basada en hechos supuestamente reales? ¿O quizá esta apreciación les funcionaba como una especie de espaldarazo?

Esta película repetía algunos de los esquemas que siempre han aparecido en el cine estadounidense que trata el tema de México en general. Automáticamente se refiere a una superioridad con respecto al otro: es decir, frente a México y a su Revolución. Siempre ha existido la convicción (sobre todo en el cine) de que los mexicanos son incapaces de solucionar sus problemas sin ayuda del vecino del norte, una visión que habla más de la imaginación estadounidense que de la realidad que se pretende describir, una visión que nos dice más de lo que ellos son y piensan que de esa realidad a la que pretenden acercarse: ¿Por qué iba a ser diferente ahora? ¿De veras veríamos una sorprendente versión que cambiaría la historia del cine estadounidense frente a uno de sus temas más lejanos: México? Al empezar a leer el guión mis expectativas no eran muy alentadoras y éstas se fueron confirmando poco a poco.

Lo primero que llamó mi atención fue la advertencia inicial: "The improbability of events depicted in this film is the surest indication that they actually did occur" ("La improbabilidad de los hechos representados en esta película es el indicio más certero de que en verdad ocurrieron"). Más que una afirmación, parecía un manifiesto de incertidumbre. Tuve la impresión de que ellos mismos dudaban de lo que iban a narrar, ¿por qué esa aparente inseguridad?

Durante el tiempo que duró mi trabajo nunca percibí preocupación alguna por perseguir una verdad histórica. Jamás me preguntaron directamente qué tanto era cierto lo que estaban contando. El guionista se basó en el argumento del productor ejecutivo Maurer. Éste tenía datos fidedignos sobre los acontecimientos y batallas de la Revolución, pero en cuanto a lo propiamente cinematográfico su información provenía de la prensa y de las revistas de cine estadounidenses de la época de la Revolución que yo también había consultado en 1980. Los datos que venían de la propia historia de la Revolución resultaban convincentes pero nunca se dieron las fuentes consultadas, mientras que los datos de cine provenían de los mismos archivos que ya conocía. Es muy distinto reunir la información recabada o un documento tras otro de archivo a manera de cronología, a estudiarlos y analizarlos para reconocer su valor histórico o leer los diversos materiales entre líneas. Maurer no tenía la menor intención de cuestionar o verificar los datos que fue obteniendo, sino que los creía verdaderos. Una parte de los documentos sobre el cine que cuentan esta historia se encuentran en los archivos de las antiguas compañías de cine o distribuidoras comerciales, así como también en las revistas especializadas de la época y la prensa.

Desde mi punto de vista la película se trataba de una ficción interesante y entretenida. Por lo tanto, más que apuntar con el dedo las numerosas imprecisiones históricas, traté simplemente de señalar lo que se salía de lo razonable, es decir, lo que rayaba en el absurdo y podía llevarlos a hacer completamente el ridículo. No podía decirles que la mayoría de las hazañas que contaban no habían sucedido ni remotamente como ellos las narraban e incluso, que muchos de esos acontecimientos que tan convencidos representaban nunca sucedieron.

Al rememorar esta experiencia hago algunos apuntes para entender lo que significó y significa esta película para quienes estudiamos la Revolución mexicana y queremos entender este fenómeno del cine histórico y su relación con los productores de representaciones.

1. El primer aspecto que me ocupó fue el entender cuál era el verdadero tema de *And Starring Pancho Villa as Himself*, llegando a la conclusión de que trataba la grandeza de los primeros años del cine estadounidense dedicado a la filmación de guerras. Es decir, que se trataba de hacer un elogio a sus antecesores, lo que sin duda lograron.

El héroe de esta película de ninguna manera es Pancho Villa, como lo fue en 1914, cuando se filmó *The Life of General Villa*. El verdadero personaje de esta nueva película es el productor ejecutivo estadounidense, Frank M. Thayer, quien de acuerdo a mi investigación fue uno de los firmantes del verdadero contrato que se encuentra hoy en un archivo mexicano y del que poco se sabía. Es decir, en realidad se trata de un personaje muy menor, casi invisible, tal y como se confirma al final de la película, cuando se afirma que "[Thayer] es sólo un pie de imprenta en la historia de esta leyenda gigantesca: Pancho Villa" *(And Starring Pancho Villa As Himself)*. Como en cientos de películas estadounidenses que se realizaron desde los inicios de su propia historia, Frank Thayer es esa figura limpia, guapa y benévola que representa todas las virtudes del estadounidense y la conciencia moral que rige sobre todo esta situación. Thayer intenta ser un aliado de Villa y le tiene fe desde un principio, al igual que el mismo John Reed, quien aparece aquí como un personaje secundario. Thayer está convencido de que el cine le traerá muchos beneficios y a veces hasta le aconseja cómo dirigir sus batallas. Él mismo dirige las cámaras de cine dentro de las batallas y ni siquiera un rozón de bala lo toca. A veces se ensucia un poco con lo polvoso del ambiente pero generalmente va con esa mirada inocente, con esa mirada limpia atravesando la pantalla (la cámara hace muchos *close-ups* de la mirada de este testigo que se inicia en la dura tarea del cine).

2. Una y otra vez aparecen las supuestas representaciones de las "verdaderas escenas" tomadas en el lugar, condimentadas con las falsas aventuras que los camarógrafos de 1914 narraban a sus productoras por medio de cartas escritas bajo el peligro de la guerra y que estas compañías de cine mandaban entonces a los periódicos y a sus empresas, como adelantos publicitarios para convencer al público de consumir esas imágenes que pronto llegarían a las pantallas de todo Estados Unidos. Se trataba, además, de imágenes de hazañas y riesgos que pocas veces experimentaron como ellos mismos las narraban debido a que se trataba de camarógrafos que buscaban un modo de ganarse la vida y que no tenían la intención de arriesgar el pellejo. En esta película de HBO esos relatos de grandeza se representan con gran habilidad.

3. Es importante destacar que nunca se pudieron filmar las batallas. Ni en los noticieros ni en la película *The Life of General Villa* ni en las tomas documentales. Las cámaras eran muy pesadas y en su mayoría había que cargarlas a pie o en mulas. Además eran tan aparatosas que sin duda serían un blanco muy fácil para el enemigo. Por supuesto que ni siquiera insistí en este aspecto, ya que entendía que este elemento era importante para los efectos dramáticos deseados. Y quizás son precisamente las batallas filmadas las escenas más logradas y dramáticas de este film.

Al tener la oportunidad de ver una parte de filmación sobre una de ellas quedé muy sorprendida ante el despliegue técnico y artístico del director Beresford. Los productores mexicanos que participaron en el rodaje, por ejemplo, construyeron un carrito supuestamente blindado que se paseaba entre las balas sin ser tocado. En uno de los anuncios de la "Mutual" de 1914 y en la prensa de esa época, Aitken justificaba que habían mandado hacer una máquina especial para proteger a sus camarógrafos de las balas y pudieran trabajar en medio de las batallas, cuando la prensa le cuestionaba el hecho de mandar a sus hombres a tan peligrosa tarea. Evidentemente esa máquina nunca se fabricó y en México los productores mexicanos contratados por esta firma tan famosa se las ingeniaron para inventarla. El efecto dramático deseado se logró con creces. Varias veces se puede ver a Thayer y a un camarógrafo recorrer los campos de batalla en este carrito de hierro oxidado que jamás podría haber participado en batalla alguna sin ser acribillado de antemano, sobre todo porque los conductores van con la cintura de fuera.

4. Por otra parte, es importante explicar que ningún director como Christy Cabanne, ningún actor o actriz estadounidense se presentó en los campos de batalla durante la filmación de *The Life of General Villa.* Es decir, que Villa no conoció a ninguno de los que participaron en esa ficción ni tampoco se sabe si logró ver esta película al final, ya que se rodó enteramente en estudios de cine, con el actor Raoul Walsh como el joven Villa. Cabanne estuvo en México para filmar escenas de ambientación antes de la filmación y en sus memorias relata con mucho dramatismo e ingenio sus experiencias con los hombres de Villa. No es de sorprenderse que posteriormente fuera uno de los más notorios directores de películas del Oeste.

5. Lo que me resulta muy extraño en la filmación de *And Starring Pancho Villa as Himself* fue la necesidad de definir racialmente a Villa desde el inicio de la película. Aitken se refiere a él como a un indio, por lo que hice hincapie en que Villa en México sería sólo un mexicano más por ser mestizo y que no era necesario enfatizar que era indio porque no lo era. Sin embargo no cambiaron de parecer, sino todo lo contrario. En los primeros diálogos Thayer le dice al productor que Villa no es indio sino mestizo, como *mix breed.* Por lo visto es muy importante en la mentalidad de nuestros vecinos del norte aclarar siempre a qué raza se pertenece y en el caso de la película no pudieron entender que no era relevante. Un ejemplo muy significativo lo encontramos cuando Christy Cabanne, el director de la parte de ficción de esta película, no se aguanta y le dice *fucking indians* a unas pobres adelitas que no saben actuar frente a su cámara porque son muy tímidas, hasta que el gran sabio Thayer o el soldado mercenario neoyorkino le aclaran que en efecto algunas lo son y entonces se congela la imagen.

6. También les advertí que en Ojinaga no existen torres petroleras y que nunca las ha habido, motivo por el que los revolucionarios tampoco las quemaban. Tampoco hicieron caso a esta aclaración y en la película aparecen unas majestuosas torres de cartón incendiadas.

7. Ante mi insistencia desesperada de que Pancho Villa no bailaba tango decidieron, al fin y con mucha resistencia, cambiar la música

por la adelita y otros corridos, con lo que evitaron el ridículo que se empeñaban en hacer.

8. Aunque es de todos sabido que Villa tenía un aprecio especial por la educación, no es posible que haya dicho en algún momento "voy a cultivarme", ese no era su lenguaje. Y tampoco podía haberle dado la importancia que muestra a D. W. Griffith, porque es casi seguro que ni siquiera había escuchado hablar de él y mucho menos visto sus películas. De verdad que nunca entendí el sentido que tenía esto hasta que capté el verdadero significado de esta película: honrar a los gloriosos pioneros del cine estadounidense.

El guión sugiere que para aumentar el valor de cambio de su propia imagen, Villa estaba seguro de que al ser filmado por Griffith su figura cobraría una importancia descomunal. Y en este contexto pretenden hacer de Villa el cinéfilo que nunca fue, lo que simplemente se convierte en un absurdo al no poder justificarse.

9. Es raro ver a Villa de lentes revisando contratos y haciendo cuentas, y aún menos discutir un contrato que en la realidad ni siquiera él firmó. Ese barniz de intelectual que pretenden darle resulta extraño y fuera de lugar, ya que el resto del tiempo se dedican a afirmar lo contrario.

10. Cuando leí por primera vez la escena de Villa con los productores estadounidenses en una oficina cerrada discutiendo los pormenores de la filmación, en la que éste se levanta para orinar en un rincón, me pareció ilógico y hasta contradictorio, pues si primero lo pintaban como intelectual de lentecitos, luego lo representaban como un salvaje orinando frente a ellos y luego extendiendo la mano sucia a Aitken. Pero ya en la película me di cuenta de que habían cambiado un poco la escena. La oficina en cuestión en donde sucede esta escena tenía un muro derribado que daba a campo abierto y Villa orinó cerca de ellos pero de espalda. Como si orinar hacia el campo fuera menos vulgar que hacerlo en un rincón de una oficina cerrada. Se trataba de uno de esos giros hollywoodenses de humor que obviamente ellos no iban a quitar porque le daba más sazón a la narración. Se volvió tan discreto y timorato el *gag* que perdió su supuesta comicidad.

11. La escena en que Villa representa ante las cámaras su llegada a la presidencia de México, sueño que los estadounidenses sí acariciaron en 1914, resulta muy suspicaz porque han pintado a Villa todo de blanco. No sólo el traje que lleva es de ese color sino la cara y las manos, hecho muy significativo porque el dictador que fue derrocado por los revolucionarios, Porfirio Díaz, se blanqueaba la cara. El hecho de que Villa lo hiciera también al llegar al poder, ¿significaba entonces que según ellos él sería como su antecesor? ¿O tal vez estaban sugiriendo que sólo el hombre blanco es capaz de traer el orden y la paz a un país de salvajes como México?

Podría cuestionarse por qué a una historiadora le interesa trabajar en una película que sin duda es una fábrica de mitos. Se supone que la historia existe para desmitificar, para contar la historia con la mayor congruencia posible. Sin embargo, para mí se trata de analizar esa forma de representación que durante ya casi 100 años llevan realizando los vecinos del norte cuando hablan de México y de su Revolución. Y esa particular manera de mirar es la parte de la historia que a mí me interesaba analizar. Considero que esto es una especie de ficción dominante que recorre la historia del cine estadounidense, una ficción que es parte de la historia de su cine. Y como ya mencioné anteriormente, nos habla más de ellos que de lo que describen. Para estos productores el cine sigue siendo, quizás inconscientemente y como lo pensaba en 1898 uno de los primeros camarógrafos de noticieros del cine ruso, Boleslas Matuszewski, "un método agradable para estudiar el pasado". Es decir, como si el cine pudiera representar de forma directa fragmentos de ese pasado, cuando sabemos que ni siquiera eso sucede al filmar directamente un acontecimiento, por ejemplo, una noticia o un reportaje. Esas imágenes suelen clasificarse como documento de archivo olvidando siempre quién y bajo qué circunstancias se han filmado. Y el que "filma historia" debe tomar conciencia de que siempre está haciendo una elaboración imaginaria, una ficción, y que lo que pretende es producir entre los espectadores un efecto de realidad, lo cual en realidad es totalmente independiente de contar una verdad o una mentira, lo que nos obliga a cuestionar de quién y para quién es esa verdad.

Los productores de la "Mutual" intentaron producir ese efecto de "realidad" cuando filmaron *in situ* a Villa para complementar la ficción sobre la vida del joven Villa que terminaron en 1914. En *And Starring Pancho Villa as Himself* Francisco Villa es un instrumento para demostrar que el cine estadounidense y toda su maquinaria son una gran saga que amerita un reconocimiento, por lo que Villa en esta producción responde a un mito de tipo hollywoodense: un revolucionario sin matices, un ser que puede ser tierno y descarnado al mismo tiempo. El productor estadounidense Thayer es quien se mide con él y quien demuestra la pequeñez del Otro (Villa) ante su propia grandeza. Al final de la película, para Thayer, Villa no tiene remedio y por lo tanto esa revolución no tuvo sentido. Para un historiador se trata, en este trabajo, de resucitar a un fantasma que ha recorrido las pantallas del cine desde su aparición en la escena pública, a decir, el fantasma de un paternalismo estadounidense que no ha desaparecido aún del imaginario del vecino del norte.

Para finalizar me gustaría mencionar que el día en que esta película se estrenó en Nueva York el año 2002, inmediatamente se determinó que no iría a las pantallas grandes debido a que preconizaban que si lo hacían sería un fracaso económico. La película se difundió como una película de cable en la cadena HBO.

Por otro lado, la película *The Life of General Villa* realizada en 1914 se perdió, nunca se supo cuánto tiempo estuvo en cartelera ni cuál fue la reacción del público. No faltaba mucho tiempo para que la imagen positiva de Villa ante el gobierno de Villa cambiara 180 grados. Villa empezó su caída en la batalla de Celaya en 1915 y a partir de entonces el cine estadounidense no lo encumbraría más. Pero lo que sin duda se logró con estas dos películas con 85 años de distancia una de la otra fue traer a la figura de este personaje mítico a cabalgar en la pantalla como cualquier personaje de ficción del cine estadounidense. Los dos filmes fueron fracasos económicos y el que salió ganando fue el mito de Pancho Villa, quien fue una estrella brillante del primer cine estadounidense, lo cual se repite en este film con la cara, el cuerpo y el carisma de un actor como Antonio Banderas. Sin duda es el cine lo que más ha mitificado a Villa, salvo algunas excepciones, que no son films estadounidenses, buenas representaciones sin tanta mercadotecnia ni aparatosas maquinarias comerciales. Al mismo tiempo ningún otro medio ayudó más a desdibujar la figura de este revolucionario. Y ninguno, sin duda, le ha dado más equívoca celebridad.

Este testimonio reflexivo sobre la experiencia de trabajar como historiador en Hollywood confirma, de muchas formas, las hipótesis primeras que aparecen en la investigación realizada en 1982. El cine, y sobre todo el de Hollywood, tiene una manera muy especial de narrar la historia. Aprendemos más sobre esa manera particular de hacerlo, de esa forma industrial de crear imágenes para grandes públicos que de lo que pretenden narrar. Es una mirada que da vueltas en círculo, es una mirada ensimismada. Y esto, como ya hemos dicho antes, es parte de la historia.

Patricia Torres San Martín

Los veteranos zapatistas y villistas: ideales, polvo y memoria de la Revolución mexicana

1. Introducción

Reconstruir la imagen visual de dos grandes figuras de la Revolución mexicana, Emiliano Zapata y Francisco Villa, en el siglo XXI, es un reto mayor, teniendo como antecedente que se han escrito y filmado una larga lista de productos sobre ellos. Y siendo este movimiento armado el primer fenómeno político massmediático del siglo XX,[1] y el principal detonante del nacimiento del documental en nuestro país, hay que ser cautelosos con una nueva aproximación.

Entre los primeros trabajos de compilación que rescataron parte de los materiales filmados en los años de 1910 a 1920 por los pioneros de la cinematografía nacional como: Salvador Toscano Barragán, Jesús Hermenegildo Abitia, los hermanos Alva y Guillermo Becerril,[2] *Memorias de un mexicano* (1950) de Carmen Toscano y *Epopeyas de la Revolución* (1961) de Gustavo Carrero, son, sin lugar a dudas, los más conocidos y difundidos. Décadas después, y gracias al interés y dedicación de investigadores (Orellana 1998; Reyes 1985; Miquel 1997; 2004; Pick 2004; Pérez Turrent 1979) y creadores, el tema sigue vigente. *Los rollos perdidos de Pancho Villa* de Gregorio Rocha (2003) se puede citar como un ejemplo *sui generis*, y que abre nuevas vetas de estudio. En este documental ensayo, Rocha relata su búsqueda de la película 'perdida' *The Life of General Villa* (de William Christy Cabane, 1914), film producido por la "Mutual Film Corporation" y con

1 La información recabada en los trabajos de García Riera (1979), Jablonzka/Leal (1991), Miquel (2004), Pick (2004), Reyes (1985) nos remiten a una extensa filmografía de documentales y trabajos de reportaje, algunos de ellos editados y compilados posteriormente.

2 En Jablonzka/Leal (1991) se presenta un estudio minucioso de estos primeros trabajos y una detallada descripción del contenido de la filmografía.

quien Doroteo Arango firmó un contrato para actuar su propia historia.[3] Cabane confesaba lo siguiente de los días de rodaje:

> Tuve que filmar todo; hombres cavando sus propias tumbas [...] ejecuciones, batallas. Aquello fue antes de la Segunda Guerra Mundial. Estaba ahí en las trincheras, oyendo el ping ping ping de las balas cruzando el aire arriba mío (Browlow 1968).

Uno de los méritos mayores del trabajo de Rocha es haber redescubierto imágenes consideradas 'perdidas' por las filmografías de cine mudo, asociadas con estos capítulos del movimiento armado.[4]

Estos trabajos nos permiten valorizar el patrimonio visual que se tiene sobre la Revolución mexicana, pero sobre todo nos abren una ventana más de reinterpretación de la historia del cine nacional, y en más de un sentido, nos permiten apreciar las motivaciones de orden político y cultural que había detrás de estos proyectos que institucionalizaron un discurso revolucionario. Sin embargo, en esta historia, también hay ausencias y muchos silencios, hay huellas y pistas por descubrir todavía, los más recientes trabajos nos lo confirman.

Lo que Francisco Taboada (Cuernavaca, Morelos, 1973)[5] se propuso hacer con sus documentales *Los últimos Zapatistas, héroes olvidados* (1998-2005)[6] y *Pancho Villa, la revolución no ha terminado* (2006)[7] es rescatar la tradición oral de los mexicanos y la memoria de

---

3 Para mayor información sobre los avatares de la filmación de esta mítica película, que hasta la fecha no ha sido localizada, con testimonios del fotógrafo estadounidense Charles Rosher, quien filmará por varios días a Villa, remitirse al artículo de Tomás Peréz Turrent (1979).

4 Para mayores datos sobre este documental cf. Rocha (2005).

5 Francisco Taboada Tabone, egresado de la carrera de Ciencias de la Comunicación, se ha dedicado a la investigación y al rescate de la tradición oral. Ha ejercido la docencia en Historia de México y la realización de documentales en diferentes universidades de México. Su formación de cineasta ha sido autodidacta.

6 Este trabajo colocó a Francisco Taboada a la vanguardia del documental latinoamericano al recibir más de diez premios internacionales (Cine Documental Santiago Álvarez, Cine Chicano de Los Ángeles, Festival de Cine Latino de Santa Cruz, California, y nominación al Ariel por la "Academia Mexicana de Artes y Ciencias Cinematográficas"), por citar los más importantes.

7 Al igual que con los *Los últimos Zapatistas*, en este trabajo sobre Pancho Villa, Taboada mereció los galardones en los siguientes festivales: Festival de la Memoria en Tepoztlán, Festival de Cine Latino en San Francisco, California, Premio José Rovirosa de la Filmoteca de la UNAM, Festival de Cine Documental Santiago Álvarez, Cuba. Y lo más importante es que el documental ha sido proyectado en casi todas las comunidades del Estado de Morelos, y ciudades principales de la República Mexicana.

aquellos sobrevivientes que acompañaron al Caudillo del Sur y al Centauro del Norte en su lucha. Ambos trabajos conllevan una propuesta cinematográfica que radica en conciliar un mensaje social y militante, vinculado a una "estética de la dignidad" y un montaje en paralelo que vincula actores sociales con geografías políticas. Los testimonios y recuerdos de los veteranos zapatistas y villistas, así como de parientes cercanos, van reconstruyendo las biografías de cada personaje. En *Pancho Villa, la revolución no ha terminado*, el vehículo es el encuentro del hijo de Villa, Ernesto Nava, con algunos de sus más cercanos colaboradores, y otra de sus hijas. En *Los últimos Zapatistas, héroes olvidados*, se teje el discurso del pasado con el presente, ligado a partir de las voces de antaño, con el discurso que resucitó a Zapata, un 31 de diciembre de 1994, en la persona del carismático subcomandante Marcos.

Ilustración 1: Francisco Taboada Tabone

Cortesía del realizador, Fernanda Robinson y Sarah Perrig.

Rescatar la tradición oral y la memoria colectiva a través de un arma tan poderosa como es la cámara, y ponerla a disposición de los relatos y recuerdos de estos veteranos, significa trastocar los *estándares* del espacio y el tiempo fílmico, ya que estos trabajos son un importante acervo audiovisual para el futuro. En palabras del propio Taboada, su quehacer fílmico se reformuló a partir de su encuentro con estas historias:

> Al graduarme de Ciencias de la Comunicación, realicé dos cortometrajes de ficción, que ya tenían un evidente objetivo de crítica social, ligada a un trabajo artístico. Mi entrada al cine fue después de conocer a los zapatistas. El estar frente a ellos, el convivir más de un año, el escuchar la firmeza de sus ideales, y sobre todo, el estar en contacto con la pobreza y la injusticia, transformó mi manera de concebir al cine (Portal del Cine y el Audiovisual Latinoamericano y Caribeño 2008).

También se puede advertir en ambos trabajos una vertiente del documental de compilación,[8] aquel que recurre a materiales fílmicos y videográficos existentes. Para ambos documentales, Taboada retomó materiales de los siguientes archivos: Hermanos Alva, Filmoteca de la Universidad Nacional Autónoma de México, Archivos Tepoztlán, Librería del Congreso de Estados Unidos de América, National Archives Film Footage.

El compromiso de este novel director con sus sujetos lo ha llevado también a establecer un etno-diálogo con ellos, a través del cual puede ver directamente de qué manera su presencia y el resultado en pantalla de este registro de la historia oral, puede modificar las reacciones sociales. En este etno-diálogo se recupera la memoria de un hecho histórico tan importante para un sector social, los campesinos, así como la continuidad de una lucha que está viva todavía.

2. "Los veteranos zapatistas queremos contar una historia que empezó en 1910"

La estructura temática de *Los últimos zapatistas, héroes olvidados* está armada a partir de varios segmentos, en los que básicamente se alude

8 Las documentalistas emblemáticas del reciclaje son Carmen Toscano y Nancy Cárdenas, con sus respectivas compilaciones de la Revolución mexicana, *Memorias de un mexicano* (1950) y de la historia del cine mexicano, *México de mis amores* (1977). Esta práctica del reciclaje se ha diversificado en el documental mexicano actual con el acceso inédito a fondos de archivos públicos y privados de cine, televisión y fotografía. Por ejemplo las series y ediciones *Clío* (Televisa); *Lustros* y *decenios* (UNAM); *Los que hicieron nuestro cine* y *De la vida en México* (UTE-SEP); la producción latinoamericana para el centenario del cine *Memoria/Enredando sombras* (1997); la producción del Canal 6 de Julio.

a dos grandes temas: Zapata y "Tierra y Libertad". En el primer apartado lo que vemos son una serie de acercamientos a los rostros de los principales veteranos campesinos, la cámara se detiene en sus ojos sombríos y cansados, y en sus pieles surcadas por el tiempo, ensamblados a un coro de recuerdos, reclamos y denuncias de los fracasos de la Revolución mexicana.

> A 16 campesinos del ejido de Cocoyoc les fueron despojadas sus parcelas para luego negociar con ellos, nunca sucedió esto, y yo hablé con el Gobernador. "A mis hijos les repartí en la noche mis lotecitos. Pero en la mañana amanecieron quemados. Así me despojaron a mí como veterano de los zapatistas" *(Los últimos zapatistas).*

Denuncias y reclamos se funden luego con fotografías viejas en blanco y negro del Palacio de Morelos, y en una rápida yuxtaposición lo que aparece es una toma general del actual Palacio, y al centro uno de los veteranos zapatistas portando su uniforme militar y unas gafas con micas metálicas a través de las cuales vemos el escenario urbano contemporáneo. Estas secuencias son el primer ensayo del director en su búsqueda de recrear una visión documental performativa, que luego llevaría a un mejor manejo en el documental sobre Francisco Villa.

En el coro de relatos y recuerdos de estos sobrevivientes del legendario Ejército Liberador del Sur, imperan también las descripciones a situaciones salvadoras que Zapata ofreció a estos veteranos; no tanto invocando el espíritu de lucha, sino enfatizando el hecho de que unirse a las tropas zapatistas significó la salida perfecta para escaparse del poder, los abusos y los maltratos de los "del gobierno" como se les conocía a los adversarios:

> Degollaban a las mujeres y a los niños. De voluntad mía no fui. A mí me robó Zapata. Me dijo: Yo necesito gente de pleito, mi mamá llorando nos dijo a mi hermano y a mí –váyanse de aquí porque el gobierno se los lleva y no los vuelvo a ver–, teníamos 13 y 14 años *(Los últimos zapatistas).*

Ilustración 2: Don Fidel Varela Gaitán, veterano de la toma de Zacatecas

Cortesía de Francisco Taboada, Fernanda Robinson y Sarah Perrig.

Pareciera que estuviéramos leyendo una nota publicada por el diario *El Independiente,* el 14 de febrero de 1914, que hablaba de las escenas de la película titulada *Sangre hermana* (Hermanos Alva), filmada en el estado de Morelos que contiene escenas de combates entre huertistas y zapatistas, y en la que se leía lo siguiente:

> El público verá maravillado verdaderos combates zapatistas, apreciará el valor de nuestros soldados. Pueblos en el momento de ser incendiados. Trenes volados por la dinamita, zapatistas ejecutados y todos los horrores de la revolución del sur (*El Independiente*, 14.02.1914).

Dos imágenes distanciadas por el tiempo y en espacios muy diferentes nos evocan a un mismo momento histórico, cruel y violento, pero ambas nos cifran una sola realidad, aquella que replegó y derrotó los verdaderos principios de esta épica.

El rostro enigmático de Zapata en blanco y negro con su gran sombrero marca la entrada a su anecdotario de hazañas y retazos de vida como el gran libertador de los derechos de los campesinos indígenas. Sorprende la astucia, a la vez que el tono lúdico que los veteranos entonan para iniciar la retahíla de parangones muy directos entre Zapata y Villa: "Era muy sereno y callado. No se torcía el bigote"; "Los zapatistas no perjudicaban"; o "Zapata nunca traicionó su ideología". Y en seguida, estamos ya en una suerte de *short cuts* sobre el episodio de la emboscada que el general Joaquín Guajardo le tendió a Zapata para acribillarlo. Una a una las voces de los veteranos se van entrelazando y en cámara directa y montaje de *video clip* se van reconstruyendo los hechos, acompañados de efectos especiales que detonan fuertes disparos hasta alcanzar el silencio. Tras una fugaz pausa, se pauta la entrada a otra serie de testimonios que aluden a uno de los rumores de dominio popular: "Zapata no murió, se lo llevó un compadre a Arabia".

Cierra este segmento otra foto en blanco y negro de Zapata montado en su caballo y leemos en letras grandes: "TIERRA Y LIBERTAD". Abruptamente nos encontramos con la figura de Carlos Salinas de Gortari, y escuchamos nuevamente su discurso demagógico: "Juaréz y Zapata son inspiradores de nuestro régimen. Por eso modificamos el artículo 27 de la Constitución, para llevar más recursos al campo". La traición a los ideales de Zapata, puesta en boca de uno de los presidentes mexicanos que más daño ha hecho al país, se vinculan con las denuncias de los veteranos que aluden a la miseria en la que tienen que vivir con los 600 pesos que el gobierno les da para sus gastos. Con el ánimo de reconfirmar las tremendas falacias que Salinas expresaba en su demagogia discursiva, Taboada decidió echar mano de los testimonios de uno de los hijos de Zapata, Mateo Zapata Pérez, y su nieta, Margarita Zapata, quienes van advirtiendo las lamentables consecuencias que las nuevas disposiciones de Salinas trajeron a los campesinos mexicanos: la migración del campo a la ciudad, la miseria y la barbarie.

Los enfrentamientos de zapatistas campesinos con antimotines en Tepoztlán, Morelos, en 1995, van cerrando este viaje por la memoria visual, y culminan con tomas de archivo del carismático subcomandante Marcos y del escritor Carlos Monsiváis, haciendo trabajo político y de campaña. Estas imágenes tantas veces vistas en la televisión mexicana de estos años recuperan una nueva dimensión al fusionarse con uno de los veteranos, quien de pie y muy garboso, declama tajantemente: "La tierra es el patrimonio del hombre".

Ilustración 3: Moneda de trueque

Cortesía de Francisco Taboada, Fernanda Robinson y Sarah Perrig.

3. "Nuestra patria nunca será libre mientras no corte con los gringos"

En el documental *Pancho Villa, la revolución no ha terminado*, padre e hijo se encuentran 80 años después, dos absolutos desconocidos se presentan a través de los relatos de viejos villistas que recuerdan con orgullo y añoranza al gran mito de la Revolución mexicana. Los pasos de Ernesto Nava nos conducen por un camino desconocido, en donde él descubre al Centauro del Norte, y nosotros descubrimos la otra historia de esta lucha armada. La historia del imaginario villista en las voces de sus últimos sobrevivientes, y en el colofón de imágenes que nos remiten al devastado México de hoy.

A través de la lente de Francisco Taboada captamos de entrada a dos ancianas sonrientes, Juana María Villa y Ana María Zapata, y a partir de ese momento la cámara va registrando los rincones más cotidianos de varios ex villistas, y ahí se detiene para jugar con sus rostros y su entorno, pero sobre todo se detiene para crear una estética de la dignidad, ésta que Taboada inició con *Los últimos zapatistas, héroes olvidados* y que ahora ha convertido en su propuesta cinematográfica.

El montaje paralelo, narrador, localización de lugares y testimonios, se entrelaza con la representación de los sucesos históricos; a veces en ficción dramatizada, como la emboscada a Villa, otras recurriendo a las fotografías antiguas, a materiales hemerográficos, a los archivos fílmicos, y a toda suerte de puestas en escena, que van moldeando un montaje postmodernista. La fusión de pasado con presente no choca, se entrecruza con la magia que produce este montaje en Super 8 y video digital.

El mito de Villa es revisitado en los gestos de este montaje, como cuando Ernesto Nava arriba a la casa donde nació su padre, y va escudriñando cada objeto y espacio, a la vez que resignificando su memoria personal. Primero lo vemos en formato de video digital, y en seguida en formato de Super 8, lo cual coloca este retazo de memoria en el marco de una visión contemporánea. Otro indicio de esta propuesta de Taboada es cuando el chofer de Villa, después de haberlo visto en su lugar de origen aparece en el corazón mismo de la Ciudad de México, el Zócalo, subiéndose al inconfundible taxi "vochito verde", presumiendo al chofer chilango su identidad revolucionaria.

No obstante, lo destacable es la narración de lo que significó la Revolución para estos ancianos, misma que se construye desde un colectivo de voces: "Peleaba por hambre. No había nada. Entonces la revolución era un juego". "Me enrolé a los 14 años en la revolución. Nunca agarrábamos dinero".

Estos y muchos otros testimonios, vuelven una y otra vez a dibujar una biografía y una hazaña, donde se reiteran los distintos capítulos por los que atraviesa la construcción de una vida azarosa y donde se desencadenan los recuerdos de un pasado, que quedaron en la memoria y en el olvido.

Ilustración 4: Juan Carlos Caballero, chofer de Francisco Villa

Cortesía de Francisco Taboada, Fernanda Robinson y Sarah Perrig.

Cada uno de estos componentes tienen una razón de ser, al igual que la intervención de la voz del narrador, a veces en *off*, otras *in situ*, que disimulan las diversas geografías sin fronteras expuestas en el documental, acompañadas del corrido "Carabina 30-30", del Gatillero de Durango. Elemento que encaja muy bien porque nos remite a una imagen/sonido presente en el cine revolucionario de los años treinta y cuarenta. Y en otro sentido, reviste de modernidad los tonos tradicionales de una oralidad cargada de dolor.

Al tenor de este tono y estilo, en *Pancho Villa, la revolución no ha terminado*, Taboada traza un documental de investigación performativo, que evita el abigarramiento del discurso denso y largo y decide darle un enfoque humano, respetuoso, como lo hemos visto en los trabajos del documentalista Juan Carlos Rulfo. Esto favorece, porque lejos de desvirtuarlo, lo pone en perspectiva. Es decir, que Bernarda Canana, (prima hermana de Pancho Villa), Julián Jiménez (hijo de Los Dorados de Villa, y ahijado de Villa), Pablo López Aguirre (coronel de la División del Norte), Juan Carlos Caballero (chofer de Villa), María Esther Gutiérrez Nieto, Miguel Julián Soto (hijo del villista que cortaba las orejas de los prisioneros para identificarlos) y de Antonio Gómez Delgado, se resignifican como personajes notables, al igual que sus historias. Siendo la memoria colectiva la que nutre de valor a la historia, estos retazos de historia oral, que no responden del todo a las preguntas de Taboada y a las propias que la historia sigue haciendo, sí contribuyen a la construcción y deconstrucción de este enigma que sigue siendo Pancho Villa.

El trabajo de esta reconstrucción de la memoria se acompaña de diversas maneras de Francisco Villa y sus sueños, sus frustraciones, sus logros, sus embates, para luego centrarnos en una problemática central, ¿por qué luchaban los villistas? Buscando respuestas, Taboada va elaborando un discurso de voces ligadas a núcleos temáticos tales como la memoria familiar, la memoria política, la memoria personal. La confrontación de todas estas voces se entrelazan con imágenes del entorno social actual, marcado por la dialéctica del presente-pasado, de individuo/sujeto/comunidad y, por supuesto, de los recuerdos de un México que ya no está más, o tal vez sí está, con otra configuración social. Lo que encontramos es la relación dialéctica del director y sus sujetos de investigación, para un fin muy importante, problematizar y hacer una crítica a la historia oficial mexicana, aquella que se ciñe de hombres imaginarios y no de hombres de carne y hueso, que es la que importa a este novel director.

Podemos por tanto confirmar que ambos documentales privilegian espacios regionales en un marco nacional: norte y sur. Representan lo "mexicano" a partir no de una, sino de una pluralidad de "identidades". Expresan un discurso ceñido a un pasado, dignificante, pero doloroso, frustrante y cruel, pero que puesto al día, gracias al montaje paralelo y la propuesta performativa de Taboada, abre nuevos interrogantes, tanto para la historia como para los actores de ella, en este caso, Villa y Zapata. Asimismo, y siendo la oralidad el vehículo predominante del discurso conciliador entre pasado y presente, y la memoria visual la caja de resonancia de un pasado teñido de desventuras, agravios e ideales, en estos dos films se renueva el archivo visual de la Revolución mexicana.

Bibliografía

Browlow, Kevin (1968): *The Parade's Gone*. London: Martin Secker/Warburg Ltd.

García Riera, Emilio (1979): *México visto por el cine extranjero*. Vol. I: *1894/1940*. Guadalajara, Jal./México, D.F.: Era/Universidad de Guadalajara.

Jablonzka, Aleksandra/Leal, Juan Felipe (1991): *La Revolución mexicana en el cine nacional. Filmografía 1911-1917*. México, D.F.: Universidad Pedagógica Nacional.

Miquel, Ángel (1997): *Salvador Toscano*. Guadalajara, Jalisco: Universidad de Guadalajara/Puebla, Puebla: Gobierno del Estado de Puebla/Xalapa, Veracruz: Universidad Veracruzana/México, D.F.: UNAM.

— (ed.) (2004): *Fotografía, cine y literatura de la Revolución mexicana*. Xalapa: Sin Nombre/Fundación Toscano.

Orellana, Margarita de (1998): *La mirada circular. El cine norteamericano de la Revolución mexicana 1911-1917*. México, D.F.: Artes de México.

Peréz Turrent, Tomás (1979): "La Revolución mexicana vista por el cine internacional". En: *Cuadernos de la Filmoteca 1: El cine y la Revolución mexicana*, pp. 78-99.

Pick, Zuzana (2004): "Jesús H. Abitia, cinefotógrafo de la revolución". En: Miquel, Ángel: *Fotografía, cine y literatura de la Revolución mexicana*. México, D.F.: Sin Nombre/Fundación Toscano.

Portal del Cine y el Audiovisual Latinoamericano y Caribeño (2008). En: <www.cinelatinoamericano.org> (21.11.2008).

Reyes, Aurelio de los (1985): *Cine y sociedad en México 1896-1930. Vivir de Sueños*. México, D.F.: UNAM.

Rocha, Gregorio (2005): "La colección Edmundo Padilla. Un caso de arqueología cinematográfica". En: Roca, Lourdes/Aguayo, Fernando (eds.): *Imágenes e investigación social*. México, D.F.: Instituto Mora.

Sobre los autores

Olivia C. Díaz Pérez cursó la Licenciatura en Letras Hispánicas en la Universidad de Guadalajara, obtuvo el certificado de Profesores de Alemán que otorga el Instituto Goethe en coordinación con la Universidad de Kassel, Alemania, y realizó estudios de doctorado de Literatura Alemana Contemporánea en la Albert-Ludwigs-Universität de Friburgo, Alemania. Desde 1991 imparte clases a nivel licenciatura y posgrado en la Universidad de Guadalajara y actualmente en la Maestría binacional "Estudios interculturales de lengua, literatura y cultura alemanas" de la Universidad de Guadalajara en colaboración con la Universidad de Leipzig. Olivia Díaz ha publicado varios artículos sobre literatura alemana, literatura mexicana, enseñanza del alemán como lengua extranjera (DaF) y ha participado en diversos congresos, tanto en México como en el extranjero. Actualmente es presidenta de la "Asociación Latinoamericana de Estudios Germanísticos" (ALEG).

Georgina García Gutiérrez Vélez, doctora en Lingüística y Literatura por El Colegio de México es iInvestigadora del Instituto de Investigaciones Filológicas, profesora del Posgrado en Letras de la Facultad de Filosofía y Letras, UNAM, y miembro del Sistema Nacional de Investigadores. Ha enseñado en varias universidades de México y del extranjero. Su edición de *La región más transparente* de Carlos Fuentes para Cátedra (1982) ha sido texto obligatorio de los Cursos de Agregación en Francia. Autora de estudios sobre diversos escritores (p.ej., la antología general de rescate hemerográfico y bibliográfico de la obra de Heriberto Frías: *Heriberto Frías. La escritura enjuiciada*). Su investigación más detenida es sobre Carlos Fuentes. Algunas publicaciones: "Carlos Fuentes desde la crítica" (en: G. García Gutiérrez (comp.): *Carlos Fuentes desde la crítica*, México, D.F. 2001); "Paralelas: Carlos Fuentes y James Joyce. Revisión de ciertas coincidencias" (en: *Jornadas Filológicas*, 2002); "Lector de Juan Rulfo: Carlos Fuentes. De Linajes literarios, cadenas genésicas y lazos poéticos" (en: *Pedro Páramo: Diálogos en contrapunto*, México, D.F. 2008).

Aurelio González es profesor-investigador del Centro de Estudios Lingüísticos y Literarios de El Colegio de México, del que fue director de 2003 a 2009, y profesor en la Facultad de Filosofía y Letras de la Universidad Nacional Autónoma de México. Sus áreas de investigación abarcan la literatura española medieval y de los Siglos de Oro y la literatura de tradición oral. Entre sus publicaciones se encuentran *Formas y funciones de los principios en el Romancero viejo* (1984); *Romancero tradicional de México* (1986); *El Romancero en América* (2003); *Bibliografía descriptiva de la poesía tradicional y popular de México* (1993), y ha editado *La copla en México* (2007) y *Romancero: visiones y revisiones* (2008). Entre las revistas especializadas en que ha publicado trabajos sobre la tradición oral se cuentan *Caravelle* (Toulouse), *Studia Hispanica* (Buenos Aires), *Incipit* (Buenos Aires), *Olivar* (Buenos Aires), *Anales de Literatura Hispanoamericana* (Madrid), *Ínsula* (Madrid), *Edad de Oro* (Madrid) y *Anuario de Letras Modernas*, *Acciones Textuales*, *Revista de Literaturas Populares* y *Anuario de Letras* (México).

Florian Gräfe estudió Letras Alemanas, Italianas y Latinas en Erlangen y Friburgo, Alemania. 2003: doctorado en Letras Alemanas con enfoque comparado (Literatura dialectal en Alemania e Italia). 2003-2007: profesor de alemán, italiano y latín en Alemania y México. Desde 2007 es representante del "Servicio Alemán de Intercambio Académico" (DAAD) en la Universidad de Guadalajara, México. Desde 2008 es coordinador de la "Maestría binacional Deutsch als Fremdsprache: Estudios interculturales de lengua, literatura y cultura alemanas" en la Universidad de Guadalajara. Ha publicado varios artículos sobre relaciones mexicano-alemanas en la literatura alemana y mexicana.

Inke Gunia es catedrática de Filología Románica/Literaturas Iberorromanas en la Universidad de Hamburgo. Campos de investigación: "La novela picaresca española" (en: S. Schlickers/K. Meyer-Minnemann (eds.): *La novela picaresca. Concepto genérico y evolución del género*, Madrid 2008), la literatura española de los siglos XVIII y XIX (*De la* poesía *a la* literatura. *El cambio de los conceptos en la formación del campo literario español del siglo XVIII y principios del XIX*, Madrid 2008), las literaturas hispanoamericanas de los siglos XIX y XX (junto con H.-O. Dill, C. Gründler und K. Meyer-Minnemann: *Apropiaciones de realidad en la novela hispanoamericana de los siglos XIX y XX*, Frankfurt am Main 1994; *¿"Cual es la onda"? La literatura de la contracultura juvenil en el México de los años sesenta y setenta*, Madrid 1994), narratología y ciencias culturales. Actual proyecto: "Poesía y sociedad: *Poesía Buenos Aires* (1950-1960) y el arte vanguardista de los años 1950 y 1960 en Argentina".

Carlos Monsiváis e uno de los renovadores de la crónica y del ensayo literario, e intelectual indispensable en la vida social y política del México contemporáneo. En más de 50 años de trabajo periodístico y literario constantes, creó su propio estilo a través de libros indispensables que configuran y perfilan la cultura popular y la sociedad civil mexicana. Entre sus principales publicaciones se encuentran *Días de guardar* (1970), *Amor perdido* (1976), *A ustedes les consta. Antología de la crónica en México* (1978), *Nuevo catecismo para indios remisos* (1982), *Entrada libre. Crónicas de la sociedad que se organiza* (1987), *Los rituales del caos* (1995), *Aires de Familia. Cultura y sociedad en América Latina* (2000), *Las herencias ocultas del pensamiento liberal del siglo XIX* (2000), *Yo te bendigo vida. Amado Nervo: crónica de vida y obra* (2002), *Pedro Infante. Las leyes del querer* (2008), y *Apocalipstick* (2009), entre muchas otras. Monsiváis recibió un sinnúmero de premios y reconocimientos, entre ellos el "Premio Mazatlán de Literatura", el "Premio Xavier Villaurrutia", el "Premio Anagrama de Ensayo", el "Premio FIL de literatura" Carlos Monsiváis falleció en Ciudad de México mientras se preparaba el presente libro.

Katharina Niemeyer realizó sus estudios en Filología Románica y Filosofía en las Universidades de Colonia, Sevilla y Hamburgo. Se doctoró en 1990 con un trabajo sobre *La poesía del Premodernismo español* (Madrid 1992) y obtuvo la *venia legendi* en 2000 con una monografía sobre *Subway de los sueños –alucinamiento– libro abierto. La novela vanguardista hispanoamericana* (Frankfurt am Main/ Madrid 2004). Desde 2002 es profesora del Departamento de Filología Románica en la Universidad de Colonia. Ha sido profesora invitada en las Universidades de Tucumán (Argentina), La Plata (Argentina), Guadalajara (México) y Sevilla (España). Se dedica sobre todo a la literatura y cultura latinoamericanas de la época entre 1880 y 1940, así como a las literaturas hispánicas de los siglos XVI y XVII. Últimamente, ha publicado "'Fée verte' – 'hada verde' – düstere Muse. Absinth in der Boheme des Fin de siècle" (en: http://www.zeitenblicke.de/2009/3/); "Los misterios de la pantalla. Cine y vanguardia literaria en México" (en: http://kups.ub.uni-koeln.de/volltexte/2008/2585/).

Margarita de Orellana es directora de la revista *Artes de México* y de la casa editorial del mismo nombre. Estudió Comunicación en la Universidad Iberoamericana de la ciudad de México y fue doctorada en la Universidad de París en Historia Contemporánea y Comparada. Fue maestra de Historia de las Mentalidades en la Universidad Nacional Autónoma de México. Ha sido consultora histórica de series de televisión y películas. Es autora de varios libros y ensayos que analizan a la cultura mexicana en sus diversas manifestaciones, especialmente el cine histórico y documental de la Revolución mexicana, el arte y las artesanías. Entre ellos destacan *La mirada circular. El cine norteamericano de la Revolución Mexicana* (México, D.F. 1991), *Villa y Zapata en la Revolución Mexicana* (México, D.F. 1988) y *La mano artesanal. Cuatro maneras de tocar el arte popular* (México, D.F. 2002).

Michaela Peters estudió Filología Románica e Historia en la Universidad de Düsseldorf. En 1996 se doctoró en Filología Románica en la Universidad de Münster sobre conceptos de lo femenino en la literatura mexicana contemporánea (*Weibsbilder. Weiblichkeitskonzepte in der mexikanischen Literatur von Rulfo bis Boullosa*. Frankfurt am Main 1998). En el año 2005 obtuvo la habilitación en Literaturas Románicas con una monografía sobre la modernidad del drama romántico español *(Das romantische Drama in Spanien: Aufbruch in die Moderne?)*. Durante el semestre de verano de 2009 fue profesora visitante en la Universidad de Wuppertal. Actualmente enseña Literatura Hispánica y Latinoamericana en la Universidad de Münster. Sus áreas de interés académico son las literaturas mexicana y cubana del siglo XX, el romanticismo español y la literatura española del Siglo de Oro.

Zuzana Pick es profesora e investigadora de cine en la Escuela de Estudios sobre el Arte y la Cultura, Universidad de Carleton, Ottawa. Es autora de *The New Latin American Cinema: A Continental Project* (Austin 1992) y *Constructing the Image of the Mexican Revolution:*

Cinema and the Archive (Austin 2010). Entre sus otros estudios sobre el tema de la revolucion se encuentran "*La escondida* de Roberto Gavaldón: el espectáculo, María Félix y el glamour de la Revolución Mexicana" (en: G. García Muñoz/F. Fabio Sánchez (comp.): *La luz y la guerra: el cine de la Revolución Mexicana*, México 2010); "Jesús H. Abitía. Cinefotógrafo de la revolución y *Epopeyas de la revolución mexicana*" (en: A. Miquel/Z. Pick/E. de la Vega Alfaro: *Fotografía, cine y literatura de la Revolución Mexicana*, Cuernavaca 2005); "'¿Usted sabe lo que es un sarape?' Intercambios culturales y los debates en torno a lo mexicano en el proyecto inconcluso de Eisenstein" (en: *Revista Takwá*, 2005) y "A Romance With Mexico. The Epic Spectacle of the Revolution" (en: *Canadian Journal of Film Studies*, 2000).

Dieter Rall estudió Letras Francesas y Letras Alemanas en Tubinga, Berlín, Innsbruck, Toulouse y Pau y fue doctorado en 1968 con una tesis sobre la recepción de la literatura española en Francia. De 1969 a 1973, lector del Servicio Alemán de Intercambio Académico (DAAD) en la UNAM. De 1975 a 2007, profesor de la UNAM en las áreas de Alemán como lengua extranjera, Letras Alemanas y Relaciones literarias entre América Latina y Europa. Numerosas publicaciones sobre B. Traven y sobre la recepción de otros autores de lengua alemana en México. Profesor invitado y estancias de investigación en las universidades de Munich, Estambul, Montreal, Potsdam y Salzburgo. En 2000, Premio Universidad Nacional en el Área de Docencia en Humanidades. Desde 2003 es miembro de la Academia Mexicana de Ciencias. En 2009, Cruz de Caballero de la Orden al Mérito de la República Federal de Alemania.

Rowena Sandner estudió Lenguas Modernas (francés, español) y Economía Social de los países en vías de desarrollo en Gießen y Montpellier. Fue becaria en el Programa de Estudios Posgraduados "Eventos transnacionales en los medios de comunicación desde la Edad Moderna hasta la actualidad", preparando una tesis doctoral sobre el tema "Construcciones de la Conquista de América en el contexto del Quinto Centenario. Formas y funciones de la representación medial en el teatro y el cine mexicano". Actualmente trabaja como encargada de cursos en el Instituto de Filología Hispánica de la Universidad de Gießen. Publicó varios artículos sobre el teatro y el cine español y mexicano, por ejemplo sobre el teatro de la memoria de Sanchis Sinisterra, el cine propagandístico durante la Guerra Civil, la Leyenda Negra y el mito de la Malinche. Sus áreas de investigación incluyen la intermedialidad así como el teatro y el cine histórico.

Friedhelm Schmidt-Welle estudió Literatura Latinoamericana, Literatura Comparada e Historia en la Universidad Libre de Berlín y la Universidad de Pittsburgh, EE.UU. Ha enseñado Literatura Latinoamericana, Comparada y Alemana en la Universidad Libre de Berlín, la Universidad Nacional Autónoma de México, la Universidad Autónoma de Nuevo León, Monterrey, y la Universidad de Guadalajara, y ha trabajado como colaborador en varios proyectos de la Casa de las Culturas del Mundo, Berlín. Se desempeña como investigador en Literatura y Estudios Culturales en el Instituto Ibero-Americano de Berlín, y en la actualidad (2008-2010) ocupa la Cátedra Extraordinaria Guillermo y Alejandro de Humboldt en El Colegio de México y la UNAM. Es autor o editor de varios libros sobre culturas y literaturas latinoamericanas y europeas, entre ellos *Antonio Cornejo Polar y los estudios latinoamericanos* (Pittsburgh 2002) y (con C. Cabrera Luna, M. Mendoza Avilés, A. Spitta): *Hugo Brehme y la Revolución Mexicana – Hugo Brehme und die Mexikanische Revolution* (México, D.F. 2009).

Patricia Torres San Martín es investigadora docente de cine mexicano y latinoamericano en el Departamento de Historia de la Universidad de Guadalajara desde 1986 a la fecha. Doctora en Antropología Social con la tesis: "Del sujeto a la pantalla; la recepción del cine mexicano y su audiencia en Guadalajara". Entre sus publicaciones destacan: Coord. *Uso y construcción de fuentes orales, escritas e iconográficas* (Guadalajara 2007); "Los nuevos modelos de sociedad en el cine mexicano" (en: G. Orozco (ed.): *Un mundo de visiones*, México, D.F. 2007); "Los marcos individuales de interpretación frente a los escenarios massmediàticos. Cine mexicano y su audiencia" (en: C. del Palacio (coord.): *Los nuevos objetos culturales*, Xalapa 2009); "Writing the History of Latin American Women Working in the Silent Film Industry" (en: J. Gaines (coord.): *Source Book*. Vol. 1: *USA and LA Women Filmmakers*, New York, en prensa).